武器化的知识

知识

国联、自由秩序
和软力量的使用

[美] 大卫·埃克布拉德 著　　孟亦嫣 译
David Ekbladh

PLOWSHARES INTO SWORDS

WEAPONIZED KNOWLEDGE, LIBERAL ORDER, AND
THE LEAGUE OF NATIONS

中国科学技术出版社

·北 京·

PLOWSHARES INTO SWORDS: Weaponized Knowledge, Liberal Order, and the League of Nations by David Ekbladh, ISBN:9780226820491
Licensed by The University of Chicago Press, Chicago, Illinois, U.S.A.
© 2022 by The University of Chicago
Simplified Chinese translation copyright © 2024 by China Science and Technology Press Co., Ltd.
All rights reserved.
北京市版权局著作权合同登记 图字：01-2024-1595

图书在版编目（CIP）数据

武器化的知识：国联、自由秩序和软力量的使用 /（美）大卫·埃克布拉德（David Ekbladh）著；孟亦嫣译 . -- 北京：中国科学技术出版社，2025.2.

ISBN 978-7-5236-1066-4

Ⅰ. D813.1

中国国家版本馆 CIP 数据核字第 20247V2A09 号

策划编辑	屈昕雨	责任编辑	孙倩倩
封面设计	东合社·安宁	版式设计	蚂蚁设计
责任校对	张晓莉	责任印制	李晓霖

出　　版	中国科学技术出版社
发　　行	中国科学技术出版社有限公司
地　　址	北京市海淀区中关村南大街 16 号
邮　　编	100081
发行电话	010-62173865
传　　真	010-62173081
网　　址	http://www.cspbooks.com.cn

开　　本	880mm×1230mm 1/32
字　　数	292 千字
印　　张	10.75
版　　次	2025 年 2 月第 1 版
印　　次	2025 年 2 月第 1 次印刷
印　　刷	北京盛通印刷股份有限公司
书　　号	ISBN 978-7-5236-1066-4/D·149
定　　价	79.00 元

献给卡顿和莉莉斯

目 录

**第二章
铸犁为剑：
武器化的
知识**

第三章
国际主义者的敦刻尔克：流亡的国际机构

第四章
忙于重建的罗弗家男孩：美国时代的国际社会

尾声
巨大的飞跃

知识的流亡

"你知道答案吗？"

——1935 年国联《世界经济调查》（*World Economic Survey*）

宣传材料

当知识遭遇"敦刻尔克"

1940 年 8 月 21 日，美国纽约。

世界博览会虽未结束，但已接近尾声。参观者们若向天空投去一瞥，说不定会看到一个能联动全球的物体——泛美航空公司的"扬基飞剪"（Yankee Clipper）号飞机❶。它能把相隔万里的两地距离拉近，引发公众的遐想 [1]。参观者们不知道的是，这架飞机当天正在执行一项运输任务，将一批战略资源从法西斯控制下

---

❶ 属于波音 314 型客机。"扬基飞剪"号是该型飞机中的第一架。——译者注

的欧洲运往美国。

飞机即将降落在位于纽约皇后区的陆战队航空站（现在是拉瓜迪亚机场的一部分），离世博会的会场不过几英里 ❶ 远。美军陆战队的军官们最近这段时间为了它的到来而通力合作，今日目睹它平安到达，他们都感到无比欣慰与激动。"扬基飞剪"号上装载的是大量资源中的第一拨，后续资源将从里斯本通过海运发往美国。待飞机着陆后，资源将被从飞机上卸下，从守在这里的媒体记者面前经过，进入车子后绝尘而去。其最终目的地是新泽西州普林斯顿市 ² 的高等研究院 ❷（Institute for Advanced Study）。这辆车便是高等研究院院长派来的专车。

车上装的到底是什么？

知识。

"扬基飞剪"号抵达美国，标志着一系列灾难、背叛、不幸和希冀总算尘埃落定。这一连串事件后来被称作"知识理论的敦刻尔克大撤退"。这是在 1940 年自由力量大溃退背景下的一个虎口脱险的例子。当时的地缘政治环境动荡不安，法国陷落，法西斯势力在欧洲肆虐，反法西斯力量冒着危险保护最珍贵的财富——知识。

"扬基飞剪"号运来的是国际联盟（以下简称国联）经济和金融部门的大量数据资料以及关键人物，他们将在美国安全待到第二次世界大战结束，以保全国联近 10 年来积累的信息数据以

---

❶　1 英里约等于 1.609 千米。——编者注

❷　高等研究院，1930 年成立于美国新泽西州普林斯顿市，是世界著名理论研究机构。——译者注

及分析能力。国联本是促进世界进步与和平的希望之所在，但此次行动反映出，它现在已是泥菩萨过江——自身难保。国联在绝望之中只能来美国避难，而讽刺的是，美国过去 20 年来始终拒绝加入国联。欧洲连绵的战火一度威胁到国联的生存，现在峰回路转：国联要在美国存续下去。

原因何在？

美国不是国联的正式成员国，国联在美国也并非广受欢迎，它跟美国在政治上存在龃龉。那么是什么促使美国的重要机构和社会名流支持国联，以至于不惜投入巨大力量来开展救援呢？我们可以从"扬基飞剪"号运来的资源中找到答案。

其原因说白了就是包括美国在内的一些国家把信息和知识作为国际事务中的重要"通货"加以利用。美国为了控制和维护现代国际秩序，正在寻求打造涉及经济、政治等人类各种经验的稳定"信息流"。

威尔逊主义的信奉者们却并不这么看。在他们的传统叙述中，国联好比一只"圣杯"，可以借助它通过宣判裁定和集体安全实现国际共管共治。自国联成立后，人们一轮又一轮地讨论美国的加入会不会有助于国联实现其政治目标。很多人都在思考，美国加入国联将意味着什么，却忽视了一个重要事实：美国跟国联合作的目的是获取数据和构建知识。

与国联信息收集和分析项目开展合作的那些美国人，其实并未参与国联的集体安全议题。他们对国联及其活动感兴趣，并不是对这个国际组织本身抱有什么具体的希望，而是为了在更广泛的层面关注现代世界。这一点是最有意思的，但也是很少有人探讨的。

这种国际视角并非美国独有，其他国家和地区也有类似的看法和兴趣。它们认为，国联本身的国际化程度毋庸置疑，但它所能体现的国际主义的范畴严重受限。不管怎么说，对于来自其他国家和地区尤其是小国的声音，国联确实有所体现、考虑和宣传。各种思想通过国联汇总在一起，这是国联存在的意义之一。如果没有国联，这些思想被汇聚起来的机会就少得多。美国在政治上与国联是脱离的，但它仍希望能影响全球各领域的对话。美国实际上在不断吸收来自全球的不同的概念和信息。这些概念和信息的细流在日内瓦汇聚成洪流。

美国非正式地参与国联的相关活动，并且从这些活动中形成了很多理念。有些理念至今还在支撑并指导着美国的全球行动。美国的国际主义的确有其国际性。它从跨国研讨和辩论中吸收各种观念和信息，这些来自外部的观念和信息正是美国所依赖的。最终，美国制定了比国联更宏大的政策，那就是创建和保持自由的国际秩序。许多人——包括一些美国人在内——把希望寄托在位于日内瓦的这个国际组织身上，寄托在围绕国联成立的各种团体上。这些组织和团体是汇聚各国力量建设国际共同体的机制。国联本身不是目标，它只是达到目标的手段。

美国虽然把国联的资源拿来为己所用，但它同时也为国联做出过重大贡献。最新研究表明，美国的基金会在国联及其附属机构的形成中起到过重要作用[3]。分析经济因素与政策的关系，有助于在更宏观的背景下认识美国与国联的互动。美国政府官员认为，测量与分析有助于解决经济和政策问题。测量与分析在国际政策讨论中是热点话题，国际自由主义者将它们作为稳定全球经济的工具。美国在讨论、制定其全球政策时离不开数据和分析，这显示出定量知识可以用于构建和维持讨论与行动，以应对更重大的国际关切。

国际社会参与者

21 世纪初出现的"国联研究热",把学界的目光"带回国际联盟的年代"。许多学者关注的是国联机构本身。他们的研究成果起码抓住了一个关键,那就是国联当时所处的形势跟当前国际社会面临的重大问题有相似之处,比如不平等、互联互通等。此外,研究者还注意到,当时的国际关系并不像冷战时期那样被对立的意识形态阻隔,这仍是当前世界史研究的热点之一[4]。

同时,只关注机构本身是有局限性的。第一次世界大战后,自由国际社会处在生存与转化的状态中,而国联是其重要组成部分[5]。一些学者做出了很棒的研究成果,他们把国联作为历史行为体所发挥的各种作用进行复原,包括它的消极作用。他们能够很好地分析在日内瓦"阴暗的宫殿"里的体系和行为体[6]。但要全面认识国联的影响,我们则需要把它放在范围更广的国际关系和世界史里去研究。如果把为了支持和维系国际秩序而进行的政治和体制创新比作一条大河,那么国联只是其中的一条水道。国联诚然处于中心地位,但它需要来自各国尤其是非国家行为体的投入。有鉴于此,我们不可能把国联与当时的时代背景以及推动自由国际主义的各种因素割裂开来。本书希望达到的目的是证明国联是国际主义世界的重要部分,但并不是这个世界的全部。本书把国联作为一个透镜,透过它聚焦观察国际主义生态体系的要素。因此,本书并非研究国联本身,而是像许多国际主义者所做的那样,把它作为达到目的的手段。

　　某些学术研究认为，国联所体现的国际主义并非自由国际主义。国联源于凡尔赛体系。这一体系从总体上看是趋向自由主义的，但它也带有特殊的政治色彩。这就是国联当年遭到无情批评的原因。一些批评者把国联说得一无是处，还有很多批评者贬低它是出于意识形态原因。国联的反对者并不认同它是一个行为体，因为它处理国际事务的方式让他们感到不耐烦。在反对者中，既有民族主义者，又有国际主义者。这说明国际主义并非铁板一块，它可以进一步被划分为反殖民的、宗教的、共产主义的、社会主义的、法西斯的，各种类型不胜枚举，不同类型的国际主义经常相互竞争，并从竞争中积聚力量[7]。

　　被竞争者环伺的自由国际主义者需要抓住"进步时代"这个关键词。进步主义的概念更宽泛，也更模糊，它是指导社会变革的综合性方式，而不太像一个连贯的思想或是连续的运动[8]。进步主义主张通过社会改良使现有社会体制与现代世界相适应，这一点跟自由国际主义很类似。当时，许多运动都主张通过革命解决全球各种骚乱，而进步主义和自由国际主义都选择渐进演化的解决办法。

　　秉持进步主义的改革者占据了政治光谱的两端，有些人甚至处于两个极端。他们为当前的问题积极寻找解决办法。他们的不懈努力常能促成国家间对话，并给这些对话带来灵感。在美国，进步主义者会发现自己的国家实际上是一个"跨民族的集合体"，有着多元文化和传统[9]。20世纪初，不同国家的改革者之间已经建立了紧密联系，为各种运动和政策提供信息。但这并不意味着倾向于进步主义的人会清一色地支持国际主义项目——比如说国联。即便是聚焦于世界局势的美国进步主义者也体现出广泛的多元性。这些进步主义者在中间，他们的一边是单边的和帝国的，另一边是多边的和国际的[10]。

但是，进步主义者也拥有共同的观点、机制和模式。他们喜欢社会科学和制度，将它们作为解决问题的手段。他们的一个共同的观点是：疾驰而来的现代性是一种全球现象。许多国家都面临着相同的问题，他们相互之间进行信息共享以携手应对危机。越来越多的研究显示，全球问题相互关联，并非某个国家凭借一己之力就能解决[11]。进步主义者所关注的维护和平、人口贩运等问题，都在国联的议程中。一些进步主义者支持帝国主义、种族隔离以及其他争议性的政策，而另一些进步主义者则大力倡导普救论的观点。自由国际社会的很多有影响力的人士承诺将致力于某种改革模式，这表明了他们进步主义者的身份属性[12]。我们不是要把这两种人等同起来，而是想说明自由国际主义和进步主义之间的界线其实是模糊的，如果强行做出划分，则无法反映真实情况。

不论进步主义还是自由国际主义都反映出自由主义理念的演化。这些演化是历史和国际变革促成的。"自由主义"是一个很容易让人迷惑的词，因为它在不同时期具有不同意义。自由主义者希望能建立各种社会和国际公域，并使它们围绕市场、个体优先、权利和法律中心性运转。尽管他们有时愿意接受种族隔离和没有前途的殖民话题，但总体上看，他们致力于建立多元民主政治。当时的重重压力正在更新着他们的观念。修正自由主义是现代世界的产物。思想家、活动家、学者和政策制定者跟它进行周旋以创立新的制度，一种可以在全球平台上管理人类事务的新秩序[13]。

在自由主义范畴内的一些传统做法互相竞争，这导致不同理念的区别愈发模糊。自由主义者对于"美好生活"的愿景千差万别[14]。坚信国际主义的自由主义者都免不了相互争论，对于现代活动的危险和潜力应做出何种反应。即使在大萧条时期，一些敢于发声的自由主义者仍在鼓吹自由放任的经济政策，这成为日后新自由主义传统的基础。我们可以把这个趋势跟其他许多自由国际主义者作比较，他们支持行动主义的国家政府，以及通过国际合作指导改革。在罗斯福新政中，他们跟一系列改革的关系反映出在进步主义影响下的自由主义崛起。他们主张，一方面，政府要积极作为，将现代化的正面影响最大化；另一方面，政府要给个人和公民社会保留足够的空间。

在美国，自由主义改革者中的左派和温和右派都把信息看作他们事业不可或缺的组成部分。其他国家的部分人士也有相同的理念。他们共同强调改革的跨国性质。这说明有关思想观念的讨论并不是空洞的，而是特定时期国际竞争的一部分。他们担心，在自由主义以外的制度下，民众被国家政府采取的肆无忌惮的专制手段所压制。他们认为，这是显而易见且迫在眉睫的危险，为了促成历史性的深刻转型，他们必须加强有关自由主义的宣传，使更多人愿意投身抗争。

维持自由秩序的自由国际社会不止一层含义。对于提出这一理论概念的学者而言，自由国际社会指的是一套国际秩序，需要成员国和一整套标准。尽管这一秩序包括纷繁复杂的内容，但归根结底，是各个国家具有的强大引力在保持这一庞大体系的运行[15]。另外一些学者对上述概念进行了拓展，他们探究非国家因素如何与"全球化"的过程进行互动，以及这些因素与地缘政治动荡中的剧变的关系[16]。

本书作者在研究自由国际社会时，综合使用了上述两种含义。自由主义语境下的国际社会是由各个国家组成的生态系统，但同时也需要国家内部以及国家之上的机制来维持它。这反映了一种自由主义的观点：在国家的直接控制范围之外的某些活动会对政治、经济和社会产生影响。在自由国际社会里确实是这种情况，尤其是在美国。它对于国际社会的关照和维持不仅来自政府，还常常来自日后被称为"公民社会"的非政府组织。这些国内团体具有不可忽视的力量，能够塑造国际社会关系，无疑应被看作更广阔图景的一部分。它们的力量和影响部分来自自由主义活动者、学者以及政策制定者形成的跨国网络。总之，自由国际社会是由以下要素组成的：政府、官僚体系、内阁部门、大学、基金会、公民组织、政治团体、其他非政府组织以及有志于此的个人[17]。

自由国际社会在很大程度上是精英们努力争取的结果，因此可以被视为一种高级的社会形态。它甚至有其专有的政治和社会活动。会议、团体、协会和大学等对于维持自由国际社会都至关重要。这种只对少数人开放的特点意味着它采取成员体制，有一定排外性。自由国际主义者认为"世界公众意见"是需要接触和塑造的力量，因此他们也在与公众接触并试图影响公众。但是，把精力投入相关事件的信息层面的人只是少数。因此可以确定的是，并非所有的成员都来自社会的精英阶层。各种各样的机制能够对他们的能力和成就进行筛选，使表现突出的成员留下来。但是，这个社会对于精英有偏见，对于性别差异有刻板思维，并且经常被不同的人种肤色所约束[18]。

上述关系反映出许多个体在创造性地维系秩序方面所起到的有限但很重要的作用。对于跟国联相关的人而言，国联并不只是建立联系的团体，而且具有更大意义：对于困扰现代社会的一系列问题进行治理[19]。"治理"不一定是专属于政府的行为，它指的是一种泛化的机制性及概念性能力，一种能够对付和控制影响人类的因素的能力。这种能力可以存在于国家之外。公民社会和国际组织能够促进这种控制机制的建立。许多人认为，这种能力是现代国际交往中不可或缺的。许多专家学者都研究了概念化的世界秩序，但对于这个复杂的体系当年以及现在究竟是如何运作的，这些专家学者则着墨不多。维护秩序的基本条件之一是具备多样化的能促进治理的工具箱。对于自由国际主义尤其是 20 世纪的自由国际主义而言，信息是这个工具箱里最重要的工具。

施加秩序

国际秩序要正常运行需要具备很多条件，包括能把所有要素联系起来的凝聚力。自由国际主义重视跨越时空的联系。在大萧条时期，人们越发焦虑地认为，全球都将面临大滑坡似的现实困境。当时所需要的是能够测量世界形势变化的工具，使整个国际体系不至于分崩离析。有鉴于此，国联和其他相关国际机构提供了一些关键的工具，在经济领域尤为如此。

国际社会希望国联实现上述目标，即建设治理体系。作为国际社会的一员，美国与其他国家通力协作。这不是简单的伙伴关系，它涉及国家利益。在背后推动这一利益的是一类重要的资源：信息和知识。对于国际社会而言，在经济、卫生和人类经验的其他方面形成稳定的信息流至关重要；当时如此，现在也是这样。

每个人都通过数据来认识这个复杂多样的世界。我们经常讲世界很大，这是老生常谈，但的确也是现实。以个人的能力难以认识人类在全球的互动。没有哪个人能凭借个人经验去掌握全体人类的经验和知识。例如，当我们在讨论全球经济这个宏大话题时，没有谁能精准地掌握从澳大利亚出口的每一颗水果，抵达美国的每一个集装箱，或是产自阿塞拜疆的每一滴原油。我们只有得到一个统计总数，才能认识当前的国际经济形势，进而形成我们的分析结论，最终推动制定或修改相应政策。我们要利用一些生动的形象以及数据，对于那些宏大的、难以理解的关系和形势形成直观概念和认识。资本流动、国际收支、贸易赤字、货币估值，这些数据有助于我们认识某个特定国家的商业状况、评估政府政策，在某些情况下还可以就相关产出以及占统治地位的政治制度和意识形态是否合理提出建议。

国际活动越来越依赖于收集和分析信息的能力。许多商人、学者、决策者、评论分析人士以及普通民众首先要掌握信息，然后才能做出一个决定。在当今社会，信息无处不在。每天的网络、电视、电台新闻报道中涉及一系列的数字，告诉我们全球经济的健康程度或者是贸易政策的现状，我们对此习以为常。主流杂志每期也都会保留几页的篇幅刊登一些经济指标，反映不同国家乃至全球的经济运行状况。人们评估大国博弈的态势，一个重要依据就是这些国家能否提供关于本国的可靠数据[20]。

本书中，"信息"一词代表了一个总的类目，它的含义等同于"数据"，意为可验证的、有助于推论和认知的客观事实。在本书探讨的范围内，"信息"在绝大多数情况下指的是不同的团体出于不同的目的而收集、生成的统计数据。在其延伸义项下，它还包括收集关于全球事件真相的一系列活动。这些真相对于政策制定者以及政治活动者理解、塑造国际关系具有重要意义。

我们还要认识到，光有数据还不够，还需要对数据进行分析。就像原材料需要经过加工，原始数据需要进行分析之后才更有用。不管是国际组织还是国内组织，它们分析、处理数据及其他信息后再提供给需求者的方式，反映出这些组织本身的立场、倾向及工作重点。某种商品流动的总数属于情况，而国家收入和国内生产总值等则属于分析。人类通过分析来赋予信息可以利用的价值。具备了这个条件，信息才会转化为知识。

知识反映出信息与实力的密切关系。具备调查、搜集、分析、传输特别是运用信息的能力是至关重要的。这也是各国政府、组织、团体等如此青睐信息的原因——掌握了信息以及分析信息的能力，便能够在国际事务中更具影响力。

知识来自信息，且与实力关系紧密。当前，丰富的数据及其他信息在全世界范围内流动，使得人类的活动更容易被分辨。但是这些数据及其他信息是近年来才被纳入宝库的。在许多国家的传统文化中，都有"知识就是力量"或者类似的谚语。20世纪中叶的思想家们试图在这条谚语的基础上进一步探寻知识和实力的关系[21]。从批评者的角度看，他们尚未跳出前一个时期的窠臼，那时信息的出现、生成和传播，以及信息所带来的影响和控制人类不同层次活动的能力，具有一种特殊的敏感性。

"一战"到"二战"之间的国际形势，推动思想家们对于如何在现代社会中利用信息展开辩论。这些辩论还涉及如何创建和控制信息这样的长期话题。"一战"表明，信息的重要性不仅体现在军事和战略方面，还体现在舆论宣传方面。尤其能说明信息重要性的是，在"一战"结束时，世界各国都遇到了一个战略性难题：世界和平应该由谁进行规划，又应该采用谁的意见来落实和平规划[22]。跟这些亟待解决的问题相关的就是，当时的帝国和国家长期希望建立并掌控"信息秩序"。这个"信息秩序"不仅能提供一系列事件的图景，还有助于它们运用权威和实力[23]。

战争结束后，人们担心各种谣言会愈演愈烈，而这种担心逐渐演变成更大的担忧，即在信息管控下社会大众很可能被操弄和控制。这种焦虑普遍存在于各个国家、各个领域，许多重要的思想家都为此担忧，包括加拿大政治经济学家哈罗德·伊尼斯（Harold Innis）。他当时在两方面感到苦恼：一方面是缺乏可靠的信息，导致政府不能有效应对大萧条；另一方面是新技术大量涌现，在一定程度上成为破坏性的力量。他特别关注大众传媒，关注信息传播会不会受到影响和控制，并经常就此发表自己的真知灼见。在当时及之后长时间内，人们广泛讨论的话题不仅包括媒体报道本身，还包括谁在控制着这些媒体。与之紧密相关的还有其他一些议题，比如：当时的世界正在高速地朝现代化的方向发展，各个国家以及自由主义理论都需要尽快适应这样一种形势，在这个过程中，信息是如何支撑社会发展的？这些问题意义深远，因此许多巨擘把它们纳入自己的思考范畴，以选择出那条通向"良好社会"的最佳道路[24]。

那些例行公事般的经济数据的获取、分析和散发似乎与上述话题不太相干，与关乎世界政治与秩序的重要问题似乎更是不相干。但是，政策的汇聚的确是它们的重要性所在。上述涉及信息的国际活动的意义超出了某个国家或是某个帝国。这些活动的目的是让这个世界更容易被观察和认识。因此，对于国际主义者而言，这些活动具有很大吸引力，甚至是不可或缺的。在全球大萧条期间，信息收集活动更加重要甚至是必须的。出现这种情况并非偶然。在危机年代，许多精英及普通民众都认为，对紧急的全球事件做出反应并找出解决措施的能力至关重要。

信息的这种特质使许多人认识到，看似没有特色的原始数据及处理过的数据实际上具有极高战略价值。决策者和专家把数据和统计方法作为工具，利用它们发现急迫需求并采取行动，同时也提升执行政策时的合法性。这些决策者和专家经常被忽略，或是被错误地贴上"技术官僚"的标签。实际上，我们如果认真分析一下就会发现，他们是具有政治抱负和意识形态追求的。我们也不能因此而简单地认为他们完全是出于政治目的、他们所做的都是没有价值的，他们确实希望做出一番事业。尽管他们的工作看似非常基础，而且他们的数据和分析有时不尽完美，但他们提供的信息的确能反映出一定的社会现实。

大萧条是一个转折点，国际主义——尤其是自由国际主义——以及某些数据收集方式应运而生。既然自由国际主义致力于治理世界，那么它首先要了解这个世界。

当然，收集信息并不只是国际主义者的专利。它在很早的时候就是国家建设的有机组成部分，而且一直延续到今天。历史学家们研究过国家统计数据如何有助于实现经济增长、提升实力及增强国家合法性[25]。这些数据对于自由主义国家间关系的建立和运转也十分重要。它与社会和思想领域的统计思维同时兴起[26]。但是，关于国际社会运转机制的关键信息并不是凭空出现的，它们是被"创造"出来的。

这种创造性的能力并不是生来就有的。但是，不同领域的美国人支持国联的一个原因是，信息不仅能让人观察、了解各种类型的国际活动，同时也使得这些活动能够受到控制。与其他国际主义者一样，美国人明白，他们需要得到信息和分析结论，以更好地了解这个世界，并按照美国的意图引导它。国联在一系列领域尤其是经济领域具有重要地位，它提供了大量、广泛的数据和分析，在它成立之前这是不可能的事情。尽管这个国际组织的工作远远算不上完美，但是它为认识全球活动提供了圭臬，同时也帮助制定相应的政策来塑造这些活动。当世界秩序崩坏的时候，这种能力显得尤为宝贵。

把经济关切放在第一位，这就产生了工具主义。工具主义在知识谱系中由来已久，并且已经体现在政策制定和执行过程中。政治体系讲究认知与控制，它们希望获取经济知识，但它们所关注的并不总是狭义的"经济"。许多社会和政治问题与经济问题缠绕在一起，被统一归入"经济"类别，并且需要尽快进行量化分析。这对于民族国家而言通常会有深远影响[27]。在 20 世纪中叶的国际社会中，开展信息搜集活动的冲动也构成了认知和治理力量的一部分。

虽死犹存

"国联已死，联合国万岁。"

1946 年 4 月，在国联最后一次会议上，与会者发出如是感叹。其实在这次会议之前，国联已经被宣告死亡，但这次它是真的站不起来了。

它的确不行了。它的关键"器官"已被割除，并移植到了它的继任者体内，以适应新兴的世界秩序。国联曾经承诺，要通过集体安全维护和平，但实际上成效不彰，有关情况是学术界的研究重点。在流传的各种故事中，在国际史专家的叙述中，国联经常被描述为一个悲惨的或者说悲喜剧一般的组织，面临迫在眉睫的威胁，它并没有能力维护秩序。当然，这么评价国联，颇有些后见之明。作为凡尔赛体系的继承者，国联是《凡尔赛和约》签订后的世界秩序不可或缺的一部分。许多人认为这一世界秩序十分脆弱，而且从根本上存在缺陷。这段历史确实如此。国联及其支持者为之奋斗的和平并没有保持太久。很多人将其归咎于国联及其他很多原因。当时许多人痛苦地意识到，国联没有能完成其确保集体安全的使命，因此，国联常被人当作一个失败的案例来讲述。但这实际上仅仅是故事的一个侧面。不管是当时还是现在，导致或预防武装冲突并非国际事务的全部内容[28]。

日本和德国这两个国家的退出是导致国联失败的原因之一。而与之相比，更重要的原因是美国这一新兴大国从未加入国联。美国做出这样一个"让世界心碎"的决定有两个原因：第一个是在国内有一部分人坚决反对；第二个是伍德罗·威尔逊出于误判、傲慢以及自身疾病等原因，未能充分地把美国普通民众和精英阶层动员起来。在"二战"期间及之后，人们引以为戒，提醒美国人注意国际义务和国际组织的价值[29]。

失败的国联及其希望维持的国际秩序让人们对这个机构本身产生了质疑，同时也对国联大批支持者的智慧产生了质疑。应该说，国联支持者们大都是战争与建设和平的亲历者，他们经历的事情多，对于形势认识透彻，为什么会支持一个具有明显缺陷的组织呢？在国联影响国际政治的能力消失殆尽后，许多经验丰富、影响力大的个人和机构仍然对它抱有期望，哪怕是有保留的期望。更重要的是，他们仍然给予国联资助，并且对它抱有耐心。

仍然有人对国联抱有信心，这激励了美国国内许多曾为国联或者相关事业付出的人。美国的历史学家倾向于认为，当参议院打碎了威尔逊关于加入国联的梦想后，这件事已经画上句号了。实际上，"一战"到"二战"之间，关于美国是否应加入这个位于日内瓦的团体的争论从未停歇。这个问题像一根导火线，搅动着人们不安的神经。自由国际主义者加入这场争论一方面是为了追求集体安全的梦想；另一方面是为了一个更重要的目标：现代世界的治理。

良治？

历史学家最近才开始对治理问题投入应有的重视。当年的人如果穿越到今天，对于相关讨论应该不会感到意外。对于治理问题的关注拓宽了研究国际主义者的视野。人们普遍把国际主义定义为一种政策、态度或信念，它崇尚国家间的合作。同时，国际主义通过国际舞台上的各种力量为代表国家的人准确认识本国利益提供了途径。并非所有的国际主义都是积极的、合作的和有建设性的。当时的一些自由国际主义者身上带着令人不安的种族主义色彩。他们愿意看到，甚至积极地希望看到建立在民族或种族压迫和隔离基础上的现代帝国成为机遇与协作的巨轮——哪怕它只为少数人服务。与此同时，一些自由主义者和进步主义者把帝国主义看作不稳定甚至是危害性的力量。他们之所以这样认为，并不是因为帝国主义剥夺被殖民者的权利，而是因为它会给更加"先进的"国家带来冲突。在面临不公正现象时，这些国际主义者接受了——至少并未去挑战——国际上有关人权的那些悲惨现实。与国际上的其他运动类似，这件事里也有明显的矛盾对立[30]。

大多数国际主义者有一个共识，认为他们所处的世界越来越复杂。疾病、经济、移民、贸易、通信，这些因素以指数增长的速度跨越国境。现代工业社会的引擎在时刻不停地运转，国与国之间相互依赖的程度不断加深、互动速度不断加快，这就带来了很多新的因素，需要建立一套新的国际体系去应对。而建立一套新的国际体系有很大的挑战性。为了治理、管控这些要素，有必要建立一整套机构、条约、标准和观念。在诸多组织里面，国联只是其中一个，人们想通过国联来应对上述问题。国联像一个透镜，人们透过它可以更加宏观地了解国际活动，从而更好地认识和治理现代社会。

国联以不同方式做了很多开创性的工作，给全球带来了深刻影响。学界最近才开始探寻这些深层次的历史问题。他们开始关注国联在跨国议题上所做的工作：公共卫生、控制污染、打击人口贩运、交通、世界统计、国际经济等，这些领域直到今天也是很重要的。国联在维护和平方面的失败在一定程度上掩盖了它在其他一些专门领域取得的成绩。这些成绩对现代世界的国际主义和全球活动产生了深远影响。

着眼国联在专门领域的成就，各行为体以国联为中心开展互动，从中获取数据。这种国际活动远远超越了一个深陷麻烦的国际组织的意义。只有当国际社会支持国联并对其投入时，国联才能在许多方面充分运行。我们通过检视美国的行为体的影响与利益可以看出，国联的实际意义比它表面所呈现的要大。

或许人们经常讲述的关于美国未能加入国联的故事需要修正一下。这并不是一群作为后卫的国际主义者本能地要"维护盟约"以表露自己的信仰[31]。美国的公民社会甚至包括一些政府部门对于在关键时刻建设并运行一个新兴的国际社会做出了前瞻性的贡献。但是，陈腐的威尔逊主义者不断抱怨，影响了人们对上述贡献的注意。上述行为体之所以为国联做了很多，是因为他们认为国联迫切希望对新情况施以有效治理，而这是民族国家单靠自己难以完成的任务。

国联凭借一整套工具应对现代世界，因此，美国的国际主义者认为与国联的合作是可能的，也是必要的。这种追求彻底改变了美国作为"孤立主义"国家的形象，同时，这也预示着美国与之前的自己相比，越来越积极地参与国际事务。历史学家因而把美国叫作"认知共同体"。尽管美国政府和政治人物经常中止与国联的接触，但国联的很多活动是跟美国的投入相关的，甚至在某些重要领域是依赖美国的。美国愈发感觉到自己跟现代世界密不可分，而跟国联的关系使美国对这个复杂世界有了更加深入的认识。

在政治层面，英国和法国主导了国联；而综合来看，美国的非政府组织乃至个人跟国联所属专门机构的合作也是很重要的。如果没有美国的支持，国联在特定领域所做的大量工作都不可能完成。过去有种论点认为，美国在应对全球关切时所持有的观点，乃至美国的霸权主义，都纯粹是"美国的"。现在这一论点被证明是站不住脚的。对于世界经济、生活水平乃至自由秩序本身的一些设想都不是来自某一个国家，而是源于跨国互动和对话，美国只是其中之一。

要把这一关系摆在中心的位置，我们还需要承认日内瓦的其他行为体及其迫切需求所起到的重要作用。本书作者并不是说国联及其附属机构完全被美国人所支配，美国也并不是唯一跟国联协作的国家。美国人的确受到了跨国对话和国际关系的影响，但是国联、日内瓦和国际社会并不是这些对话和关系的全部。本书的一个重要观点是，美国各种各样的行为体对日内瓦以及更广阔的平台做出了贡献并且从中受益。

本书的目标是揭示自由国际主义者——尤其是美国的自由国际主义者——的动机，即一系列特定的必要事项。请读者不要误解，本书并非要抹杀在国联及其附属机构周围、为它们提供援助的其他组织和个人所做出的贡献和努力；本书也不仅是关于国联本身或其下属专门机构的研究专著[32]。

本书把自由国际社会作为一个透镜，通过它来观察自由国际主义在更大层面上的行动，及其所蕴含的关键观点的演变过程。本书还反映了美国在上述发展演进过程中所发挥的重要作用，以及这个过程如何反作用于美国，使美国的前景甚至是国家政策都发生了变化。虽然有些团体被排除在国联的正式成员之外，但是国联作为国际组织的属性是非常明显的。很多国家的内政也对国联的发展道路产生了影响。

此类情况也是吸引部分美国人跟国联协作的原因之一。国联及其下属的纷繁复杂的委员会、会议、部门把关键议题上的各种声音汇集到一起，因此美国人有机会接触到大量数据和观点，而某些数据和观点若单凭美国人自己是难以直接接触到的。对于美国而言，国联的一大重要意义就是可以使美国了解国际社会上的许多不同的观点，尤其是来自小国的声音。在国联成立之前，小国的行为体想把自己的观点和意见纳入国际社会的讨论中是非常困难的，甚至压根不可能。这些国际会谈显示出，国际交流并不仅仅是大国间的"巅峰"互动，而且相关活动比我们通常所看到的要更加多元，也更加复杂。

美国跟国联联系密切并不代表整个美国社会对它的统一支持。美国并没有全盘照收国联及其背后的观点。但是，有相当一部分有影响力的人支持国联，是因为他们认同自由国际秩序。这也反映出美国的对外交往并不仅仅是官方层面的。各国在日内瓦通过国联构成了联系，这反映出一种更加宏大、多样的文化，有人将其称之为"跨越国家的国家"[33]。

国联的工作是把国际社会联系起来。现代世界在许多因素的作用下，成为一个整体运行的体系。国联的工作之一就是研究、分析这些因素，在这个过程中，国联也得到了其他方面的协助。早在19世纪，工业化催生了许多跨国因素。从那时起，人们就试着去认识、掌握这些因素。国联在某些专门领域所做的工作，实际上是继承了比它更早出现的一批国际组织的目标，比如万国邮政联盟、国际统计学会、红十字国际委员会等。相比这些专门组织，国联更进一步，它成了开展国际协作不可或缺的枢纽，许多致力于知识研究或者是被人道主义激励的人士都会积极支持国联的工作[34]。

但并非只有国际组织有研究分析的冲动。国家及其国内团体对此也充满了兴趣，出现了一些专门从事研究分析工作的政府部门、研究机构、大学、非政府组织和志愿团体等。

通过国联这一国际组织，美国形成了一系列基础概念。这些基础概念有助于美国观察、认识这个充满危机的世界，进而制定能化解危机的政策。这样就形成了一套循环机制：美国从国联这个国际主义共同体中汲取信息和知识，再把自己实践得来的经验注入其中。美国处理国际事务所需的关键要素，及其对国际事务的深刻理解，都是建立在与国际社会互动的基础上的。

因此，国际主义网络十分重要。随着时间的推移，美国感觉到其他国家的人士提出的观点不仅具有很高战略价值，而且还带有紧迫性。这是透过国联看世界的另外一层意义。国联是自由主义观点的交流中心。美国的机构和个人在这里接触到在世界上广为扩散的概念。这也反映出，在国际社会中，美国并非事事都是唯一的或首要的驱动力，而是经常从其他国家的观点中得到灵感。历史学家们主要聚焦的是机构层面，包括国联本身以及它的美国资助者，但实际上这个国际组织的影响范围要大得多。

无可替代

我们的历史学研究中相关的分类和方法未必能反映出当年的行为体所亲身经历的事件，这从国际主义交流的运作方式中可以看出来。专门领域的或者说技术官僚的诉求本身充满了政治和意识形态因素。外交活动反映出文化差异。公民社会和国际组织的相关活动最终会推动国家外交，而国家利用非国家行动主义来掩饰它们自身的议程。

不能忽视的还有人的维度。一些重要人物出于自己的信仰和经验对国联等机构进行投入。我们所谈及的这些人基本上都不属于政府最高层，但他们确实具有相当的影响力。由于他们掌握了国际活动中某些专门领域的信息，并且能影响掌握最高权力的人，因此他们所推崇的关于秩序的观点得以执行。这充分说明，"国际秩序"这个名词虽然听起来抽象而空洞，但实际上是鲜活的个人出于不同的想法建立起来的，并且这些人还在维护着它。

在诸多合作领域中，经济领域的国际合作尤为重要。关注国际事务的人认为，强调国际贸易、金融和制造业是合乎逻辑的。当时所有的行为体都被这些议题所围绕，大萧条带来的长期危机更是突出了它们的重要意义。

大萧条使得很多人关注不同国家和社会在经济领域所遭受的深层次影响。经济领域的连锁反应是跨越国界的。经济如果出现异动，就可能致使某一个国家的经济政策甚至政府的主导思想出现变化，这一点很令人担心，因为这会影响到用于应对跨国挑战的全球治理能力。正是出于上述考虑，包括美国在内的很多国家向国际机构提出问题，并强力推动这些机构获取相关信息和知识，使它们能够掌控全球进程。

因此，国联在专门领域的资源是很宝贵的。其所属机构时刻关注着国际动态，在准确认识这场危机方面提供了无与伦比的信息和研究成果。虽然美国无法参与日内瓦的正式外交活动，但它与国联框架下的专业工作有直接联系。这不是美国政府的官方行为，而是通过我们现在称为公民社会的非官方途径进行的。

美国的大学、政治团体和基金会在国联涵养资源，以便将来把这些资源拿来为己所用。具有国际视野的进步主义者尽管有时对于政治机器不以为意，但他们把国联——尤其是其具有专业精神的秘书处——视为"世界大学"或"超级大学"。他们认为国联在形成治理现代世界所需的信息和研究方面风头无两，所以值得进行投入。

经济和金融部门是国联下属的最具影响力的专业部门之一，得到了洛克菲勒基金会（Rockefeller Foundation）的大笔资助。美国富有影响力的学者和官员在国联框架下与他们的国际同行合作，对经济和金融事务开展调查研究。美国许多著名的经济学家密切参与国联的研究项目，他们其中部分人员还参与了"二战"后的规划。一些国际人士也参与到美国在"二战"期间的活动中，通过国联的项目而为人所知。

相关国际合作如火如荼地开展，把全球贸易和金融数据收集到一起，这样更有利于检索比较。这一做法在今天看来再正常不过，但是在当时是了不起的创新。国联从全球视角研究大萧条的影响，它不仅收集原始数据，还对其进行分析。美国的学者和政策制定者不仅同国联相关部门开展合作，还频繁参加国际论坛，比如国际研究大会❶（International Studies Conference）等。在这些会议上，美国代表可以和其他国家的代表就政治经济学的相关问题展开争鸣、取长补短。国联的相关能力之所以得到提升，不仅是因为美国，其他国家的政府、组织和个人也都做出了重要贡献。如果不承认上述关联，也就不可能认识到他们在国际舞台上的地位。

当时人们急切讨论如何在自由国际秩序下形成有效治理，很

---

❶ 国际研究大会于1928年成立，20世纪50年代演变为国际研究协会（International Studies Association），是国际上最早研究国际关系的学术组织。——译者注

多美国人也参与了相关讨论。而对于这些讨论来说，国联的分析研究成果无疑是很重要的。20世纪30年代，在两次世界大战之间的危机年代，自由秩序分崩离析，因此美国与国联在专业领域建立起来的关系非常重要。国联希望推行内部改革，丰富自己的工具箱，把自身重新定位为专业知识和分析的中心，美国各界对此大为赞赏。与其说是出于威尔逊主义的影响，倒不如说这是追求全球化世界的美国人心迹的直白表露。

不同时期的美国政府对待国联的态度并不一致。在胡佛和罗斯福执政时期，美国政府公开且再三赞扬国联的专业活动。而在1920年总统大选期间，出于对威尔逊主义和国联的拒绝和排斥，民主、共和两党的候选人都不敢冒着政治风险让美国加入国联。鉴于这种朝三暮四的态度，美国采取了一个折中的办法，即投入对象不在国联一级而在其下属部门，并维护其相应的立场，这样有助于捍卫美国对于自由主义的认识以及美国在国际体系中的利益。20世纪30年代，国际秩序几乎荡然无存，在这种情况下，美国相关活动的重要意义更加凸显。同时，美国还在寻求引领国联的能力建设，为解决令人烦恼的问题提供概念架构。国联提出了一些新的知识概念，比如农村发展模式，原材料在国际经济中的地位，以及改善人民的生活——当时有一个新出现的时髦术语"生活水准"。通过研讨和其他各种努力，国际发展的概念体系逐步形成。在国联的推动下，经济部门和国际知识交流机制将上述概念引入国际讨论交流中。来自各国的学者、活动人士和机构也对此提供支持，并且确保越来越多的人被吸引过来。大萧条引发了长期的改革，与上述努力同时进行。国联支持下的很多议程都是上述国际辩论的一部分——请注意，只是一部分，并不能代表它的全部。

国际主义者谈得最多的，便是互相依赖、互相联系的主题。随着这个主题愈发被人重视，美国公民社会的关键作用日益凸显。我们看到，国际主义者所指称的世界非常宏大，比我们原本设想的更加灵活、精细并更具韧性。

20 世纪 30 年代末，国联正为了自己的存续问题苦苦挣扎，并向美国寻求支援。在美国，国际主义者和部分政府官员虽然对国联的政治议程并不感冒，但他们却对国联在专业领域的工作十分欣赏。他们很看重美国从国联获取的信息，认为它们是为了实现自由秩序这一目标所不可或缺的工具。国联在拼命求生的最后岁月里，把更多精力投入支持自由秩序的运行，而不再靠它成立之初所追求的集体安全来吸引支持。这说明国联在某些方面的价值尚存。

国联的支持者从国联汲取相关知识。面对日益严峻的各种挑战，国联的相关能力可以为自由秩序提供越来越多的保护和支撑。同盟国本想把法西斯国家招入自由世界，但这个尝试失败了，于是，国际社会的成员把国联视为全球大战的武器库。

国联进行的内部改革把专业性的工作放在事关国联生死存亡的关键地位。为了让美国民众相信国联是推动全球一体化的重要力量，从而获得美国政府更多的支持，国联 1939 年在纽约世博会会场建立了自己的场馆，这是其在历届世博会上建立的第一座，也是唯一一座纪念场馆。

国联在那届世博会上的展品也在凸显它所做的专业工作，而其政治活动则有意地被低调处理。这一转变说明，国联意识到应该把自己打造成自由主义国际生态体系的一分子，让现代世界在种种挑战下更好地运转。国联的这一目标现在已经很少被人提起，但在当时，它的做法反映出自由国际主义者的希望和担忧。我们如果关注纽约的这座国联纪念碑，就能感觉到，国联当时为了不被国际社会放弃真的是竭尽全力。它把自己打造为在自由国际社会中为了服务全球治理而提供信息的组织。国联想争取美国人的支持，想吸引前往世博会现场的、具有自由国际主义思想的参观者。它建立的那座纪念碑，是上述想法的具象化的视觉展示。当时，自由国际主义的理想正遭遇沉重打击，国联的做法实际上是在对这一理想表示支持。

国联一方面向美国民众示好，另一方面希望通过自身改革吸引美国政府正式加入。这不单单是因为日内瓦的努力，还因为包括罗斯福在内的那些真正有国际视野和影响力的人物支持国联转型，而不是由于那些不切实际的威尔逊主义者的推动。国联争取美国的努力也得到了其他一些国家的重要人物的支持。他们希望改革后的国联能得到美国权力的加持，以实现他们本人或本国的利益。

本书记叙的这段历史能够说明信息在国际事务中的重要作用。通过这段历史，我们看到，当时的一些观点即使到了今天依然在发挥作用。美国促进并维持着知识的生产，以增强对于国际事务的治理能力。此外，在把这些事务纳入"二战"期间及战后的自由秩序方面，美国也起到了核心作用。美国之所以要保留国联在某些领域的特定能力，一个重要原因就是美国希望利用它们发动战争以及处理战后事务，同时防止美国真正的或者潜在的敌人掌握这些能力。

这段历史似乎到此就该结束了，但是，那些在"二战"期间被迫流亡的、带着国联资格证书的专家们揭示出信息在世界危机中的作用。许多有影响力的美国人对于国联的相关活动非常了解，国联有关机构的重要性对他们来说不言而喻。1940 年 6 月法国陷落后，一群国际人士竭尽全力保护国联功能尚存的下属机构，并且把国联的这些"器官"移植到别处，防止它们成为欧洲法西斯"新秩序"的一部分。在罗斯福政府的暗中支持下，一些人以普通公民或流亡者身份为国联的相关机构提供避难所。在1940 年那个灾难性的夏天，这项行动实施起来非常不易，但撤退总体而言是成功的。历史总是充满了讽刺，国联经济和金融部门在美国新泽西州的临时落脚地是威尔逊总统的旧居。一些著名人士正在探寻战后经济体系的组织方式，对他们而言，国联经济和金融部门是战略性的资源。该部门向新泽西州普林斯顿的迁移，也从侧面说明国联是灵活的、适应性强的国际社会的组成部分。

与流亡者一起，一群秉持国际主义理念的志士仁人也很快被吸引到美国来，参与到战后国际体系的规划中。他们的所作所为意义重大。这些曾经在国联工作的人开始为联合国这个新的国际组织撰写最初的篇章。更重要的是，他们建设性的工作把繁杂的机构和各种关系整合在一起，以帮助实现新的自由国际秩序。这个让各国人士前赴后继为之奋斗的全新国际秩序，实际上是最符合美国利益的。

许多学者认为，相关倡议和机制在本质上带有明显的美国理念。其实它们受到了很多国际资源和个人的重大影响，这从流亡的国联工作人员的经历中可以看出来。一些小国需要依靠国际社会作为发声渠道，尤其是国联大会这样重要的平台。20 世纪二三十年代兴起的辩论，在很大程度上是关于战后国际体系对话的前奏。一些重要讨论围绕着新划设的国际发展诸领域开展。参与这些前瞻性讨论的人士立足于战时的美国，利用他们在日内瓦的工作背景来证明自己观点的重要性。他们是置身于知识海洋中的信息一代，在建设新国际秩序的过程中，他们是中流砥柱。在那个时代，流逝的时间、历史大事遮盖了知识发展的历程，而上述活动使世界重新看到，知识的发展是连续的。

规划中的联合国将定义未来世界的发展方向，此时，国联的残余机构以及流亡个人的重要性也越发明显。相关概念源于国际对话。国联经济和金融部门继续向美国及盟军提供它们急需的分析研究成果。国联的一批工作人员在美国势力的庇护下，开始谋划对于保持稳定不可或缺的全球治理结构。这项任务对他们而言并非难事，他们有此前的分析研究成果作为基础，对此早已轻车熟路。他们的工作在多个方面都取得了进展，促成了很多倡议，如在战后成立新的国际机构。这让人不禁想到，"美国治下的和平"（Pax Americana）其实也是以美国为中心的一种国际体制。了解了这一点，我们就可以重新考虑国联的地位和"二战"后国际秩序的基础。支撑美国霸权的理论并不是土生土长的，而是来自自由国际社会。

如同把谷物运往磨坊进行加工，国联把自身的资源提供给美国，作为规划战后国际秩序的依据。尽管如此，随着其流亡日久，国联逐渐发现，它自身的功能已被不断弱化，其核心功能只剩下提供信息和分析成果。同盟国在讨论成立联合国这样一个"新的国际组织"的相关事宜时，免不了常常会提及国联的问题与缺陷。而且相关讨论经常以国联为例子，来说明国际机构应该如何运转，以及它应该如何为国际社会提供专业服务。这不仅是某个具体的国际组织亟待解决的问题，而且是迫切需要信息和知识的整个国际社会需要面对的问题。尽管国际社会与国联进行了合作，但是这种合作并没有任何附加的感情色彩。"二战"一结束，国联就宣告完结；国际社会仅保留它有用的机构，把无用的全部抛弃。

知识就是力量

各种对话、组织和个人，甚至是关键行为体和机制，你方唱罢我登场；而国际社会总是坚忍前行。尽管种种事件会打破某些关系，由团体和个人构成的国际社会展现出惊人的持久性。国联解散了，它被其所孵化的新机构取代，新机构中的很多人都曾经是国联旧部。新成立的国际机构能够产生新的信息和分析成果，有助于人们认识国际事务，并且把相关观点转化为话语和政策以实现其目标。这些行为体构成了松散的联合体，它们步调并不一致，代表的国家利益也各不相同，但它们的工作很有成效。究其原因，它们并不依赖某个单一的核心或支持者。个人、观点和信仰在政策和机制的作用下汇聚成网络，因此能够度过各种危机，包括大萧条、世界大战和冷战。这些行为体不仅生存下来，而且不断地改造自身，并相互作用于彼此的发展路径。

国联工作人员 1940 年抵达普林斯顿还标志着国际社会重心的转移。欧洲不再是世界中心，关键的机构和国际关系的重心已迁至北美。大萧条的痛苦使美国愈发认识到信息和研究的价值，并将其作为认识国际问题的工具。世界大战促使美国发展这些能力，反映出美国日益增长的全球影响力。美国承诺要保卫自由主义全球治理，希望把国际社会的重要组成部分聚拢到美国来。经过世界大战，影响国际关系的因素不再是外在的，而是成为美国控制下的世界秩序的有机组成部分。美国作为超级大国，力求维持、保卫和推行这种国际秩序。

美国跟国联协作的历史说明，需要成立受到国际关注的机构，同时在美国国内也要有相对应的部门。战争以及自由主义战后秩序将延续国联开启的专业工作，并且按照自由主义原则将这些工作体现在国际治理中。历史学家指出，美国在"二战"后的全球霸权是建立在掌握知识的基础上的[35]。我们不应忘记，这些知识来自国联打下的基础，来自其所服务的国际社会。

第一章

无可替代的国联：
国际社会的超级大学

国联的作用无可替代。

——亚伯拉罕·弗莱克斯纳（Abraham Flexner），1927 年

国联研究工作覆盖的领域遍及全球……有鉴于此，那些原本罕见的工作在国联成立后变得平常……国联不断记录着当代世界的活动……怀揣促进国际社会发展的希望，相关人士纷纷提出建议，国联则不断地对这些建议进行审议。

——赫伯特·菲斯（Hebert Feis），1929 年

国联已经失去了政治影响力，它不得不依靠其唯一所剩的价值——作为知识中心运转。从这一点来看，国联似乎已成为一所超级大学。

——温菲尔德·里夫勒（Winfield Riefler），1938 年

这批经济学家在世界上首度记录、采集、阐释各国经济相互依赖的特性……历史学家可以得出结论：他们为认知世界所做的贡献是国联的突出功绩之一。

——约翰·贝尔·康德利夫（John Bell Condliffe），1966 年

衰落的迹象

1935 年至 1936 年的埃塞俄比亚危机不仅引发世人关注，而且成为国联历史上的分水岭。意大利违反与英、法密谋签署的《霍尔–赖伐尔协定》（Hoare-Laval Pact），绕过集体安全机制，在英、法绥靖政策的鼓舞下企图分割埃塞俄比亚。意大利的这一举动摇了全世界精英及普通民众对国联的信心。国联或许对于国际秩序有领导力，但绝不是在政治领域。

许多学者——包括当代学者——都认为埃塞俄比亚危机宣告了"作为政治联盟"的国联的终结[1]。20 世纪 30 年代中后期，国联的主导能力像患病似的一蹶不振，它在政治上开始释放出一股腐烂的气味。另外，在不断升级的国际紧张局势下，国联在政治层面的没落反衬出其在专业领域工作的重要价值，专业工作日渐成为国联的主要工作。

法国银行家、保守派人士约瑟夫·艾文诺（Joseph Avenol）1933 年出任国联第二任秘书长。艾文诺承认，试图通过外交途径解决"九·一八"事变和意大利–埃塞俄比亚战争的努力失败，这对于国联来说是两次沉重打击。这两次打击加上日本和德国退出国联，使得国联另觅发展道路的需求愈发迫切。国联希望实现从政治组织向专业组织的转型，以此在国际事务中保持中立和非政治化的存在，同时确保其价值不至于完全丧失。国联承认其在国际政治领域缺乏影响力，而能够承认这一点很不容易[2]。应该说，国联转型这个主意反映出其领导层的深思熟虑。当时的世界正在苦苦应对经济衰退，突出国联的专业性工作尤其是在经济领域的工作，正好让国联凸显自身的价值。国联曾尝试召开一些重要会议以重塑世界经济活动，但是 20 世纪 30 年代初的国际现实导致国联的上述努力未能取得太大效果。国联于是强调，其秘书处将作为常设部门来处理经济等专业领域的事务。国联希望通过这一宣示向有关行为体表态，实现延续自身存在合理性的目的。

国联倡导的专业合作十分诱人，有助于吸引非成员国"入联"，也可以留住那些想走的国家。国联希望通过专业合作吸引巴西重新加入，当然，其最大的目标则是美国，一个从未加入过国联的国家。"二战"后，艾文诺坦陈，当时国联确实希望以专业合作为诱饵，吸引美国加入[3]。国联希望拥抱那些任性的国家，既是为了加强合作、从这些国家获得支持，也是为了应对 20 世纪 30 年代国际社会不断撕裂的现实。德、日、意不仅先后退出国联，还逐步抛开自由主义经济原则，开启自给自足的经济模式——它们至少是按这一原则推进的[4]。这段时期内，大批拉美国家退出国联，令国联的处境迅速恶化，不得不派遣特别代表团阻止更多国家退出[5]。另外，国际上不断出现区域性集团，国联担心这一趋势会损害其关于推行自由普世主义的承诺。有鉴于此，西半球出现的中立主义和泛美主义让国联感到十分不安。这个趋势部分体现了机制性竞争，但让人担心的是，它可能预示国际政治在更大范围内的撕裂，这将对国际活动产生不可逆的影响[6]。

国联从成立之初就肩负着建设国际公域的任务[7]。"一战"掀起了一波自由化浪潮。国联的拥趸认为，这不仅反映出国际主义的梦想，还催生了设立和执行自由秩序基本要素的机制。

和平数据

现代世界造就或强化了很多新的因素。一些人想要对这些因素实施治理。国联能把他们吸引到一起，这并不奇怪。传统观点认为，人们在20世纪末才开始认识到，相互依存不断加深以及国际化飞速发展带来了一系列复杂问题，这才形成了"全球化"概念。这一观点之所以认为"全球化"始于最近，是因为有些人想强调与"前全球化"时代相比，当今世界形势更加复杂[8]。实际上，"一战"后日内瓦及世界其他地方的国际组织所做的工作表明，上述观点并不准确。19世纪末和20世纪初世界形势的飞速变化让人眩晕，这些变化已经是全球性的，预示着新的时代即将到来[9]。

从19世纪到20世纪初，新思想层出不穷。大多数新思想有一个共同点，那就是它们具有全球意义。共产主义、无政府主义甚至法西斯主义，都认为自己的理论能在全球范围内得到支持，并且可以在全球推行。反殖民的民族主义的形式多种多样，泛非运动把各国泛民族主义运动中的黑人团体联合起来。国际主义强调全球的联系日益紧密，而自由国际主义只是它的流派之一[10]。

在美国，大批精英支持自由国际主义。如同现代社会一样，自由国际主义尝试着探索前行。它的节点分散，认为为了工业化、高技术社会的需要，人们应该关注经济、卫生和社会改革等问题。这些问题相互关联、相互渗透，当时的人常常不能准确地辨别它们。后来的学者才能较快分辨对于前人而言错综复杂的问题。

自由国际主义者通过建立跨国联系加强知识的获取。他们需要知识来应对国际问题。美国人也在从事着跨国活动，他们在一系列问题上态度积极，尝试塑造人们的观点甚至行为。这些问题包括自我节制、全球健康以及国际法等[11]。具有国际视野的人结成了一个共同体。他们认识到，现代社会的许多关切和问题是单一国家解决不了的。他们同时也承认，民族国家是解决问题的首要力量。来自国外的投入与国内的投入同样重要，而推动国家参与国际事务的动力是该国的利益和目标。换句话说，国际主义者身段灵活，他们既可以做到思想全球化、行动本地化，也可以做到行动全球化、思想本地化。

"一战"后，"科学和平"（scientific peace）受到充分重视。自由国际主义蕴含进步主义的某些思想，认为在许多领域推动"科学"研究和分析，将有利于全球交往和国际秩序。新的国际组织纷纷涌现就说明了这一点。一些重要领域得到了美国基金会的资助。在这个过程中，人们把国联看作服务提供者，对它抱有浓厚兴趣。尽管当时除了国联还有为数众多的国际组织，但是国联居于各种各样活动的中心，并试图在诸多领域实施治理[12]。

卫生是其中一个领域。国际联盟卫生组织（League of Nations Health Organization）不仅在当时能影响到很多国家，对于后世的机构也有深远影响。当时，世界各国的联系愈发紧密，战争、革命、移民会导致大规模的人员流动，加上一些流行病的出现，人类健康受到严重危害。"一战"后，国联卫生组织认真吸取教训，在疾病调查和控制方面提出了不少倡议、做了很多工作[13]。它在流行病学以及医疗标准化等方面取得了令人瞩目的成果。某些历史学家认为，它的一些成功的项目没有在后世得到应有的重视，如国联卫生组织下设的标准化委员会。该委员会致力于促进国际协作，它的高效工作所取得的成就是难以估量的。此外，它出版的《国际卫生年鉴》（*International Health Yearbook*）等期刊和专著体现出严格的专业标准，为以后的工作打下了坚实基础[14]。很明显，国联为应对卫生领域的问题提供了新办法，但它无法独立完成工作——国联离不开广大学者、技术人员以及全世界拥护者的支持和投入。

国联卫生组织的潜在能力吸引了国际合作，包括美国的支持。一方面，美国的大学跟它开展合作；另一方面，洛克菲勒基金会是它最早的资助者之一。该基金会自 1913 年成立之日起，就宣称将支持全球卫生事业。基金会的工作人员很快就发现，国联卫生组织是一个前景广阔的机构，能发挥枢纽作用，对它的投资"物有所值"。到了 20 世纪 20 年代，国联涉及卫生事务的资金主要都来自洛克菲勒基金会。这表明外援对于国联的工作多么重要；同时，也说明美国的组织在国联中发挥了核心作用[15]。

裁军领域也是国联曾参与治理但经常被人遗忘的领域。国联不断积累裁军数据，有人称之为"和平数据"。这代表了国联为了某些具体目标而收集信息并进行分析的工作。这项工程的成果是一批期刊，如关于军备开支的出版物。尽管当时有人认为这些出版物的内容质量不是很稳定，但是它们得到了国际上大多数学者、记者、活动人士和政策制定者的好评。在"一战"和"二战"之间的时期，这些出版物是他们关于重大国际问题的基本信息来源[16]。

我们在 21 世纪关注的一些问题其实当年国联已有所关注。例如，国联的社会部门积极参与当时世界上兴起的限制跨境贩运妇女儿童的行动。国联社会部门（Social Section）在涉及该问题的国际治理、协调和信息搜集等方面做了大量基础性的工作。国联下属的国际刑事警察委员会（International Criminal Police Commission）和国际刑法协会（International Bureau for the Unification of Penal Law）致力于打击跨国犯罪。当然，这两个机构也有不足，它们经常无视自由主义的核心原则之一——个人权利 [17]。

国联的经济部门关注日后被称为国际公域的环境恶化问题，这在当时具有开创性 [18]。国联的这些工作都是国际性的，试图通过促进国际社会通力合作来解决跨国问题。上述项目都显示出国联的协作属性：它经常跟成员国以及非成员国的不同机构合作，有时甚至必须依靠它们才能实现目标。

国联还积极促进国际文化和学术交流，国际研究大会就是一个突出的例子。国际研究大会是国联下设的国际合作研究所的一部分，它召开了关于国际关系的一系列重要会议，许多重要人物都曾参与。国际研究大会与国际合作研究所在推动文化交流方面成绩斐然 [19]。我们不可否认，当时的体系存在缺陷，但是这些机构反映出国联作为"世界大学"的地位。此外，它们还为西方以外的专家尤其是亚洲专家参与国际学术活动提供了机会。同时，它们有助于使国际秩序具体化，参与者可以开诚布公地讨论和维护建立在帝国和殖民主义基础上的国际体系。就跟日内瓦的其他机构一样，国际研究大会可以召集全球政界、学界的精英人士，会议探讨的话题五花八门。而进入 20 世纪 30 年代后，研讨的重点转移到了经济治理的话题上。

国际研究大会反映了三方面的相互关系，即国联、国联倡导的观念、秉持这些观念的来自自由国际社会的团体和个人。在国联的赞助下，国际研究大会在各地召开巡回会议，学者和政策制定者济济一堂，讨论当时世界面临的最关键议题。与会人员和机构来自五湖四海，这使得大会具有重要意义和广泛影响力。"二战"后的一些世界知名人士就是在国际研究大会上开始崭露头角的。国际社会对于大会的参与度很高，以美国为例，参与大会的既有美国学者又有政治家，他们人数可观，经常参与新的国际机构的活动。

这些会议既留下了丰厚的遗产，同时也反映出当时自由国际主义面临的矛盾问题。与会学者和其他著名人士围绕国际问题产生了大量分析研究成果，许多会议报告会后作为公开出版物面世。在美国，外交关系委员会（Council on Foreign Relations）、世界和平基金会（World Peace Foundation）等国际主义组织围绕这些研究成果推动开展全民大讨论。

很多人都没有意识到，国际研究大会代表了跨国学术合作的趋势。美国甚至也召开了它自己的国际学术会议。威廉姆斯学院的政治研究所（Institute of Politics at Williams College）每年举办一次年会，邀请世界知名的政府官员、评论家和学者与会[20]。这个研究所后来被彻底毁灭，而"一战"后美国成立的其他一些研究机构则存在了更长时间，有的甚至延续至今。跟其他国家一样，美国也成立了国联协会（League of Nations Association）。其他有影响力的团体有着更加丰富的功能，例如外交关系委员会。它的最初目标是维持英、美精英人士的联系，这个目标虽然没有达到，但是它后来成为美国最重要的智库之一[21]。又如外交政策协会（Foreign Policy Association），它的前身是1918年成立的自由国家协会联盟（League of Free Nations Association）。它的目标不仅是宣扬精英话语，更是为了提升普通大众对国际事务的认知[22]。

1925 年成立的太平洋国际学会（Institute for Pacific Relations）孵化出很多研究团体，它多次促成了不同国家代表的对话，并且就亚太问题开展广泛研究，出版了一系列研究成果²³。另外，还有一些活跃的研究机构在"一战"前就已经成立，如 1910 年成立的卡内基国际和平基金会（Carnegie Endowment for International Peace），以及 1911 年于波士顿成立的世界和平基金会——该基金会是出版业巨擘哈罗德·吉恩（Harold Ginn）倡导成立的。世界和平基金会本身有自己的规程，但它实际上也是国联的研究成果在美国的宣介和推广机构²⁴。

国际社会各个研究机构的兴起是与各国学者、研究人士的协作分不开的。很多研究项目相互关联，有些甚至相互依赖。这些研究机构相互交流思想，而且随着参与的国家越来越多，国家间的人员交流也越发频繁。这当然也存在局限性。包括数据采集等许多工作需要依靠相关国家政府提供信息，如果有些国家合作意愿不强、拒绝提供信息，那么项目进展将受到掣肘。此外，国联的专业项目还遇到了一个困境，那就是当时世界上还有许多国家是帝国主义的附庸，那里的人无法参与国联的研究项目；即使能够参与，哪怕只是参与基础信息的采集，他们也会受到殖民统治者或种族主义者的限制。

美国部门

如果把国联看作国际主义共同体的枢纽，就会发现它跟美国的公民社会始终保持着联系。对于不少人来说，这种联系是一种个人纽带。在官僚体制浮华的外表下，机构的运行靠的还是掌舵者。

美国跟国联的关系不仅影响着美国内政，而且还影响了海外美国人，如在日内瓦就形成了一个美国人群体。他们居住在日内瓦某个国际社区的一隅，这个社区里还有其他一些国际组织，例如19世纪就成立的红十字国际委员会。"一战"后国联的成立以及其他一些的非政府组织的到来，使得这个区域的重要性提升。由于国联的存在，日内瓦日益成为国际政治的中心之一，吸引了大批游客和学者前来。他们把日内瓦这个宁静的瑞士小城纳入他们游览欧洲的路线中。当地为此成立了一些专门组织，比如"美国委员会"（American Committee），为来自北美的成百上千的访问者提供服务保障[25]。

在日内瓦建立的这些固定的落脚点，便于美国接触到国际事务"研究数据"的来源，并且为国联做出自己力所能及的贡献[26]。各个机构提供的信息和分析成果都非常重要，它们不仅涉及教育和政策，而且涉及经济等所有专业领域。一名研究人员如果能有在日内瓦的工作经历，那么他将赢得尊重和荣耀，并获得在国际学术界崭露头角的必不可少的资本。20世纪中期，美国许多声名远扬的经济政策研究方面的大腕都曾游走于日内瓦的街巷中。美国国务院的一些高官也有在美国和日内瓦之间穿梭的经历，比如赫伯特·菲斯和莱奥·帕斯沃尔斯基（Leo Pasvolsky）等。著名经济学家尤金·斯坦利（Eugene Staley）早年也曾在此从事研究工作，他的研究成果在国际研究大会和外交政策委员会上大放异彩。当时顶尖的经济学家雅各布·维纳（Jacob Viner）、弗雷德·哈维·罗杰斯（Fred Harvey Rogers）以及罗斯福新政的倡导者温菲尔德·里夫勒、亨利·格莱迪（Henry Grady）等都从日内瓦的专业机构中获益良多。

到了20世纪30年代，日内瓦的美国人群体已经相当活跃。尽管当时美国政府跟国联尚不存在正式关系，但是国内的一些组织和个人已经完全投入国联及其代表的国际主义事业中。这说明美国不仅在日内瓦保持了存在，还在自由国际主义事业中占有一席之地。

美国跟国联的密切关系还体现在，一些著名人物从一开始就跟国联联系在一起。这种个人关系能够发挥很大的作用。也许很多人都已忘记，1919 年，威尔逊总统曾任命雷蒙德·福斯迪克（Raymond Fosdick）担任国联副秘书长。福斯迪克是一名进步主义改革家，他在"一战"中的工作经历为他赢得了这个职务[27]。他认为，现代社会与此前的社会有着根本不同；"机器文明"将以前的社会碾碎，给人类的认知和互动带来许多新问题。福斯迪克在其之后丰富的职业生涯里曾反复提及上述观点[28]。

由于美国不同意正式加入国联，因此福斯迪克的任命最终夭折了。他在国联的临时驻地——伦敦待了一年后，不得不收拾行李回到美国[29]。尽管他辞去了国联副秘书长一职，但始终没有放弃国际主义观点。回到纽约后，福斯迪克成为一名律师，但这没有妨碍他继续参与政治及国际事务。他善于交友，后来成了洛克菲勒家族及其基金会的顾问；与此同时，他开始支持富兰克林·罗斯福。罗斯福在佐治亚州沃姆斯普林斯市建立了一个脊髓灰质炎治疗中心，福斯迪克则通过洛克菲勒基金会向该中心提供资助[30]。

福斯迪克长期支持国联，他后来出任美国国联协会会长，并强烈呼吁美国加入国联。虽然这是一项困难的工作，但他始终没有放弃，因此赢得了洛克菲勒家族的青睐。1936 年，福斯迪克担任洛克菲勒基金会的主席，继续支持并加强社会科学的研究工作，并任命了一些跟他志同道合的人担任研究项目负责人，其中就包括宾夕法尼亚大学沃顿商学院（Wharton School of the University of Pennsylvania）前任院长约瑟夫·威利茨（Joseph Willits）。威利茨坚持以行动主义的视角研究社会科学，并且使基金会扩大了在国内外的影响。当时，国联已然成为全球专业研究的中心。威利茨延续和扩展了跟国联相关的一些研究项目，特别是对于自由国际主义至关重要的项目[31]。福斯迪克和威利茨等人的工作说明，洛克菲勒基金会并不是一个缺乏鲜明立场的官僚机构；相反，它对于国联的慷慨援助来自其负责人的个人追求。

1932 年，福斯迪克遭遇重大家庭变故，他患有精神疾病的妻子先是开枪打死了他们的两个孩子，然后自杀。当时的报纸对这一事件的报道层出不穷。为了躲避疯狂的媒体，福斯迪克前往阿瑟·斯威瑟（Arthur Sweetser）位于瑞士的梅里蒙特别墅（Maison Merimont），在那里客居了一段时间，从而让自己的生活重新恢复正常[32]。

福斯迪克跟斯威瑟颇有渊源。他俩身上都带有“精英”的标签，共同的国际主义追求使他们成为终生挚友。跟同时代的许多人一样，斯威瑟的一生都与一些重大国际事件相联系。回顾斯威瑟的人生，我们可以看到，他从很早的时候就逐渐形成全球思维了。20 世纪初，斯威瑟在哈佛大学就读期间，海牙国际仲裁法庭裁决的一些协议让他对国际法心驰神往。他在青年时期就游历世界，到了马来西亚、印度、中国、日本和一些欧洲国家，这些经历让他能够对不同国家进行“对照和比较”。斯威瑟后来回忆道，周游世界让他相信“人性本善”，相信“上帝的子民尽管千差万别，在本质上却都是相似的”，因此，他对“其他民族和个人”产生了长期兴趣。1911 年大学毕业后，斯威瑟成了一名记者[33]。

1914 年，“一战”爆发后，斯威瑟奔赴战场，成了一名战地记者。他从比利时边境开始，整整三周跟随德国军队，直到“埃菲尔铁塔尽收眼底"。他亲眼看见了现代战争，认为战争带来"绝望、荒诞和罪恶"，这在他心里留下了难以抹去的烙印。这种感受在当时的社会上十分普遍。斯威瑟根据自己在战场上的经历写了一本书，但失望地发现美国对于在欧洲发生的这场大灾难毫不关注[34]。

斯威瑟起初为《新共和》(New Republic)杂志工作，但后来觉得这份工作非常无趣，便跳槽去了美联社。1917 年，美国参加"一战"，大量征召兵员。斯威瑟作为预备役信号连的连长，"坐在华盛顿办公室的转椅上"关注战局变化。他不久又转到拥有当时顶尖装备的空军部队，"只坐了一次飞机还饱受晕机之苦"。但是，才华横溢的斯威瑟从这一次飞行任务入手，写出一部关于美军战时空运的专著[35]。

后来，斯威瑟得到机会负责美国和平谈判委员会的新闻部门，这是他心仪的工作。他参与了巴黎和会的相关工作，并由此走上为国联服务的道路。国联成立后，他在秘书处的信息部门(Information Section)工作了 22 年，成为国联实际上的公共关系官员。他对于国联代表的理想和原则的坚定信念有利于其开展工作。同时，由于他是美国人，他还是国联中非正式的"美国部门"(American Section)的负责人，也是美国全体公民的代表。他非常推崇国际合作，同时拥有出色的文笔和幽默的性格。他交友广泛，还有众多哈佛校友，这使他工作起来如鱼得水。他从不放过任何一个扩展人脉的机会，他的联系人既有政治上的"左派"又有"右派"，既有官员又有民间人士。

在日内瓦工作期间，斯威瑟与其在美国和其他国家的朋友保持了密切联系，频繁地与他们互通书信。从斯威瑟那里，美国的国际主义者总能收到令人振奋的报告和信件，获得在日内瓦发生的国际事务的消息。1933 年，在一次横跨大西洋的旅途中，斯威瑟正好和时任美国国务卿科德尔·赫尔（Cordell Hull）在一起。在整个旅途中，斯威瑟都想尽办法"打入国务卿的个人小圈子"[36]。

斯威瑟甚至想方设法跟富兰克林·罗斯福混得很熟。他跟罗斯福这位哈佛校友在很多场合都有交集，他们俩的关系越来越紧密，以至于总统后来在谈到斯威瑟的时候称他为"老朋友"。斯威瑟总是把自己的经历和想法不厌其详地写给总统。当然，精明的罗斯福总统首先要对斯威瑟信件的内容进行认真审查，然后才会给他回信[37]。

斯威瑟是一个狂热的人，他把自己的职业生涯甚至是整个生命都献给了国联及其所代表的自由国际主义。他还作为这方面的典型被写入文学作品[38]。但是，他的狂热作风有时也会招致不利局面。有些人对他形成了刻板印象，那就是他"已经完全被国联的观点洗脑，以至于他认识不到国联的缺点"，并说他"太过于热情而不够现实"[39]。

在两次世界大战之间乃至"二战"后的时期，无论在美国还是在世界其他国家，对于自由国际主义者的指责都不少。当时的人如果对国际合作抱有坚定信念，那么他往往会被贴上"盲目的理想主义"或"乌托邦主义"等标签。而且，在后世的一些历史学家看来，他们甚至是鲁莽的人。然而，真实情形并非如此简单。对于国联以及自由国际社会的看法不能被简单化。这些看法和观点与相关人员为应对一个飞速变化的世界而做的努力是分不开的[40]。

在那个年代，有很多人具有跟福斯迪克和斯威瑟类似的想法。他们经历了"一战"以及"一战"后的短暂和平时期。这是以冲突为代价换来的。这对于他们而言是一堂生动的教育课。即使他们坚持认为普遍的"人性"给世界带来了更大可能性，但是，世界也因现代科技的发展而增加了各种风险。这两个人都认识到，在不同层面的国际交往中，开展合作的目的不仅是在危机时期确保集体安全，而且是在各种情况下推动联合行动以认识、联系和治理世界。现代世界存在不同的力量、速度、危险和潜力。国联一方面要有解决安全问题的能力，另一方面还要有能力控制和利用现代世界的各种新兴要素。

在国联之外，民族国家、殖民帝国以及各国际组织都在寻求遏制和应对这些要素。从 19 世纪末到 20 世纪初出现了越来越多的团体，它们确保各国有组织、秩序地进行交往。尽管在今天看来，有些做法已经过时，但在那个急速变化的世界里，当时的做法不啻为创新的、有效的应对方案。一些超国家组织在一系列领域里制定了协议，包括邮政系统、统计、救援甚至是时间本身[41]。当谈及这些多边领域进展的时候，这些超国家组织总是被首先提起。我们也不应忘记，民族国家在国内也为了评估和应对类似问题而做出不懈努力。美国就是一个很好的例子。它研究出一整套关于社会、经济和文化活动的评估方法，并且提出了其自己的变量概念。这一过程一直延续到两次世界大战之间。

当时，包括美国在内的许多国家的公共组织都反复强调，要对国际共同体进行评估、协调，以使其标准化。他们认为，这个任务应该责无旁贷地落到国联及其推行的国际合作项目身上。但这并不像启迪愚昧那样简单，它与同时期的更广泛的政治议程是同时进行的。欧文·扬（Owen Young）提出了以自己名字命名的"一战"战败国赔款方案。在两次世界大战之间，他成为国际关系领域的超级巨星。扬强调，要在专业工作的基础上发展与国联的关系[42]。

这些观点对于政治领袖而言并不陌生。1928 年，成立不久的外交关系委员会的内部刊物《外交事务》（Foreign Affairs）刊登了富兰克林·罗斯福的文章。在这篇文章里，罗斯福明确其在国际问题上的立场，显示出他已准备好重返国家政治。早在共和党总统沃伦·哈定（Warren Harding）执政期间，美国政府就拒绝加入国联。罗斯福对国联十分青睐，却又不愿意在入联问题上采取坚决立场。1920 年，罗斯福在与哈定的竞选之战中落败，后来他拒绝重新讨论美国加入国联的问题。尽管如此，罗斯福声称，在解决国际争议方面，国联是一个很有用的"圆桌机制"。罗斯福还强调，对于国联，"我们应该给予更多的道义支持和官方援助"。但罗斯福在做出上述表述的同时又留有余地，他说他"反对官方介入任何纯属欧洲内部事务的问题，同时也反对美国对任何不可测的情况做出承诺"。

更平衡、更安全的表述是，国联正在"令我们感到关切的"、不断发酵的问题上做出贡献。因此，美国有足够理由认为国联不仅仅是一个圆桌会议。美国需要"与国联合作……维持和平并为人类文明面临的共同问题寻找解决方案"。这些问题包括"推动国际卫生工作建设、改善劳工的工作条件、支援欠发达族群、提升教育水平、对国际法做出清晰阐述以及协助世界各国开展国际贸易"等。罗斯福是美国的国际主义者，他认为，尽管国联在政治上不是那么强势，但它可以为自由国际秩序的运转提供必要的专业工具[43]。

威尔逊所在的民主党对于国联充满了同情，这一点毋庸置疑。而且，国联具有应对全球共同问题的能力。对于这一点的兴趣跨越了美国的党派之争。共和党人赫尔伯特·胡佛（Herbert Hoover）强调，必须提升信息采集能力。胡佛认为，当今世界受到科技驱动，人员、物品和知识的流动都在增强，这一现象也使各国的相互依赖性增加。这个观点被许多人认同。对于这种相互依赖，国际社会需要更有效的治理，这样才能解决实际问题，并确保世界稳定。

胡佛既是自由国际主义者，也是进步主义者。他认为，国联是实现全球稳定的渠道。1919 年，胡佛支持国联就是因为国联为全球合作提供了工具。胡佛所在的共和党不同意加入国联，所以他本人也不得不接受这个现实。但是，胡佛明白，"拒绝加入国联"并不意味着"美国对于寻找全球性问题的解决方案失去了兴趣"。在华盛顿工作期间，胡佛坚持认为，定量分析的科学方法使得美国在国际事务中扮演的角色越来越重要。在卡尔文·柯立芝（Calvin Coolidge）执政期间，胡佛是其内阁的商务部长，他致力于提升美国政府的数据统计能力，以此促进合作、解决问题。这在国际舞台上更为明显。1927 年，美国商务部派出代表团赴日内瓦参加国际经济会议，这意味着为了应对当时不断扩大的全球农业危机，美国人搜集了大量数据[44]。斯威瑟曾回忆道，有一次，胡佛对他说：国联最大的全球贡献就是它可以产生稳定的信息流[45]。在公开场合，胡佛表示，美国和国联的合作具有积极意义，尤其是在一些特定领域。1928 年，作为总统候选人的胡佛表示，尽管美国"拒绝加入国联"，但美国"乐于跟国联开展合作，推动科学、经济和社会等领域的福祉"。胡佛此番表态得到了日内瓦的积极回应[46]。

担任总统后，在胡佛的要求下，美国对于整个社会开展了规模浩大的研究。最终形成的研究报告题目是《近期的社会趋势》（*Recent Social Trends*）。这份报告是大批学者合作的结晶。其研究工作的协调人是经济学家爱德华·艾尔·亨特（Edwards Eyre Hunt）[47]，并不单单是国联在推动经济和社会领域的信息采集和数据研究。在更大层面上，是一个跨国共同体在开展各种各样的社会和经济研究，并且目标是以研究成果指导政策制定。

高屋建瓴

1926 年和 1927 年，亚伯拉罕·弗莱克斯纳（Abraham Flexner）两次来到日内瓦。他作为美国进步主义者的代表，不仅希望同国联接触，还想对它进行塑造。弗莱克斯纳的影响力超越国界，而且横跨许多领域。他的专业方向是教育改革。他牵头起草的一些政策建议在一定程度上改变了美国社会。他于 1910 年撰写的关于医疗教育的报告是美国外科医生培训史上的分水岭。他的意见甚至对美国整个高等教育体系都有深远影响[48]。洛克菲勒家族成员及其基金会在许多问题上曾向其进行咨询。他从未在国际组织中担任具体职务，学界也并不认为他是国联强有力的推动者。但由于他是一个最具代表性的进步主义者，他关于国联的观点反映出这一国际机构对于那些自封的国际主义者的意义，以及对于进步主义思潮的意义。

20 世纪 20 年代末，弗莱克斯纳在日内瓦期间感觉到那里暗流涌动。他跟国联领导层以及狂热的斯威瑟都有接触。弗莱克斯纳是一个洞察力很强的人，他说他"担心斯威瑟过于激进，可能会反受其害"。这位改革家甚至表示："难道不能给斯威瑟打一针镇静剂吗？"[49]

当时，洛克菲勒基金会及其他游走于国际舞台的美国人都在讨论成立一个国际性的研究机构。这是弗莱克斯纳前往日内瓦的时代背景[50]。当时很多美国人都认为，国联有能力推动国际知识和研究领域的进步，而美国必须认识到它在国内外诸多研究领域存在滞后和不足。他们呼吁把全世界所有国家和新兴机构的力量集中起来，以提升人们在这一问题上的国际认识[51]。

很快，弗莱克斯纳就认定"国联将是那个担当重任的机构"。在应对现代社会各种问题的过程中，国联在提供各种事实、数据方面潜力最大，并能起到催化作用。弗莱克斯纳等人不是天真的实证主义者，他可以清晰地阐述自己的观点，那就是："事实"是基于视角、意识形态和政治的，正因如此，需要对事实真相进行严肃、深入的探究。

"一战"后，弗莱克斯纳通过武装冲突的视角来看待改革，但不限于研究冲突的暴力问题。他乐观地认为，事实研究的新领域，即国际关系领域存在解决现代化带来的种种问题的方法；战争只是其中一个问题，社会和经济问题会导致冲突，而国联代表了和平解决冲突的趋势，而不是"以暴制暴，正面对抗战争"等手段。当时有些人希望擦除战争，但是弗莱克斯纳认为，"这样很可能过分强调了擦除战争的可能性，相比之下，应该更加注重寻找现代社会的深层问题，以及通过实验性的合作找到解决方案，这样做可能更有成效"。他认为："要对当代的社会、人文和经济问题逐一进行比较研究，在这个方面，我们还有很长的路要走，并且要坚决走下去，而并不总是考虑是不是因此避免了战争或者

成立了一个组织。"⁵²

　　弗莱克斯纳认为，国联在国际事务领域能发挥独特的作用，并且能引领体系创新的风气。对于国联的缺陷，弗莱克斯纳也并非视而不见。他意识到国联的一些现实缺点，而且把其他人对于国联的"恭维"斥责为"空洞无物"。当时新成立了外交政策协会等组织，同时，"国际关系"领域的新项目也纷纷出现。当时的趋势是，人们认为应该强化国联的实力。因为这样做不仅能搞清楚在全球发生了什么，还能够获得国际治理的手段。进步主义者对于国联的兴趣是基于当时的国际大环境的。

　　国联的一个特点让弗莱克斯纳印象深刻：它是一个常设的"董事会会议室"。在国联，各国代表可以"定期地、开诚布公地"进行会谈，而秘书处是国联的中枢核心。虽然国联是一个常设的政府间国际组织，但是它的政治活动常常是浮光掠影，国联的会议也经常中断，因为"董事们"时不时地就会"因国内政治事务或者高尔夫球局而离开会议"。而秘书处是一个常设机构，"它可以把代表们比较固定地聚集在一起，像座塔一样俯瞰总体形势"。高屋建瓴的秘书处产生的成效斐然，工作人员们"夜以继日地工作……既启迪了他们自己，同时也自然而然地启迪了别人"（图 1-1）。有鉴于此，国联取得的成就离不开秘书处。秘书处为国际事务提供了研究视角和解决方法。

　　对于在国联设立一个研究院的提议，弗莱克斯纳有所保留。但是，他仍然呼吁洛克菲勒基金会及其家族对于相关资金援助持积极态度。国联秘书处的核心任务，尤其是打造雄厚的人力资本，需要大量投入。国联需要一座图书馆——"设施最先进，藏书最丰富，检索知识和信息的便利性在全球首屈一指"。同时还需要

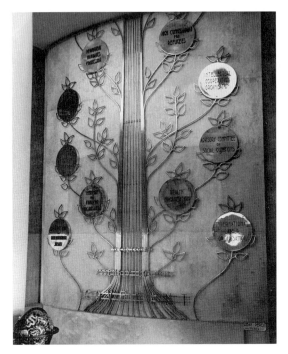

图 1-1 "像座塔一样俯瞰总体形势"

注：这是在 1939 年世界博览会上展出的国联及其下属机构的树状图。我们可以从这幅图中看出，以《国联盟约》为根本，在委员会、大会的基础上，国联延伸出各个专业部门。这反映出国联在当时的确是一个"无可替代"的机构。

为国联工作人员的家属创造良好的保障条件，包括为不断增加的各国职员的子女建立一所国际学校，以吸引人才来国联工作。

弗莱克斯纳的上述观点得到美国以及日内瓦的国际主义者的支持。约翰·D. 洛克菲勒本人也亲自过问。在万国宫的规划阶段，洛克菲勒拿出 200 万美元以援建一座图书馆，作为万国宫的附属建筑。但是，"国际研究院"的构想却始终未能实现。弗莱克斯纳的相关研究分析促使雷蒙德·福斯迪克在未来 10 年内支持在全球包括美国开展国际研究，并且强调在日内瓦长期进行经济研究的好处。[53] 弗莱克斯纳和福斯迪克的相关工作体现出无论自由主义者还是进步主义者都在支持国联，并且为了国联的发展出谋划策。福斯迪克和许多主流改革家都有来往。这些改革家积极希望提升国联的能力以应对工业现代化所带来的广泛的、不断增加的问题。他们对于自由国际关系的认识以及对信息和研究工作的重视促使他们赴日内瓦工作。这也说明了为什么除了洛克菲勒的追随者，还有许多具有国际视野的人物聚焦于国联，并且以国联为中心开展工作。大萧条开始后，洛克菲勒基金会和其他一些美国人向国联秘书处寻求支持，他们认为国联秘书处有能力为国际问题做出诊断。

许多进步主义者的目标并不仅限于国联本身，这一点从弗莱克斯纳身上就能看得出来。他本人不久就离开了洛克菲勒基金会，开启了新的事业。尽管弗莱克斯纳提出的一些建议得到落实，但是在基金会内部也有一些不同的声音。该基金会认为，与其提升解决现阶段具体问题的能力，不如聚焦于推动知识进步。这种观点后来在福斯迪克掌管基金会后才有所改变。由于能力建设是一个国际性的急迫需求，所以弗莱克斯纳离开洛克菲勒的体系后，在离家更近的地方建立了一个专注开展高等研究的场所。富有的巴姆博格（Bamberger）❶家族指定由弗莱克斯纳规划、建

---

❶ 原文写作 Bramberger，系有误。路易斯·巴姆博格（Louis Bamberger，1855—1944）与其妹卡罗琳·巴姆博格（Caroline Bamberger，1864—1944）均为美国新泽西州的商人、慈善家，共同资助成立高等研究院。——译者注

设一座"没有学生的大学"，这就是后来在新泽西州普林斯顿成立的高等研究院[54]。

美国精英再三证明国联工作的重要性。赫尔伯特·菲斯年轻时在位于日内瓦的国际劳工组织（International Labor Organization）工作，之后在富兰克林·罗斯福政府的国务院担任经济顾问，并于 1929 年按照社会科学研究委员会（Social Science Research Council）的要求（该委员会于 1923 年成立）对当时正在出现的各种情况开展调研。他也因"国际关系"的构想而尝试了一些活动（他认为这些构想并非原创）。菲斯认为，国联的重要性在于，它是国际关系研究的枢纽，"它有一些独特之处，与当前的独立学者以及国家政府所进行的研究是不同的"。国联所进行的相关研究不仅支持建设国际秩序，而且也有助于维持秩序。因此说，"国联的研究关注的领域是全世界"。菲斯认为，国联的研究范围前所未有地广泛，这很重要。"有鉴于此，那些原本罕见的工作在国联成立后变得平常……国联不断记录着当代全世界的活动……怀揣着促进国际社会发展的希望，相关人士纷纷提出建议，国联则不断地对这些建议进行审议。"[55]

基于经验主义的狂热

当时国际上各类机构、组织纷纷出现，国联是其中之一。美国也不例外，在美国国内，两次世界大战之间兴起了社会科学研究委员会、国家经济研究局（National Bureau of Economic Research）和布鲁金斯学会（Brookings Institution）。它们都为解决现代社会遭遇的难题而搜集数据并进行分析研究。学界大张旗鼓地进行相关的活动，各类研究社会科学的部门蓬勃兴起。经济学等学科采取了新的研究方法。在国际关系研究的跨学科领域，各学派如雨后春笋般出现。其他国家也有类似趋势。

各国在定量分析方面开展的合作对于研究工作产生了积极影响，有利于推动相关政策的落实。大萧条开始后，美国的决策者迫切希望得到可靠的、具有可比性的数据以应对这场金融危机。他们呼吁进行研究方法的创新，尤其是在国民收入方面。在此基础上形成的研究成果有利于制定政策。西蒙·库兹涅茨（Simon Kuznets）是国家经济研究局的研究员，也是一位著名的统计学家。他积极响应决策者号召。1934 年，他为美国国会编写了一份报告。意外的是，这份报告竟大受欢迎，并且引起富兰克林·罗斯福对他的重视，引用他的报告来评估危机以及政府政策的有效性。库兹涅茨的研究当时放眼全球都是领先的。他运用国民收入研究方法，证明了如何运用数据和分析来制定政策，以挽救处于大萧条中的美国[56]。

当时，经济学研究领域出现了许多重大变革。对于国民收入重要性的认识就是其中之一。库兹涅茨积极寻求更广泛、更准确的数据，使经济学变成一门科学。他呼吁，"既要有热情的经验主义的观察，又要重视数据的作用"；这样才能"为解决社会问题提供更多的情报支撑"。他的观点也显示出一个进步主义者的信仰。他认为，社会科学家只有掌握了准确的数据才能有效地开展分析工作，为解决急迫的社会问题提供有效的支持。他为了使经济学"更科学"而做出了不懈努力。他认识到"尽管当前经济学还不是一门科学，但它的很多方法和内容已经接近科学"。只是这门学科尚未达到一些条件，尤其是考虑到它的数据来源。与其他领域的研究者相比，经济学家"需要获得更多原始数据"[57]。例如，跟物理学家不同，经济学家并不能产生他们自己的实验数据。经济学数据"并不是通过经济学家有计划的安排获得的，而是其他机构提供给经济学家的，而且，在其他机构提供这些数据的过程中，它们也不一定考虑经济学家本身的关注点"。库兹涅茨也认识到，经济学的数据在很大程度上是在社会层面或政治层面构建的，"这些数据取决于我们观察的对象本身，我们研究人的行为，我们所有的经济数据在本质上都是人类的反应，而人类是他们自身经济活动的实施者"[58]。他还认为，"能得到可靠、全面的数据……也就是最近的事情"[59]。而那些可供采集的数据——包括政府统计在内——无论在采集动机还是方式上都跟经济学分析没有直接关系。这导致研究者"缺乏全面、连续的"信息，影响了在经济学领域的探索。因此，为获取经济数据提供有计划的全面保障，对于"社会科学和社会规划极其重要"[60]。

当时其他国家还有很多人和库兹涅茨持类似观点，他们都认为数据对于经济学研究至关重要。同时，全面可靠的信息是比较有限的，在动荡不安的 20 世纪 30 年代，人们普遍认为需要采集必需的信息并有效地使用它们以弥补不足。

不只是美国人在尝试解决有关国民收入和经济运行状况的谜题，库兹涅茨的工作在很大程度上离不开同时代其他研究者的成果。科林·克拉克（Colin Clark）是英国经济学家。20 世纪 30 年代，他前往澳大利亚居住。他的研究成果令库兹涅茨受益匪浅。他们的工作表明，应对危机的办法之一就是跨国开展联合采集和研究。克拉克和库兹涅茨在工作中相互合作，并且目标一致：收集信息量大的经济数据。他们两人频繁通信，交流研究成果，共享信息和研究方法[61]。

克拉克把关于国民收入的研究深入下去，并开始就经济运行状况草拟一份纲要。这份纲要突出反映了一个观点：通过掌握具有可比性的国家统计数据，不仅可以对国家经济状况进行单独分析，也可以进行集体评估，也就是评估全球经济状况。这份纲要的目的不是给各国经济水平排序，而是观察全球范围内的经济发展趋势，进而理解并跟踪不同国家关于投资、贸易或社会保险等的宏观政策是如何产生效果的。研究成果可以用来解答一些问题，比如如何提高全球不同民族的收入和生活水平。在滞涨年代，只有拥有全球视野才能给各种问题做出诊断，并且提出在不同情况下都有效的解决方案[62]。

由于库兹涅茨和克拉克等人的研究领域是全球性的，所以他们也被世界各国追捧。国联的一位荷兰籍经济学家扬·廷贝亨（Jan Tinbergen）认为他们两人的工作具有开创性，对于解决那些紧迫的问题很有意义。廷贝亨本人也在有关经济周期的紧迫问题上进行开创性的统计工作[63]。

廷贝亨不仅认同克拉克的思想，同时也看重他的数据。克拉克在自己的文章里引用廷贝亨的研究成果以及国联的研究数据，并把上述成果体现在他于1939年做的一次有影响的研究项目的结论中[64]。不断恶化的政治和社会争端激化了大萧条引起的重大经济和生活水平问题。上述学术交流表明，国联并不是研究这些问题的唯一机构，但我们需要承认，国联积极地从事基础性和高端的跨国研究，并且就全球经济话题不断开展研讨。

新出现的经济分析研究方法以及基于这些方法得到的数据并不是解决所有问题的万能药，但它至少相比之前迈出了一大步。

后来，各国对于数据和信息的需求达到了痴狂的程度。如果那时的人回首 20 世纪初期就会惊奇地发现当时的行为体掌握的资源太有限了。大萧条刚开始时，决策者在政策工具方面捉襟见肘，大国、富国也不例外。就连美国也没能全面掌握经济信息，其对国内经济尚没有总体把握，更别说不断加剧的全球危机了。尽管罗斯福政府有雄心壮志把此前几十年的重要信息汇总在一起，但他刚上台时实际上摸黑探索了好久。他试着去梳理经济趋势，但他当时掌握的很多信息都是不可靠或者不适用的。比如说股票价格、货车车厢的装载量以及工业生产的一系列指标等 [65]。正是由于意识到上述局限性，美国甚至全世界都对国联在制定有可比性的指标、改善经济形势方面的工作有很高的期待。国民收入等新的分析概念既是手段也是目标——政府希望通过制定政策来增加国民收入，因此相关人士都急切地想掌握这一创新的分析方法 [66]。

1928 年，国联举行经济统计国际会议，展示出国际合作的重要性。这并不是各国第一次集中开会讨论贸易数据问题，人们早就希望在数据收集方面开展合作。这次会议邀请了很多组织参加，包括国际统计研究所（International Statistics Institute）。该研究所长期为了获得更准确的统计数据而努力。在这次会议上，人们认为信息和数据对于实现和平具有不言自明的辅助作用："所有的政治家和经济学家都意识到全面准确的统计数据是制定有效经济政策不可或缺的条件之一。"与会人员一致认为，如果能取得可靠数据，那么就能制定出有利于和平的政策。会议主持人表示，自19 世纪以来，在统计数据方面，各国已取得长足进步，但是离理想的目标还差很远；在数据信息方面的缺陷是明显的甚至是巨大的，当前各国面临着经济危机，而信息方面的缺陷将给决策者带来大难题。根据美国官方数据，1927 年出口到加拿大的小麦总量为 4800 万蒲式耳❶，而根据加拿大的统计，它仅从美国进口了 15.5 万蒲式耳小麦。有些数据即使看上去差不太多，但在价值方面仍然是天差地别。葡萄牙的统计数据显示，1926 年它向英国出口了 3880 万升葡萄酒，价值 155 万英镑，而英国记录的数字是 3560 万升葡萄酒，尽管数量差别不大，但是后者记录的价值达到 267 万英镑[67]。

这些对比看起来过于细碎，但如果把他们累积在一起，就能发现，数据统计方面的不足扭曲了人们对于贸易和生产的认识，进而会导致畸形的政策。如果观察者和决策者不能准确地掌握生产量、运输量，那么他们就认识不清世界经济的全貌，也就不能有效、合理地开展治理。如果把商业比作车轮，那么可靠的信息就是支撑车轮的轮毂。

库兹涅茨从一开始就认识到数据的局限性，那就是它们与生俱来的主观性。然而尽管数据有很大的缺陷，但通过创造各种条件来评估国家能力、展示全球趋势，仍可以取得令人瞩目的成就，无论是政策制定者还是分析者都会从中受益。上述观点在这次会议上也得到了充分体现，国联表示要推进这一趋势。20 世纪 40 年代初，洛克菲勒基金会的工作人员最热衷于就国际经济创造新的研究工具，推动深化认识。他们对于库兹涅茨等人赞赏有加。他们说库兹涅茨是"这一领域的佼佼者，他近十年来对于经济学研究的贡献无人能及"。他们一直支持库兹涅茨的工作。库兹涅茨对于国民收入概念演变的研究，以及推动经济学成为一门

---

❶　计量谷类等干量体积的单位。在美国，1 蒲式耳 ≈ 35.24 升。——编者注

社会科学的努力，对于洛克菲勒产生了巨大影响[68]，并进一步加深了基金会工作人员对他的尊敬。国民收入的概念被越来越多的国家采纳，成为一个"跨国"工具。用威利茨的话讲，国民收入"对于决策者、学者和其他人而言"，已成为"基本的指标和完美的工具"[69]。

经济对于普通人而言常常是冰冷、枯燥和抽象的，而在引入国民收入的概念后，经济研究更容易被大众所理解。在美国，国民收入的概念成为不同的行为体描绘这场丝毫没有缓解迹象的经济危机的得力工具。当时普通民众街谈巷议的"热词"除了"国民收入"还有"生活水平"等。

在较早的时期，国民收入这个概念就成了讨论的热点。1935年，外交政策协会运用这个概念对"公共教育"开展分析研究。人们使用国民收入概念"科学地"、可比较地描述这场危机发生的速度和全球影响。它反映了"生活水平"在消费和民众营养等领域每况愈下。人们甚至借助这个概念质疑——哪怕是在经济繁荣时期——国民收入是不是用于满足绝大多数美国人的需求。更重要的是，它印证了国际主义者的理论："美国的富庶跟其他国家息息相关。"[70]

美国的慈善基金会是优化国际贸易数据的重要幕后推动者。福斯迪克和威利茨等国际主义者体现了基金会的宗旨。他们的成就既影响美国，也影响全世界。许多组织认为，搜集数据、开展研究有助于形成更加客观、准确的观点，进而有助于理解问题、解决问题。这样的信念激励这些组织开展工作。当时，日益增加的相互依赖性成为人们在谈及国际事务时的主题。为了推动全球各国加强联系，洛克菲勒基金会一直支持人文和社会学科的研究。

该基金会认为，各个机构在推动教育、政策和知识方面组成了一个庞大的星座，而国联就是其中最亮的那颗星。基金会工作人员积极利用日内瓦的研究成果来解决国内的紧迫问题。他们认同弗莱克斯纳的观点，即"国联秘书处无疑起到了重大作用"，以及"探寻知识……是国联最重要的功能"。20世纪30年代的一场讨论揭示出洛克菲勒基金会赞同国联进行结构改革的原因。基金会工作人员遗憾地认为："国联的研究活动都是从属性的，并且因为国联的性质而在范围上受到了限制。"[71]

一旦涉及信息采集的日程和目标，总有一些观点能激励大家行动。学界认为，在美国逐渐成为世界超级大国的过程中，那些资金雄厚的基金会起到了先导作用[72]。在那些名声远扬的机构学者那里，这一观点根深蒂固。它可能不太准确，夸大了基金会的目标，或者以偏概全，但有一点毫无疑问，洛克菲勒基金会的确有全球视野。大萧条表明，美国与国际形势密切相连。受到大萧条的推动，洛克菲勒基金会不遗余力地在自由主义政治的范围内寻找解决方案。

大萧条使很多人认真思考生活水平和生活品质问题。当然，从某种意义上讲，这是长期的改革传统的产物。但是，这场危机赋予了它们新的全球性内涵。这个时代揭示出，世界各个要素存在固有联系，哪怕是在经济崩溃期间联系仍然存在。

法西斯数据

数据及相关分析研究备受推崇，这说明了一个老生常谈的话题：数字离不开人的解读。统计数据和围绕它们进行的研究并非与政治无关。科拉多·基尼（Corrado Gini）是当时围绕着国联开展工作的学者之一。他对于统计投入的精力不亚于同时期的其他任何人。他尝试通过统计工作建立一门定量的社会科学。他和同期很多人一样，凭借广泛的工作参与到国际政治中。在国联成立初期，他编写了一份颇具影响力的报告，其内容涉及一个重要话题：原材料[73]。他提出了著名的"基尼系数"概念，利用统计学的方法描述财富的不均等分配，为全球的观察家提供参照工具。

基尼在政治上支持法西斯主义。贝尼托·墨索里尼（Benito Mussolini）宣称："统计数据对于社会的各种现象都有管辖权。"这反映出法西斯清楚地认识到数据的力量。基尼本人就很推崇法西斯主义思想。在 20 世纪 20 年代末，基尼为美国的精英们展示了如何为"法西斯实验"提供"科学的"管辖权[74]。基尼证实，知识的创新并不是总朝着同一个方向，知识创新产生的工具可以被不同的思想运动、行为体所利用。正如自由国际社会将数据工具化，并确保按照自由国际主义的原则运用它们，其他人也可以把相同的资源用于不同的目的。

新进展

当海量数据开始包围这个世界，新的数据分析方法也在不断涌现。国联在专业领域的工作包括 20 世纪二三十年代对中国的援助。当时的中国正处于国民政府时期。国民政府有一个策略，那就是希望借助国联提高中国的国际地位。国民政府很乐意接受来自国际组织的直接发展援助。中国从国联得到了形式多样的援助，涉及经济、运输、卫生、教育和农业等国家建设和发展的诸多领域。从国联的角度看，它借此找准了自己的支援性的角色[75]。

对于一个急需援助的政权而言，向国际组织寻求帮助是最佳选择，因为其他国家的援助往往会带有附加条件。援助项目的广泛程度也很惊人。从20世纪20年代末到整个30年代，日内瓦派出专家组在交通、卫生、农业、水利等多个项目上提供顾问咨询。国联的发展援助带动了一大批后继者参与。同时，国联在实施援助项目时也遇到了一些挫折，这跟日后的一些项目面临的问题类似。比如，随着外国专家来来往往，一些人逐渐觉得，他们的短期逗留以及发布的报告意义有限，无法解决中国当时面临的复杂问题[76]。

但是，国联在此后的日子里不断以其对华援助为例证，向国际大众说明国联在于全球范围内促进社会经济变革方面能起到特殊作用。它一直在强化一个基本观点，即在不同的国家，为了支持经济改革和发展，国际合作可以也应该发挥作用。

混乱中的秩序

国联对华援助说明，积极开展国际合作可以给国家决策者提供政治资源。而对于国联的类似工作，当时国际上也存在异议，认为收集事实和数据不一定能实现最广泛意义上的和谐或者合作。但是对于跨国的行动主义者群体而言，这些事实和数据是很有价值的材料。越来越多的人认识到，现代化带来了许多跨国问题，令许多国家为之困扰。这一点在大萧条期间体现得尤为突出[77]。

真实情况是，这些事实和数据颇受欢迎。一方面是为了获取信息；另一方面也是为了促成国家的变革。此外，它们也是推广商业计划或者参与其他形式的竞争的工具[78]。国联的一些支持者希望通过掌握事实和数据来解读国际变革、观察政策的效果以及跟踪国际趋势。这听起来有些目光偏狭，但实际上是实现国际主义目标的基本润滑剂。

大萧条开始后，经济及其治理问题成为国家和国际事务的决定性因素。一开始，有些人还认为大萧条只是暂时性的痉挛，但随着时间推移，人们渐渐发现，它将是困扰世界的痼疾。于是，国联作为国际知识枢纽的作用愈发重要。

20世纪30年代，世界各国对于国联下属常设机构的关注度越来越高。这一方面是由于大萧条的影响，另一方面是因为国联通过举办国际会议直接影响经济政策的能力有限。国联尽管在数据统计及其他更加专业的领域取得了一定成功，但是20世纪30年代初期，国联的工作所取得的成效并不能令人满意。1933年在伦敦召开的世界经济会议就是一个失败的案例。这次会议不是由国联主办的，但是会议准备阶段的数据收集和分析工作以及部分议程是在日内瓦进行的。这对于希望通过大型国际会议促成政府间合作的人不啻为一次重大打击。

但是，通过这次会议，关键行为体认识到了国联常设经济机构观察和分析的能力。此前，国联已经针对紧迫的国际问题开展研究；此次会议后，它开始把自己打造成重大国际问题的信息收集中心。国联试图使经济研究方法标准化，它采用的诸如"生活水平"等概念对其他国家产生了影响，这在不断恶化的经济形势中意义尤甚[79]。1931年，国联在日内瓦召开会议，讨论令世界饱受折磨的大萧条问题。美国也积极参加了这次会议。

美国深刻认识到开展国际研究的前景，标志之一就是美国派遣爱德华·艾尔·亨特作为代表前往日内瓦。美国希望通过掌握信息来应对国内外的关切，没有人比亨特更适合这项工作。亨特在国联研究工作中担任协调员的角色。这项研究的成果是题为《近期的社会趋势》的报告。这份报告表明，亨特搜集信息的本领炉火纯青，他知道如何去塑造社会和经济单位的观点，使他们不打无准备之仗。

亨特在日内瓦遇到一批志同道合的朋友。国联把国籍不同但目标一致的人召集在一起，他们共同的目标是解决全球性问题。亨特说这给他留下了深刻印象。当然，他的话中有恭维的成分。他的欧洲同行们则表示，他们的经济研究工作在很大程度上受到这位美国专家的影响，同时表示对胡佛交给亨特的项目表示知情。亨特回忆道，这个项目的参与者分别讲述自己对于危机蔓延的认识。从他们的讲述中可以得知，大萧条导致出现危机的范围不断扩大，呈现出"地理扩展"的特点。亨特是一个敏锐的观察者，他意识到这是一场跨国危机，它的影响在全球肆虐，分阶段波及不同的国家，同时一直保持强大的破坏力。亨特还认识到采集国别数据的国际意义，以及如何将采集到的数据同其他数据来源进行比对[80]。他和很多同行一致认为，经济问题是国际事务的催化剂。他有一种不祥的预感，这在他写给韦斯利·克莱尔·米切尔（Wesley Clair Mitchell，美国经济学家，参与创建国家经济研究局，并推动"近期的社会趋势"研究项目）的信中可见一斑："现在无疑是最危急的时刻，经济衰退不断加重，政治冲突在恶化……历史无法预言自己，但我们仍然可以鉴往知来。我们因为过去发生的事情而担心未来的可能……如果没有'一战'，也就不会有'二战'。"[81]

许多政要和机构都听了亨特的报告。洛克菲勒基金会对此尤为关注。该基金会此前已经给予国联和其他机构数额可观的资助，而最近关于大萧条的经济学研究引发了它的浓厚兴趣。当时许多机构都呼吁"稳定"，洛克菲勒基金会也是其中一员。当时，经济危机正处于最严重的阶段。该基金会一方面支持美国国内的活动；另一方面寻求建立国际机制以收集数据并开展分析，以此擘画政策蓝图，从而有效遏止危机。该基金会是一个国际性的机构，它努力游说美国决策者以争取建立上述机制。

洛克菲勒的目标跟国联的议程不谋而合。基于重要利益，同时也根据经济和金融部门主任亚历山大·洛夫迪（Alexander Loveday，图1-2）的要求，国联秘书处向洛克菲勒基金会寻求资助。洛夫迪接替其前任阿瑟·索尔特（Arthur Salter）出任现职，

图1-2 亚历山大·洛夫迪与他的"非凡的经济情报体系"

注：牛津大学纳菲尔德学院提供。

他跟国联打交道由来已久，研究政治哲学出身。他曾在"一战"后就此议题在莱比锡大学开过讲座。

后来，尽管洛夫迪投身于经济学，但他仍然没有放弃政治理论研究。洛夫迪的跨学科背景使他能够认识当前世界的各种力量及其崇尚的自由、民主社会所面临的挑战。他较早地认识到，在大萧条带来的强烈的经济危机感的驱动下，全球的政治势力会对国联乃至整个国际秩序构成威胁[82]。1933 年，希特勒上台，德国退出国联。政治理论知识丰富的洛夫迪敏锐地表示："我一直认为……20 世纪三四十年代将是革命的时代。"在这段时期兴起的各种政治运动，是由思想驱动的，而不是由领导者个人驱动的。它们"总体而言是由经济变革以及民族心理这两个因素决定的"。思想驱动政治进程突出表现在德国、俄罗斯、意大利和日本等国。这些国家体现出强烈的民族主义，同时反对个人主义、国际主义和议会，甚至在某些方面体现出"反经济"的特点。他认为，这些国家与他所推崇的自由主义和国际主义背道而驰。这些国家敌视自由国际主义原则，因此它们蔑视国联，造成国联所秉持的普世主义难以为继。唯一的解决办法是"把工作重点从'存异'转移到'求同'上来"。国联的专业工作为寻找共同点开辟了可能性，但是总体前景并不令人看好，因为上述政治运动在不断推进，"没有停止向外蔓延的迹象"[83]。

在当时的时代特征下，洛夫迪无论在经济学还是政治学领域都坚持自由主义观点。他跟许多自由国际主义者都认同自由贸易、个人自由以及支持国际机构的重要意义。对于促进国际交流的开放性政权的重视并不一定出于意识形态，这也是对那个时代一系列大事件的反应。20 世纪 30 年代末，当阴云再次笼罩世界经济时，洛夫迪认为："自给自足的经济体制会带来严重危害，会对政治产生更加广泛、更加急迫的影响。"[84] 同时，他努力保持跟美国的联系。他对美国金主和同事对国联工作的支持表示感谢，而且对美国应对全球危机的努力表示赞赏[85]。

洛夫迪在国联经济和金融部门任职期间加强了对大萧条的关注。这反映出秘书处在持续开展研究活动，而不是偶尔办一场国际会议。经济和金融部门有望成为稳定的信息流以及分析活动的枢纽。秘书处的另一名官员约翰·贝尔·康德利夫也参与到相关工作中。康德利夫出生于澳大利亚，在新西兰长大，十几岁时就在新西兰海关工作，记录出口商品数据。这段工作经历使其深知信息的重要意义。后来，他自豪地回忆，就是这段埋头于"原始材料"的经历开启了他的经济统计学生涯[86]。后来他参加了"一战"，并在战争中受了伤。康复后，他在剑桥大学学习经济学，并且开始跟当时的国际主义者往来。

贯穿康德利夫职业生涯的一个麻烦是，在现代世界中，变化是一个常量[87]。他需要通过精确的测量和认真的分析认知变化。对于统计分析工作的热爱使他得到可信的研究成果。1925 年到 1929 年，他收集东亚的数据，并认为这些数据反映出这个地区出现了"工业革命"。这种"史诗般的"变化改变着相关国家、地区乃至整个世界的面貌。他提出，19 世纪在英国以及欧洲大陆出现的工业化进程开始在亚洲出现，这是重要的现代化研究的理论。西方为其他国家制定了一个模板，其他国家仿效西方模式，并最终向西方靠拢[88]。跟西方一样，亚洲国家需要采取措施让社会和政治吸收巨变带来的影响。全球各国间的交流加速，世界越变越小，同时一些较小的经济体的工业产值也会增加。这个过程带来了结构性变化，这是当时讨论的热点。康德利夫认为，推动国际关系发展的力量来自深层构造运动带来的变革，而不是浮在表面的某些政治争议。宏观的经济趋势反映出国际事务的现实[89]。

近期发生的事情以及未来趋势对欧洲尤其是英国的传统霸权地位不利。这种情况在两次世界大战之间更为明显。康德利夫在广泛分析经济数据后认为，一个"新的经济体系"正在形成。有一个国家将从历史巨变中获益，那就是美国。这个新的利维坦国家的政治和社会地位持续上升，在全球无疑处于主导地位。1935年以后，情况逐渐明朗，那就是"任何一个国际组织要发挥作用都得由美国来领导，或者至少得到美国的支持"。康德利夫认为，在大萧条的阴影下，这种国际权力的嬗变不会一蹴而就。他赞同洛夫迪的观点："未来世界经济发展的道路必定是崎岖不平的。"

尽管美国积极运用自己的权力，但国际形势具有复杂性和多样性，世界不会被任何单一的国家所支配。这意味着"现在比以往任何时候都更需要国际合作"。康德利夫等人认为，经济并非自成一体，经济问题跟其他领域相互关联。只有采取正确的政治和社会制度才能有效应对动荡不稳的全球经济形势。一个变化中的世界离不开领导力，而领导力需要"来自教育水平较高的、稳定的民主国家"[90]。

20世纪20年代，康德利夫来到夏威夷檀香山，担任新成立的太平洋国际学会秘书处研究主任。太平洋国际学会的创新之处在于，它把不同的观点并排摆放来进行比较研究。康德利夫在这里的工作为他赢得了国际声誉以及洛克菲勒基金会的注意。该基金会把太平洋国际学会作为固定资助对象。该学会也吸引了国联的关注。国联想更好地研究和代表太平洋地区，它竭力证明自己的工作跟该学会及太平洋地区的相关性。《太平洋问题研究》（*Problems of the Pacific*）是该学会的拳头刊物，国联在创刊号上发表了文章。国联跟太平洋地区的关系，不仅体现于它的统治委员会在该地区的管理，也体现在它的一系列跟该地区相关的卫生计划、智力合作、经济研究等项目中[91]。

"一战"后，自由国际社会涌现出一大批机构，国联需要处理好与它们错综复杂的关系。一方面，一些组织会主动投靠国联；另一方面，国联也在考虑如何让它们对于不同的行为体发挥更大价值。

大萧条及其对国际经济的影响改变了康德利夫等人的认识和职业路径[92]。在大萧条最严重的时候，康德利夫加入了国联，并成为洛夫迪团队的一员。同时，国联的金融和经济组织分裂。意大利人皮埃特罗·斯托帕尼（Pietro Stoppani）领导经济关系部门进行经济政策研究，并且使它看上去像个"行政部门"[93]。洛夫迪成为经济和金融部门的主任，同时领导规模不断变大的经济情报局。经济和金融部门是国联最主要的研究力量，也是不知疲倦地采集国际经济数据的引擎。康德利夫曾说，洛夫迪领导下的经济情报局已经大大超越了其原先的职能，它不仅搜集经济、金融和统计数据供国联参考，还尝试凭借所掌握的数据主动影响国际事务。

康德利夫在这个过程中起到了重要作用。他在国际舞台上已经建立起很好的口碑，其自由主义政治理念也容易让人接受。他通过自己的努力赢得了美国的支持。康德利夫通过太平洋国际学会跟洛克菲勒基金会建立了联系，他的观点在当时颇具影响力。他主张要使国联在经济统计方面的工作"系统化"，以此让专家们稳定地采集他们孜孜以求的"国际经济问题研究的原始数据"。由于国联拥有的资源相对有限，所以洛克菲勒基金会的资助显得尤其宝贵。康德利夫无法回忆起国联的办公室是不是十分拥挤、工作人员是不是加班加点，但是有一点可以确定，当时有大量工作需要完成[94]。

总体而言，洛克菲勒基金会与国联的工作人员相处得很融洽。基金会的工作人员虽然认为洛夫迪跟他的前任相比学术背景太浓、缺乏政治根基，但他们仍旧喜欢"求知若渴"的洛夫迪，对于他采集和研究数据的方法尤其感兴趣。于是，在亨特和康德利夫等人的推动下，为了有效应对大萧条，20世纪30年代初，洛克菲勒基金会在以往长期支持国联的基础上，开始系统资助国联的经济部门，并提出了一个多年期的巨额援助计划[95]。

由于国联处理的是国际事务，因此洛夫迪从全世界收集数据，他是开展这种工作的先驱。他的研究在项目连贯性以及数据完整性上还存在缺陷，然而他坚持一个崇高的目标，那就是"从混乱的国家统计数据中找到秩序"[96]。

这项工作十分棘手。在21世纪的今天，国际收支等统计数据是再普通不过的概念。而在1931年，国联只能计算出33个国家的国际收支。这种情况之后逐渐改善，但是，国联仍需经常对拿到的数据进行再处理，包括选择有可比性的共同基础，采取同样的测量方法，换算成同一种货币，最后再进行记录。这就好比辛苦地实施炼金术，把各国粗糙的原始数据转化为可被全世界理解的内容。洛夫迪是一个"完美主义者"，他必须知道每一个数字从哪来，是怎么算出来的，有何意义，然后才能对外发布，这可让他手下的人吃尽了苦头。他连续好几年叫停《统计年鉴》

（*Statistical Yearbook*）的出版，就是因为他不确定相关工作是否达到了他严格的标准[97]。

令康德利夫感到的欣慰是，他参与创立的比较统计的方法，在许多国际主义者和决策者看来是一个重要转折点，因为他们可以把数据应用于国际问题。康德利夫后来在解释这项具有历史意义的工作时说："由几名经济学家组成的团队首次记录、测算并解读了各国经济是如何相互依赖的。"他认为："历史会证明，这项工作对于认知世界的贡献是国联最重要的成就之一。"[98]

经济和金融部门成果颇丰。作为秘书处的常设部门，它可以通过趋势分析的方式把数据转化为知识，在全球产生广泛影响。它出版的期刊包括：《国际贸易评论》（*Review of World Trade*）、《世界生产和价格》（*World Production and Prices*）以及《统计年鉴》等。其中，最具代表性和影响力的要数《世界经济调查》。这份刊物从 1931 年到 1947 年每年一期，甚至在国联解散后还未停刊。后来，联合国接管这份期刊，对其形式进行调整后，一直到今天还在发行。

康德利夫在日内瓦工作的六年期间把许多精力都投入到这份刊物里。他从他的同事那里引用了大量数据并参照了他们的研究方法，但总体而言，这份刊物主要得归功于他。《世界经济调查》集中登载国联获得的信息，而且在把它们展现在现实国际背景中。在整个 20 世纪 30 年代，整个国际社会都被大萧条的阴云所笼罩[99]。

这份刊物不仅刊登数据，还对数据进行解读，让读者明白如何去使用它。所以，洛夫迪从一开始就担心它可能带来的政治影响。当时，康德利夫希望发表一篇论文，大意是金融投机是导致大萧条的重要原因之一。这一观点后来也得到其他人的佐证。但是洛夫迪劝阻他不要发表这篇文章，担心此类分析文章会引发意料之外的反应。后来，由于害怕惹上事端，洛夫迪不顾国联的规定，干脆把《世界经济调查》的主编署成康德利夫[100]。

当康德利夫的名字跟《世界经济调查》联系起来以后，这个新西兰人收获了巨大的声誉。《世界经济调查》在西方学界和政界声名鹊起，读者认为它"为大萧条以来全球的各种重大事件描绘出信息含量很高的图景"。它刊载了《国际贸易评论》《世界生产和价格》《统计年鉴》等刊物中的重要数据，许多人认为它"不只是一本参考书"，它"试图分析各种趋势的意义，由表及里地看问题，以及根据近年来的经验得出总结"。[101]

从文化角度看，《世界经济调查》成为严肃刊物的标志。美国前国务卿亨利·史汀生（Henry Stimson）从菲斯那里借阅了一份《世界经济调查》，并在上面做了标注。史汀生的私人秘书发现之后非常尴尬，觉得价值如此之高的刊物不应该出现这种污损，于是他想方设法找了一本新的刊物还给了菲斯[102]。

经济情报局提供了大量的信息，《世界经济调查》就是其中之一。该期刊对于学界和媒体有着广泛的影响。美国媒体越来越多地借助上面刊登的数据和信息来对比美国与其他国家在大萧条中的表现。期刊内容主导着公众关于混乱和不公的讨论，帮助读者认识到全球经济危机是如何影响个人生活的，以便做出比较。在欧洲和美国新闻界，国联的文件成为了解大萧条对于国内外影响的门户。例如，美国媒体利用国联收集的数据在美国工人和其他国家的人之间做出比较。各国的生活成本很容易进行对比。福特汽车公司日薪——7美元——的购买力可以在全球背景下进行测算[103]。

国联的经济学家声称，1934年全球工业产值实现增长，给世界尤其是美国带来了"即将走出大萧条"的希望[104]。《纽约时报》把国联在1937年公布的关于世界营养状况的报告称为当年最重要的出版物，"第一次在全球范围内研究营养与健康、农业和经济政策的关系"，揭示出食物是富人和穷人间最易感知的差别[105]。日内瓦提供的数据和研究成果是从全球层面认识大萧条的重要手段。

知识之网

康德利夫能迅速对世界经济问题做出深刻阐释，这使得他声名日增。《世界经济调查》受到世人的肯定，这个新西兰人后来不仅收获了名誉，也得到了实实在在的利益[106]。

随着《世界经济调查》广受好评，国际主义者认为他们的思想至少在经济文献中占了上风。设在波士顿的世界和平基金会抓住机会，每当新刊出版的时候，这个"上流社会的堡垒"都会随刊发送厚厚的推广材料，展现自己对世界经济危机的解读。很少有其他机构或出版商能够做到这一点。该基金会在推广材料中写道，《世界经济调查》"以国际视角观察商业环境……里面充满比较的测量方法和观点"。1935年，在世界和平基金会的材料中写着如下问题："你知道答案吗？"继而提出："美国的私营企业是否已消亡？""新的经济结构是什么样的？""'新政'在其他国家命运如何？""复苏面临的最大现实障碍是什么？"引导读者从刊物里面的数据和分析中找出答案。一个国家可以从数据中借鉴别国应对全球大萧条的做法，来解决本国的经济关切。推广材料甚至发出感慨，《世界经济调查》的内容如此丰富，"简直是无所不包，几乎不可能用简单的话概括出它的内容"。[107]

把那些自卖自夸的成分放在一边，这些材料至少说对了一点：刊物内容针对性很强，对于解决急迫需求很有价值，所以得到众人的追捧。刊物既有助于从整体上认识世界，又可以在国别层面开展对比研究。它是国联的出版物，所以被看作国际社会尤其是自由主义者通力协作的成果。

鉴于《世界经济调查》极受欢迎，为了扩大受众，1935 年国联利用广播这一较新的媒介向美国听众传播相关内容。康德利夫访美期间，全国广播公司（National Broadcasting Company）抓住机会把他请到播出现场，请他通过电波与美国听众交流（图 1–3）。然而，节目效果并未达到预期。这既是因为《世界经济调查》专业性比较强，更是当时的媒体环境使然。当时纸媒与无线电台之间竞争激烈。当康德利夫决定参加电台节目后，出版商便有意低调处理国联最新一期研究成果。我们先不论媒体竞争，当时确实有不计其数的国际受众如饥似渴地希望得到相关信息[108]。

康德利夫希望影响美国人的观念，尽管他在广播节目中出师不利，但其实这只是个小插曲。当年，世界和平基金会与外交政策协会为了教育美国的中产阶级，请康德利夫撰写《战争与萧条》（War and Depression）。这本小册子介绍了经济危机。有趣的是，这两个非政府组织做宣传时把康德利夫介绍成密歇根大学的客座教授而不是国联的官员。还有其他一些类似的小册子，它们的体例差不多，在众多学校、团体和其他机构广泛传播，康德利夫的作品是其中的代表。它对经济危机做出了直截了当的解释，其中一些观点在 21 世纪仍得到一些学者的认同。导致国际贸易体系崩溃的原因包括：无序生产，以及"许多国家市场饱和，甚

图 1-3　康德利夫 1950 年在电台做节目时的照片

注：新西兰惠灵顿，亚历山大·特恩布尔图书馆提供。

至连汽车等精巧的工业产品也不例外"，加上信用体系和国际货币体系的崩溃，经济最终全面恶化。

康德利夫为了支撑他的论点，在对国联的数据进行分析研究的基础上，以创新的形式把研究结论表现出来。这种新的表现形式对后来的研究有很大影响。在他的书中，有一幅关于贸易崩溃的形象化的图（图 1-4）。

康德利夫的网状图生动地向读者展示，世界贸易是如何在较短时间内螺旋式下降的。他在 1932 年和 1933 年的《世界经济调查》中采用了这种形象化的外推法，构图依据是该期刊中收集的数据[109]。洛夫迪把这幅图称作"蜘蛛网"。同时期的德国经济学家奥斯卡·摩根斯特恩（Oskar Morgenstern）在奥地利经济周期研究

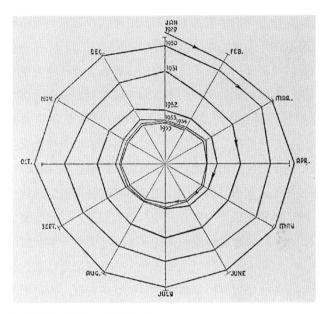

图 1-4　经济学分析的"蜘蛛网"

注：康德利夫 1935 年根据国联掌握的数据，就大萧条中崩溃的国际贸易为美国受众制作了一幅形象化的图。这幅图日后成为学界研究全球危机时经常引用的内容。世界和平基金会提供。

所（Institute for Business Cycle Research）工作期间，曾经用形象的"死亡螺旋"来描述德国和奥地利的出口状况[110]。康德利夫的网状图反映的则是更全球化的内容。当时的学者亦使用地图法等其他的形象手法反映国际趋势，让大众更好地理解事实真相[111]。

　　这个网状图生动地反映出"大"萧条的情况。许多学者承认，它是在国联数据的基础上制作的，但他们并不认为这幅图的创作主体是国联。当时国联是全球重要数据的唯一来源，如果没有国联的数据就无法得出相关结论，但当时的学者不太愿意承认这一点。在令人忧虑不安的 20 世纪 30 年代，国联是唯一能在关键领域里发挥作用的机构[112]。

国联的经济部门出版了《世界经济调查》及其他大量的分析统计成果。康德利夫的网状图不仅对于政策制定有深远影响，也成为学界和公众关注的课题。发挥作用的不仅是原始数据和图表，以何种方式整理、反映信息，并将其提供给全球受众，这些因素都很关键。网状图广受欢迎也反映出国联在国际社会中的地位。在一些关键领域，国联的作用无可替代，这使它的地位显得尤为重要。而要完成工作任务并推广研究成果，国联需要倚重来自政府、大学以及非政府组织中的人才，并需要许多国家的团体提供援助。如果不是国联以及康德利夫广泛的国际联系，这幅网状图就不可能在全世界的学者和普通民众中走红。正是因为世界和平基金会与外交政策协会追求的目标与国联一致，这两个非政府组织才能够助力国联，增大其数据和分析成果的影响范围。

在国联中，康德利夫等人认为复兴国际贸易可以医治世界经济危机的各种症状，也有助于推进国联的事业。人们认为，康德利夫的观点为治疗国联的疾病提供了药方。康德利夫的观点一直从《世界经济调查》的创刊时期持续到"二战"爆发后。学者因此认为国联的经济学分析属于"自由激进主义"。这么说可能有些言过其实，但自由主义无疑是凝聚国联各领域工作的精神指引[113]。

康德利夫的网状图的影响说明了专业信息为何被接受乃至受到重视。许多人推崇其中包含的数据源泉和分析能力，认为它不仅可以用于应对大萧条，也可以应对尚在萌芽时期的国际冲突。对于拼命为长期患病的世界寻找解药的国际共同体而言，这些数据不可或缺。在当时，必须承认的是，国家间的经济联系日益紧密。国联发挥了核心作用，它生产的信息质量最高，是唯一能够提供全球范围内可比信息的机构。国联根植于国际社会中，所以它的活动能持续下去。其他国际组织也在积极宣介国联的研究成果，以参与跨国话语，国联的影响力因此倍增。如果我们对国联一叶障目，就会夸大国联的重要性，而难以看到其影响力的全貌。上述活动表明，这些新的信息来源以及研究结果意义重大，它们植根于国际主义理念中。在国际形势不断恶化的时刻，许多人希望能保持并强化上述工具。

并不存在世界经济

1936 年 7 月，国联的工作重心正加速向专业知识领域转移。此时，在日内瓦南部的法国湖畔城市安纳西召开了一次国际会议，与会专家基本上都来自欧洲和北美，他们探讨世界经济话题，研究有关新的数据分析方法的实用性问题。与会专家都是自由主义经济学的代表，可他们的观点却大相径庭[114]。新自由主义的大师路德维希·米塞斯（Ludwig Mises）和戈特弗里德·哈伯勒（Gottfried Haberler）都参加了此次会议。哈伯勒后来在美国企业研究所（American Enterprise Institue）工作直至逝世。注重实干的康德利夫平衡了专家们的不同观点。康德利夫的支持者还有来自美国的凯恩斯主义经济学家阿尔文·汉森（Alvin Hansen）和约翰·克拉克（John Clark），以及"新政"的倡导者温菲尔德·里夫勒。国联代表团的团长是洛夫迪。国际劳工局派来了刘易斯·罗尔文（Lewis Lorwin）。其他与会专家包括贝蒂尔·奥林（Bertil Ohlin）、扬·廷贝亨以及威廉·拉帕德（William Rappard）

等。这些专家的到来增加了会议的代表性以及研讨的理论深度，他们与全球各主要机构以及各界人士的联系凸显了国际社会相互依赖的特点。他们还体现出赞助方洛克菲勒基金会的需求。该基金会资助、组织了这次会议，并派出人员与会，"促进了针对经济变革问题而开展的基础性研究"。

会议讨论的核心问题是：到底存不存在真正意义上的世界经济？与会者认为答案是否定的。这一反应体现出当时的复杂情况。这个否定的回答并不是要否认全球互动，相反，他们认为全球互动是现实存在的，并且非常重要。与会者做出否定回答的真正原因在于他们承认政治和意识形态分歧的主导作用。这些分歧扭曲了任何理想化的全球经济交流。与会者认为，目前并没有"严格意义上的"统一的世界经济体系，但无疑"目前在全世界范围内有一种全球性力量在影响着每一个国家的经济"。而部分国家的经济在全球领域相互作用、发挥影响，这是这次会议研究的主要问题，也凸显了进行研究的必要性。

国联是数据收集的关键主体，当然也包括国家政府、研究机构甚至个人。安纳西会议反映出国际主义者为了获取信息而做出的孜孜不倦的努力。与会者认为，需要"提升相关数据的数量、质量以及可比性"，以此对那些研究国际经济问题——或者说"经济变化问题的程度"——的活动提供必要的支撑。

与此同时，专家在会上也谈及现有资源的局限性。他们提出，对于数据的监测和分析非常重要，相关需求在未来 10 年内将持续存在。会上有人问洛夫迪，国联是否可以担负起对各国研究中心进行国际协调的任务。洛夫迪的答案是否定的。于是，部分与会者讨论建立一个国际机构，对各种问题的研究工作开展协调，包括"提供原始材料过程中的一些难以避免的问题"。与会者还就采集对象表示关切。现有数据大部分来自工业化国家。而对于一些正在进行工业化转型的传统农业国家，研究工作需要考虑到"经济变革"的特点，对中国的援助就很有代表性。最大的关切并不是数据，而是政治运动"对经济体系的影响"，尤其是"欧洲新兴意识形态"的影响[115]。

与会代表就如何提升能力给出了自己的建议。他们指出，哈伯勒的工作具有代表性，值得与其开展合作。这次会议展示了信息的重要性，同时也展示了国联经济和金融部门如何利用其与各个机构和学者的关系开展研究，以此提升地位、提高声誉。该部门之所以能实现上述成就，是因为国际社会的这些机构和学者都接受并支持其作为枢纽发挥作用。

国联经济和金融部门的工作令人瞩目。20 世纪 30 年代末，当国联政治部门的作用江河日下的时候，经济和金融部门的影响力却达到了一个巅峰。哈伯勒参加过安纳西会议后，前往哈佛大学任职，并且完成了专著《繁荣与萧条》(*Prosperity and Depression*)。洛夫迪反对凯恩斯及其追随者的观点。尽管洛夫迪呼吁哈伯勒在与凯恩斯的"教授间的争辩"中降低调门，但《繁荣与萧条》一书仍然有力地声援了国联。"二战"后，洛夫迪对此书大加赞赏，将其誉为国联最受欢迎的研究成果。这本书多次再版，迄今仍是研究经济周期与萧条的经典著作[116]。

哈伯勒的专著出版后不久，廷贝亨也有著作问世:《经济周期理论的统计学验证》(*Statistical Testing of Business-Cycle Theories*)。这也是一本影响深远的著作。它研究了危机是如何扰乱经济趋势的。国联为了厘清大萧条的影响而采集了海量数据，廷贝亨则对这些数据进行了分析，这似乎预示着他日后将致力于计量经济学的研究[117]。

这项研究是国联与国际社会的诸多机构和个人合作完成的，它体现出对于信息一代越来越大的支持力度。但是，他们推动以数据来观察世界的努力遇到了一些阻力。以米塞斯和哈耶克为代表的经济学中的"日内瓦学派"，是新自由主义的奠基人。这一学派对哈伯勒以及国联的观点持怀疑态度。20 世纪 30 年代末，这一学派的人不太相信分析产生的信息能够为多样、复杂的经济活动提供完美的解决方案。当时自由国际主义经济政策是世界主流，国联、美国和大多数国家都采用这一政策。而日内瓦学派的观点则是对自由国际主义经济政策的否定[118]。

不仅日内瓦学派对于该经济政策表示反感，凯恩斯对廷贝亨的书也进行了批评。跟日内瓦学派有些类似的是，凯恩斯及其追随者对于强调大量统计学分析的经济理论持怀疑态度。凯恩斯曾无礼地表示，廷贝亨面对他的批评，最有可能的反应是"叫上 10 个计算员，通过数学演算浇灭悲痛"。他也曾给予廷贝亨及其研究假惺惺的赞扬："有种感觉很奇怪，在 1939 年，这本书是国联的主要工作成绩，甚至是国联存在的理由。"[119]

凯恩斯的话虽出于戏谑但并非毫无道理。20 世纪 30 年代末，国联正是通过经济研究和分析赢得了信任和支持。这种立场反映在政策上。1937 年，人们希望"和平变革"的体系能够在经济改革的基础上建立广泛受到国际共管的政府，这一来是对修正主义国家的绥靖，二来可以重启自由主义全球经济。莱奥·帕斯沃尔斯基曾向美国助理国务卿萨姆纳·威尔斯（Sumner Welles）建议，如果国联想要进行改革，那么美国应要求它的经济部门拿出可行的方法支持上述计划的落实。帕斯沃尔斯基在日内瓦以及布鲁金斯学会工作过。1936 年，他代表美国参加了国联的经济委员会会议。后来，由于他在华盛顿设置了重要"耳目"，他对于经济和组织结构问题的影响力大增。也正是如此，国际社会的个人关系以及政治影响，像藤蔓的卷须一样延伸到美国基层的讨论中。帕斯沃尔斯基的经验表明，早在"二战"前，国际机构作为全球经济联系的必要环节已经深入人心，而国联则对此提供了一个基本的（也许说不上完美的）概念验证[120]。

直到今天，国联提供的信息还在影响着关于国际经济的讨论，尤其是关于周期性经济危机的讨论。当年，国联采集这些信息是为了研究大萧条的起因并给出解决方案。直至今日，学界还在引用这些信息就大萧条的起因和经过进行辩论，这些信息的重要性可见一斑。它们不仅出现在学术著作里，21 世纪的一些评论者还引用它们来梳理大萧条的教训[121]。1935 年至"二战"前，世界阴云密布，国联的政治属性弱化，它跟其他行为体合作提供的资源弥足珍贵。

国联继续发挥作用

1938 年，已是高等研究院院长的弗莱克斯纳再次来到国联。这是他漫长欧洲旅途中的一站。此时的国联已经摇摇欲坠。里夫勒促成了弗莱克斯纳对国联的这次访问。里夫勒是罗斯福新政的倡导者，也是美国与国际社会联系的关键人物。美国 1933 年成立了中央统计局（Central Statistical Board），里夫勒为首任局长（图 1-5）。在新政开始实施的头几个月里，他是罗斯福总统"智囊团"的首批成员之一。他刚刚就任的时候，美国媒体对他有过很多猜测，后来，里夫勒成为政府神秘的"能够解读局势的经济学家"。在罗斯福跌宕起伏的第一任期内，里夫勒的影响力逐渐增强。1934年他提出了联邦政府支持下的抵押贷款计划[122]。这一计划最终促使美国成立联邦住房管理局（Federal Housing Authority），政府由此加大了对住房领域的投入，相关政策对于经济和社会都产生了重要影响。里夫勒的工作得到凯恩斯的称赞，并为他赢得了国际声誉[123]。

图 1-5　温菲尔德·里夫勒——"当今世界上最有才华的青年经济学家"

注：他支持罗斯福新政，代表了国际社会各种自由主义改革之间的联系，并协助国联经济和金融部门在美国高等研究院避难。这张照片摄于 1947 年的美国高等研究院。照片原载于《生活》（Life）杂志，Shutterstock 网站提供。

里夫勒的声望（也可能是他在华盛顿参与的争论）使其离开政府专注于学术。1935 年，他成为加入高等研究院的首批学者。跟许多经济学家类似，他很快便把注意力投向日内瓦。在参加了安纳西会议后，里夫勒在 1937 年成为美国派驻国联金融委员会的代表。里夫勒认为，大萧条是世界性的事件，要通过国际合作寻找出路。后来，国联又专门成立了大萧条委员会。已经习惯了政府和学界间"旋转门"的里夫勒在参加了该委员会的议程后感叹道："这是我参加过的级别最高的讨论。"他们表示："国联已经失去了政治影响力，它不得不依靠其唯一所剩的价值——作为知识中心运转。从这一点来看，国联似乎已成为一所超级大学。"[124]

弗莱克斯纳称："国联失之东隅，收之桑榆。"它成为众人口中的"世界大学"[125]。弗莱克斯纳此行的一个目的是，弄清楚国联这所"超级大学"是如何履行国际经济问题研究职能并进而与美国政府和高等研究院建立联系的。经济学是他的中心任务。他认为在时局动荡的 20 世纪 30 年代，经济问题是每一场危机背后的根本原因。这次行程反映出自由国际社会中的欧洲中心主义，但也反映出不同研究层面的相互联系是多么密切。在抵达日内瓦之前，弗莱克斯纳在英国跟多位知名人士会面，包括艾伯特·贝弗里奇（Albert Beveridge）、亨利·克莱（Henry Clay）、卡尔·桑德斯（Carr Saunders，伦敦学派的代表人物）和哈罗德·拉斯基（Harold Laski）。

弗莱克斯纳抵达日内瓦后，斯威瑟非正式地带着他参观了国联崭新的总部大楼，即新落成的万国宫，以及用洛克菲勒基金会援助资金建设的壮观的多层图书馆。这座建筑放到今日仍然气势雄伟，在当时，它是进步主义者憧憬的未来的模样。弗莱克斯纳对国联存亡的问题看得很透，但未对它丧失希望。他曾说，国联无疑在任何领域都未完全成功。然而，实际情况比这更糟。那些对国联不屑一顾的人难免显得过于草率。弗莱克斯纳看到这座新图书馆正在成为研究者的摇篮，他不禁忆及那个流产的"国际研究院"的设想，并考虑把图书馆扩建为学术中心，以解决急迫的国际问题。由此他意识到一个事实：国联可能已经来日无多了。许多棘手的问题是难以预见的，比如说，要不是政治阴谋，国联在解决埃塞俄比亚危机上的努力也不至于失败。弗莱克斯纳推测道，如果一个世纪后已经没有战争，那么国联付出的代价和遭遇的失败将会小得多[126]。而这种推论是建立在国联还能存在一百年的假设之上的。

最让弗莱克斯纳感兴趣的是在国联工作的人，而不是国联的机构。国际劳工组织的哈罗德·巴特勒（Harold Butler）令弗莱克斯纳明白新的"生活水准"概念有多么重要，同时也令他对日后被称为"国际发展"的概念有所了解。巴特勒请高等研究院的院长考虑如下问题："未来 25 至 30 年会发生什么？印度、中国和日本的人民已经意识到自己的处境，他们已掌握了可以让生活有所改变的武器。"巴特勒所说的"武器"主要是指经济领域的。他这么说有些过于乐观了，因为这些亚洲国家和欧洲的工业化国家以及美国之间的差距是巨大的。但是，他有一个跟康德利夫相似的观点，那就是这种结构性转变将在国际经济和政治领域带来"巨大的调整与再调整"。经济学像一架望远镜，利用它能够看到宏观趋势，这对于理解变化中的世界十分关键。

弗莱克斯纳在万国宫就经济和金融问题向洛夫迪请教。洛夫迪详细阐述了国联是如何与自由主义经济以及高等研究院融为一体的。洛夫迪利用他的政治理论研究背景，解释了这一时期的经济运行态势如何反映出意识形态变化。他认为，高等研究院所代表的经济学研究方向"只存在于少数几个国家"。这个观点得到巴特勒的支持。巴特勒认为，在意大利和德国等国，经济学从属于"专断的政治思想"。巴特勒认同经济从属于政治这一观点。洛夫迪则认为，在英国这样的自由国家，政策是开放的，是可以接受经济变革的；而在一些"教条主义的"国家，无论政治还是经济都无法建立在"人民自发进步"的基础上。他的观点可以归结为：只有自由社会才能有效地开展经济研究[127]。

洛夫迪认为，经济这种力量注定会超越国界，因此经济学家不能故步自封，他们需要活动的自由。如果他们只是"待在本国"，便无法认清基础性的问题。一个严谨的学者需要走访伦敦、纽约、巴黎等重要的中心城市，当然，也"必须去日内瓦"。世界各地的学者要通过个人之间以及机构之间的关系形成跨国联系网，只有这样才能抓住全球形势和问题的关键。

洛夫迪支持弗莱克斯纳关于成立一个经济和政治学派的想法，他认为这个想法看到了"在高层把经济、政治和历史联系起来的重要性"[128]。当洛夫迪后来被问及对于金融的看法时，他表示金融是与经济不同的领域。他说："我认为，（金融）跟经济的关系与它跟化学的关系差不多。"尽管他发表了上述观点，但他又说"金融是一门浮于概念中的定量科学"，这意味着"负责把控金融政策方向的人要能理解哲学环境"。一种对日常现实的敏感性，因为"金融官员所采取的政策取决于总体的政治哲学看法以及国家当前的目的论思想"（这个判断在 21 世纪仍然适用）。洛夫迪的观点体现出他与跨国共同体的联系。他坚信"专业的"研究与政治和思想互相关联并受它们影响。这在意识形态斗争空前激烈的时代尤为明显[129]。

洛夫迪有意为里夫勒站台。洛夫迪称赞这位罗斯福新政的倡导者，说他"也许是当今世界上最有才华的青年经济学家"。他也十分认同弗莱克斯纳的观点，把一些年轻学者短期组织到一起，以便形成联系网。他甚至表露出前往普林斯顿参访高等研究院的愿望。这次会面变成了两个人都想促成的那种社交场合，作为高等研究院院长的弗莱克斯纳深受其影响。高等研究院虽然是美国智库，但它却是在国联经济和金融部门及其负责人的影响下成立的。弗莱克斯纳加入高等研究院后在他的正式报告中把洛夫迪描绘成一个"能力突出、经验和知识丰富的人"。不管弗莱克斯纳的国联之行有什么收获，有一点可以确定，那就是他加强了国际社会内部的联系[130]。

没有砂浆的砖

国联的经济部门对于从总体上认识全球重要问题做出了巨大贡献。美国社会其他领域的人也承认这一点。国际主义组织不断地在民众头脑中强化这一观念。例如，外交政策协会制订了一项"公众教育"实施方案，向美国民众阐释国际合作的重要性及其演变。该协会请知名记者瓦里安·弗莱（Varian Fry）为中产阶级著书，介绍国际合作的历史。弗莱在书中较为全面地介绍了在不同时期影响世界的力量。首先，工业革命及其带来的现代化加速人类活动向全球范围拓展。随着新世界的到来，出现了大量新问题。为了进行有效治理，人们在19世纪多次召开国际会议并组建了一些国际组织。其后，残酷的"一战"使得世界对于合作的渴求更加迫切，国联应运而生。外交政策协会（其本身也是"一战"后成立的）强调，国联的活动逐渐拓展到"专业"领域，它把"'一战'前成立的国际组织统合到一起，按照非政治的原则推行国际合作，这是国联最大的成果"[131]。即使在世界形势岌岌可危的 1938 年，"我们可以毫不迟疑地表示，国际合作稳步加强；而国联在其中起到了直接或间接的作用……1920 年到 1930 年，国际合作进展更快，1930 年后速度虽有所放缓，但总体是在不断加强的，并没有出现倒退"[132]。

关于国联在自由主义生态体系中的地位，弗莱也重复一个观点："即使没有国联，人类社会仍然会取得很多进展。"弗莱没有掩盖国联在维护政治秩序方面的失败。从这个角度看，在跨国卫生、交通和经济等领域，专业工作就像是盖房子的"砖"，而安全与秩序如同"砂浆"；如果安全和秩序缺失，就如同缺少能把砖黏合起来的砂浆。弗莱也探讨了在国联之外开展治理的可能性，但他最后的结论仍然对国联表示支持。弗莱这本小书的标题就是《没有砂浆的砖：国际合作中的故事》（*Bricks Without Mortar: The Story of International Cooperation*），其读者遍及全国的学校、团体和智库。这本书出版 3 年后共计发行了将近 31865 本[133]。外交政策协会认为，如果要保持现代世界正常运转，有效的治理必不可少，而国联起到了枢纽作用。这个观点符合传统认知。同时，该协会也提出自由国际主义的观点，那就是国联只是实现目的的手段，而不是目的本身。

砖的用途不是唯一的。20 世纪 30 年代是持续不断经济危机的 10 年，是动荡不安的 10 年。20 世纪 30 年代末，国联的经济研究能力被认为是其特长，跟国际事务息息相关。国联牵头搞了很多专业项目，例如疾控、难民安置等，并得到全世界的肯定。南森办公室❶甚至获得了 1938 年的诺贝尔奖。20 世纪 30 年代末，在国联所有的专业部门里，洛夫迪领导的经济、金融和运输部门（1938 年由经济和金融部门改组而来，为叙述方便，下文仍使用其原名称）是最受尊敬的，也是规模最大的，其工作人员数量超过日内瓦总部其他所有专业部门人数的总和[134]。

国联下设的经济相关部门愈发重视对大萧条这一当时重大国际问题的研究。对于希望掌握经济形势和发展趋势的行为体，国联收集到的数据越来越丰富，且具有可比性。许多国家的政府官员表示，他们此时掌握的信息无论是在质上还是在量上都比几年前上了一个台阶。不只是国联，当时整个世界都在收集、分析国际舞台上的各种趋势和力量，由此制定政策以改善境况。

然而，随着时间推移，这些建设性的材料不是被更多地用于建设全球大家庭，而是用于支撑不同的甚至相互敌对的意识形态阵营。当时的世界上充斥着军国主义、国际争端、无法调和的意识形态冲突以及要求尽快改革国际经济和国际秩序的呼声，所有这些都令国际合作机制左支右绌、无所适从。

自恃清高

在紧张的时局下，有一些力量蠢蠢欲动，它们要颠覆国联代表的国际秩序，而国联也因此备受冷落。随着各种新危机层出不

---

❶ 即国际联盟难民事务高级专员办公室，1921 年设立，挪威科学家、外交官及政治家南森担任首任高级专员，因此得名。——译者注

穷，国联被边缘化的状况越来越严重。"慕尼黑协定"和有关捷克斯洛伐克的讨论有意把国联排除在外[135]。

1938年年末，国际形势不清。斯威瑟与洛克菲勒基金会的联系人进行例行通信，交流工作感想。这封信里充斥着虚妄之词。当时国联在国际事务中已经正式靠边站了，可斯威瑟还在对日内瓦的活动夸夸其谈。他写道，数以百计的代表为了从国联得到信息，在万国宫内外"焦急地踱着步子"。为了掩饰国联"被完全排除在谈判之外"的窘境，斯威瑟称，国联"是欧洲最中立的观测站"[136]。

"避重就轻！"这是洛克菲勒基金会的工作人员在斯威瑟的信件空白处写下的评论。这封信的一部分甚至被人撕碎。该基金会的一些工作人员美其名曰"斯威瑟主义哲学"，嘲笑斯威瑟具有"耶稣会成员一样的灵魂"，批评他狂热的信件是"无效宣传"。威利茨对于斯威瑟放的烟幕弹很恼火，他反唇相讥道："国联是不是因为政治目的而成立的？它的首要目标是不是预防战争？"

但是，国联的这位拥趸明白其受众心理，知道怎么说话才能吸引人。他在信的后半部分开始讨论"建设性的工作"，即许多人认为最具"实质性"的经济和金融问题。他在信中写道，国联多样化的工作使其像是"一个总参谋部"。"它从三个角度入手解决问题，第一是收集情况、信息和数据；第二是协调政府间合作；第三是在营养、住房等领域制定新的国际社会经济政策。过去在各个国家间没有形成过可以比较的数据。这没问题，但是现在这项工作得以开始了。"他提及国联大会对赫尔的赞誉，认为他所推动的自由贸易是"今日世界明智的经济行为中的翘楚"。国联支持全球自由贸易。国联的社会和人道主义特点反映在其参与的自由国际社会的活动中 [137]。

斯威瑟的写作技巧再怎么老练，也无法驱散笼罩在国联身上的腐烂的政治气息。他的美国国际主义者同事们拿出现实主义（找不到更好的词）来作为对他的回应。这些美国人不是两次世界大战之间那种脸谱化的乌托邦主义者，他们原则上支持国联，同时又很清楚它的政治局限性和失败教训。

尽管洛克菲勒基金会的工作人员把这封信的一部分撕成碎片，但他们对于斯威瑟所推崇的专业服务的慷慨支持并没有因此受到影响。他们的评论反映出他们不再把国联看作是一个政治组织。他们资助国联，只是因为它是有价值信息的来源，能有助于该基金会实现政治目标。要应对动荡局势、维护自由主义世界，在国家以及国际层面开展数据搜集、情况监测、分析研究是必不可少的。就这一点而言，洛克菲勒基金会及其他国际机构和个人与斯威瑟观点相同。他们对斯威瑟抱有耐心。

国联的经济工作处于各方利益的交汇点，因此一直受到重视。这导致形成了一种趋势，就是把国联新的专业立场更加直接地反映在美国等具有领导力的行为体的政治和社会话语中。国联方面认为，其要做的不只是不断地向非政府组织中的半路出家的行动主义者说教，或是跟在政治上吞吞吐吐的官员和外交官共事。国联在文化领域有一个宏大计划，以赢得更多美国民众的支持。这个计划包括尝试利用新兴媒体。当时有不少美国人仍跟国联保持距离，国联要说服他们，让他们相信国联在自由国际主义的事业中厥功至伟，让他们知道国联虽然无法保证和平，但可以保护一个奄奄一息的自由国际社会。

在这种使命感的驱动下，国联对于纽约世博会的邀请函表现出极大的积极性。尽管此前国联曾经拒绝过其他一些类似活动的邀请，但这次它果断接受了。它可以利用这个机会在安全稳定状况逐步恶化的国际社会中证明自己存在的合理性和重要性。国联的目的不是要证明自己在促进集体安全方面多么能干，而是要确认自己可以继续通过专业活动为国际秩序做贡献。国联在美国的支持者参与过上述专业活动，因此他们充分了解这些工作的范围和价值。

国际社会成员通过这项文化活动实现对国联的救赎，这只是故事的一个方面。另一方面，在世博会掩护下，国联与美国政府开展秘密外交接触，商谈如何在专业领域开展更密切的合作。国联通过不断加大在专业领域的工作应对经济危机，而随着国际形势继续恶化，合作之犁不得不重铸为对抗之剑。在严重威胁之下，自由国际主义差点在历史中灰飞烟灭。现在，自由国际主义者要摒弃幻想，脚踏实地，他们将在纽约皇后区一个垃圾场的旧址上，为美国大众献上一场盛宴。

第二章

铸犁为剑：武器化的知识

当一百年之后，不偏不倚的历史学家书写今天这段历史时，他很可能跳过今日充斥在全球媒体上的那些"大新闻"，而聚焦于"一战"后的政策调整、经济动荡、权力争夺背后的趋势，那就是，今天的人们为了创立永久国际合作的理念，比此前一个世纪做得更多。

——阿瑟·斯威瑟，1938 年

将有数以百万计的人参观纽约世博会，最能吸引他们眼球的将是国联的展览，而不是一些商业化的展示，更别提什么泡菜公司了。

——阿瑟·斯威瑟，1939 年

如果要对当今的国际体系进行修复，那么它必将是一个由美国主宰的、建立在"美国治下的和平"基础上的世界体系。

——约翰·贝尔·康德利夫，1940 年

这就是工作！真有趣！

——玛丽·拉戈内蒂（Marie Ragonetti），1939 年

谁被埋在格兰特陵园中？

　　1939 年的纽约世博会会场位于皇后区，占地面积 1216 英亩（1 英亩 ≈ 4047 平方米）。参观者可以乘坐"灰猎犬"号有轨电车在各个场馆间穿梭，这是最方便的参观方式。在世博会上，随处可见的展示反映出对于和平与合作的祈求，但这些无法掩盖 1939 年在国际上日益激化的矛盾。电车乘客会路过国联馆外面的"和平之犁"（Peace Plow，图 2-1）。这架犁铧的形象反映了圣经旧约中的名句所描绘的内容。它实际上是用美国内战和美墨战争中的

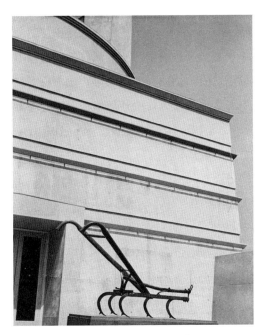

图 2-1　纽约皇后区国联馆外面的"和平之犁"

注：美国国会图书馆供图。

美国陆军士兵使用的刀剑打造的。这架犁铧铸好以后先是被捐赠给日内瓦市政厅，后来日内瓦市把它借给国联用于在纽约世博会上展出。而当它在世博会上展出期间，国际主义者正把谋求和谐的工具重铸为战争武器[1]。

世博会的导游清楚国联所面临的矛盾处境。他们把参观者带到国际展区后，会根据自己准备的导游词开始讲解："这就是国联馆。有一些游客在看到国联馆后很可能会说：'我怎么好像在哪儿见过它？哦，对了，是格兰特将军的陵园。'"他们的讲解词还可能是："这就是国联馆，是仿格兰特陵园而建的，为了纪念国联的死亡。"（图2-2）这些口无遮拦的讲解让国联馆馆长、美国人本杰明·格里格（Benjamin Gerig）大为光火。他于是向世博会的主办方投诉这些导游。虽然他不得不承认，这些看似不合适的表述只是为了"逗乐"，但他也严肃地指出："如果说国联馆的外形像一座陵墓……那么也是因为它的外部形状和设计想传递出一种特殊信息。"他进而指出，国联馆的设计是希望把国际主义的理念赋予具体的结构。格里格虽然很恼火，但他并没有对于相关言论反唇相讥，而是以平和的语气表达他的不满，表示相关人员的言行"应有利于推动相互理解与合作"[2]。

国联与美国的关系的很多重要因素都被忽略、误解或者遗忘，纽约世博会的国联馆就是其中之一。格里格说的没错，国联馆的外形设计"有意传递特殊信息"。实际上，这座建立在备受大萧条打击的纽约皇后区的雄伟建筑传递了多层含义。它反映出位于当时颇显凌乱的自由国际主义的中心的一些跨国假定。同时，它也在提醒美国民众，通过搜集信息并运用由此获得的专业知识，各种国际力量可以被联结在一起并得到有效治理。专业要

（b）国联中心朴素的实际形象

（a）在皇后区建设国联馆的宏大计划

图2-2 "仿格兰特陵园"而建的国联中心

注：联合国日内瓦档案馆提供。

素对于保持国际主义的活力是不可或缺的，而国联馆就是这些专业要素的具象化反映。国联馆很好地反映出一些抽象的概念，包括作为现代社会标志的相互关联性和依赖性，也包括现代社会面临的一系列威胁。国联希望促使现代社会的发展并有效控制它。美国不断强调要运用其实力保卫自由主义全球治理，而国联要显示自己能够在此过程中发挥作用。

传递信息

在历届世博会中，国联仅选择在纽约建造它的第一个也是唯一的场馆，这一举动蕴含深意。一方面，国联馆向国际主义者强调国联的重要性；另一方面，当时国际社会上有一种趋势，通过宣传具有全球意义的信息来吸引美国，国联馆就在一定程度上体现了这一趋势。

皇后区的这些展览从表面和深层含义上都与当时国际形势联系在一起。还原国联馆的设计和建造背后的故事，可以揭示自由国际主义——它的出现离不开国际投入——是如何能让美国大众理解的。国联馆的设计者其实有一个宏大的战略计划，他们希望强调国联的专业属性，证明其作为国际共同体的一员仍需要存在，以此对国联进行改革。同时，它使推动自由国际社会的全球联系的抽象概念具体化。国联馆也像是一个广告，不断强调虽然国联面临重重困难，但只要采取正确疗法，它就能继续提供关键资源，支撑和保卫同样风雨飘摇的自由国际主义。

国联馆的建造使得有时显得抽象和漫无边际的自由国际主义事业更容易被美国参观者理解，甚至变得可以触及。国联馆其实还有一层意义，那就是它不仅代表着信息，还是一个公共外交的作品，看似透明的背后，是一场日内瓦的官员及其一众支持者发起的秘密活动，要把美国更加紧密地跟国联联系起来，使美国直接参与到国联的专业工作中来。这一活动反映出国际行动主义的相互关联性，因为它并不是从外部单方面地寻求影响美国，而是离不开美国公民、组织和政府官员耐心的支持和投入。美国人逐渐认识到，测量和理解诸如全球经济等专业领域的机制可以被重铸为与敌对政权开展竞争的工具。

国联为了解决新问题而开展自我转型，它开展新的活动、引入新的概念。比如它采用"生活水平"这一指标，尝试应对大萧条带来的社会不稳定问题。各种问题最后往往会归于同一种担忧，那就是当潜在的冲突变为现实后，这个世界将何去何从。与之相关的是国联的改革，有讽刺意味的是，相关改革在国联身上并没有看到太多成效，反而是对它的后继者产生了深刻影响。总而言之，国联的有关活动反映出它秉持的一个观点：需要不同的力量把自由国际主义聚拢起来，而信息就是这众多力量之一。美国人是这么认为的。他们认为，国联不是一个目标，而是为了实现目标的手段，因此他们积极参与相关工作。而在当时的情况下，这个目标逐渐演化为一场冲突。

皇后区的垃圾箱

过去几十年来，纽约世博会的国联馆一直埋在历史的垃圾堆里。历史学家们最近才开始对它进行再利用[3]。纽约世博会的场地就是小说《了不起的盖茨比》中写到的垃圾焚烧厂，人们后来在这个垃圾焚烧厂的原址上建起一个露天集市，其继而成为世博会的举办地。而世博会展出的许多东西已经从人们的记忆中消逝。跟朴素的国联馆相比，其他一些高科技的展览馆就显得酷炫得多。突出的如诺尔曼·贝尔·格德斯（Morman Bel Geddes）设计的通用汽车公司馆，又名"未来全景"（Futurama），它是这届世博会上最引人瞩目的场馆之一。世博会上还有一些场馆也让人印象深刻，既有国家馆，又有企业馆，它们的一大共同之处是展示了新技术如何引领未来的美好生活。在这些场馆里，参观者们能看到机器人、电视机以及各种新潮的家居用品。无论是场馆建设、布展还是活动日程，主办方都希望参观者能切实感受到现代工业文明的力量如何改变每个人的生活。有幸到现场参观的人仿佛看到了未来的模样，当然，几十年之后，这些东西已成了明日黄花。

纽约世博会的主题是"建设明天的世界"。国联馆很好地贴合了这个主题。在整个世博会上，关于"明天"的象征无处不在，最突出的例子就是那一对未来主义风格的建筑物即"尖塔和圆球"（Trylon and Perisphere）。但是，这届世博会没有也不可能把未来世界当作唯一主题，它跟过去的联系是割不断的。官方宣称，本届世博会的目的之一是纪念乔治·华盛顿出任美国总统150周年，同时也是给美国的民主进程唱赞歌。在纪念过去的同时，世博会的重点有助于在理想化的历史和令组织者倾心的现代社会之间做出明确区分。

其实不用太纠结纽约世博会是往前看还是往后看，它深深植根于以高新技术为代表的现代社会里。它希望尽可能地通过基本的自由国际主义的老调重弹来教育参观者。世博会的推崇者们从一开始就表示，世博会将反映出"当今我们都处在复杂的相互联系之中"。当今社会及其各种潜力、危险和偏见占据支配地位。在世博会耀眼夺目的推广活动以及人们对它的回忆之下，它的焦点其实是"建设"明天的世界，言下之意是，当前有许多任务要完成。纽约世博会是面向未来的，因此经常突出互相联系、互相依存的主题。如果离开了世界各国的努力，高科技的现代社会无法成为现实，更不用说未来了[4]。

纽约世博会反映出的"现代社会"其实是一个高度意识形态化的东西。它就像是一张画布，自由国际主义以及国际主义的其他流派纷纷在上面挥毫泼墨，留下各自不同的印记。美国的新闻界很想让公众知道，世博会就是各国宣传机器的角斗场[5]。无论是苏联馆还是意大利馆都在赞颂各自国家的意识形态。纳粹德国由于担心成为美国民众抗议的众矢之的而没有参展（他们的官方理由是缺乏外汇资金），这反映出当时日益严峻的国际气氛。而包括美国在内的绝大多数参展国家则坚持自由主义的理念，那就是科技让地球变得越来越小，全球各民族之间的相互依赖日益增强。他们解释说，人与人之间、地区与地区之间的不断密切的联系决定着未来发展的趋势[6]。

尽管纽约世博会在美国历史中地位突出，但它只是自19世纪以来的一系列世界博览会之一。纽约世博会的许多主题都是当时国际思想的重要内容。这届世博会虽然在西方举行，展出的内容也是以西方为中心的，但它反映出全球共识，那就是科学技术能够让世界变得更好。另外，当时的紧张局势和冲突已经山雨欲来。尽管声称要促进国际和谐，但这届世博会中的民族主义思想也很突出。

就此前的多届世界博览会来看，世博会是彰显建立在排斥和种族主义基础之上的自由国际主义的场所，换句话说，它体现了帝国主义话语。虽然纽约世博会反映了它那个时代的进步潮流，但是它也未能完全跳出以往的窠臼。值得注意的是，随着国际形势变化，世博会的内容确实有所改变，纽约世博会能够反映出这一点。大萧条的阴影使得世博会呈现出一种近乎夸张的乐观主义，它把对于未来发展进步的希望"强行推销"给世人。在这届世博会上，对于殖民地和殖民者的描述也跟往届不同。相比之前的世博会，殖民帝国在本届世博会上相对低调，但无疑有所参与。皇后区的皮肉生意说明那个年代美国博览会向廉价娱乐转向，也反映了它的底线[7]。

纽约世博会背后的政治意涵从这个城市当时的绰号"民主城"（Democracity）也可见一斑。这个绰号是公共关系学者、纽约世博会的宣传主任爱德华·伯内斯（Edward Bernays）起的。当时的美国存在各种思想流派，但占据主导地位观点认为，自由资本主义秩序是有效组织现代社会和实现美好未来的最佳途径。纽约世博会呈现了一个真实，但是不成比例的相互联系的世界模型，为国联提供了平台。从这个世博会入手，国联意欲争取更大的话语权。国联在纽约皇后区建立的这个场馆仿佛在恳请美国：让国联作为自由国际社会的成员继续存在下去吧！而美国也越来越把维护自由国际社会当作己任。

国联馆里面的布展都是经过精心设计的，希望能把抽象的自由国际主义概念具体化。参观者在国联馆里可以明显感受到其对于技术的宣传——不仅是机械领域的，还包括社会和分析领域的。通过这些技术，人们才能认识、审视和治理这个复杂的现代世界。如果把对相互依赖的自由主义的美化工作比作一部蒙太奇电影，那么国联在不遗余力地展示自己工作的镜头。对于处境困难的国联而言，它需要抓住这次机会，把它的工作戏剧化地表现出来，以求继续存在下去。它要让世人知道，它的活动可以让观察者们更易于认识这个世界，并且对于国际社会的运行具有不可替代的作用。跟随着国联馆参观者的足迹，我们能看到自由国际主义的文化是如何展现出来的。许多自由主义者把促进全球化当作自己的基本信条，这一理念在国联馆里以具体的形式表现出来。这也反映出，文化可以表现为令大众感兴趣的形式，它跟国际事务并不是割裂的，更不是对立的，它是意识形态、外交和体制运动的一部分。

在皇后区，专业服务的机制可以看作广泛、活跃的互动的驱动器，从而为未来飘摇不定的世界做准备。为了更好地吸引美国政府和民众，国联馆采取了一套通用语言来描述全球趋势。它对于面临威胁的自由国际主义做了总结，并且提到了在危机四伏的当下能够让国联苟延残喘的那些东西。国联馆针对美国观众进行了精心布置，它要让参观者晓得：公众应该珍视自由世界，而且要保护它，避免它滑向战争；而国联在专业领域正在做的工作就代表了自由世界的利益。

国联馆除了是自由国际主义关键要素的具象化表达，还是挣扎求生的国联为与美国开展更广泛合作而采取的策略之一。为了吸引美国的支持，国联不遗余力地进行自我转型，包括外交渠道以及民间交流渠道等。尽管当今的学者认为，国联通过不同渠道开展的工作分属不同的领域，但实际上国联的官员在当年是把各种渠道通盘考虑的。在纽约世博会上一座单独的国联馆，正是面临现实威胁的自由国际主义不断演化的一个写照。

特殊信息

国联现在的策略重点转移到非政治的专业领域中来，与此同时，参加纽约世博会越发证明是国联的一个机遇。1935 年到 1936 年，国际社会外交解决埃塞俄比亚危机的努力失败，同时，国联作为国际体系的关键行为体的地位迅速坠落，这使得国联不得不为它的存续寻找新的理由以及新的支持者。它把渴望的眼神集中投向了美国。从 1935 年到 1939 年，国联在不停地证明自己理应存在，以及证明"弃欧投美"是正确的选择。国联一直在强调自己存在的价值，并宣称自己有大批支持者[8]。但是，仍有一些国家对于国联不是那么看好。对于这些国家，国联要进行大量的说服工作。跟其他很多组织类似，国联积极寻求利用一些革命性的技术，它认为这些技术重新定义了时间和空间以及人类之间的互动[9]。

这些"革命性"的技术之一是无线电。国联附属的卫生组织已经利用无线电技术在全世界开展流行病服务广播。电影技术也在国联得到了运用。作为宣传手段，国联曾经规划拍摄几部纪录片，其中一些后来登上了银幕，如 1937 年上映的《工作中的国联》（*The League at Work*）记录了国联是如何侧重于专业领域以确保自己的存在的。这部纪录片聚焦于国联的"中枢"，即秘书处。就拍摄水平而言，这部纪录片是成功的。但是，在这部片子中，国联的工作人员一遍又一遍机械地复述着他们的工作，因为国联预算紧张而表现出的沮丧，以及艾文诺蹩脚的介绍，上述内容不一定会吸引全球大众的注意[10]。

不管怎样，国联都已经下定决心要改头换面，日内瓦的官员不会放过任何推广国联的机会。他们认为，世界博览会作为一套成熟的体系，参展有助于国联向国际大众宣传自己并拉近跟他们的关系，因此他们全力投入参加纽约世博会的工作中。早在 1936 年，艾文诺就已经收到了纽约世博会主办方的口头邀请[11]。1937年，得到主办方的正式邀请函之后，国联立即就接受了[12]。

国际社会对于全球性的展览经验丰富。国联的不少官员都参观过 1937 年在巴黎举行的以"国际艺术、技术与现代生活"为主题的世博会。巴黎世博会生动地诠释了参加这样的盛会能给参展方带来巨大的好处。在巴黎世博会之前，国联从未参加过任何世博会，而它在 1937 年迫不及待参与这场盛大展示充分说明了国联认识到了这样做的意义。国联参加纽约世博会具有积极意义，相关工作反映出国联参展并不只是走个过场。参加世博会是很重要的，而且当面对那些不愿意加入的国家时，参加世博会是把它争取过来的好机会。博览会是凸显国联所做工作的理想场所。国联馆将跟世界体系中的其他国家的场馆比肩而立，这本身就具有象征意味。国联一直想争取美国加入，而纽约又是美国最大的城市，因此国联决定在纽约世博会上凸显世界各国互相联系的重要意义。国际主义者不辞劳苦希望能促使美国加入国联，至少是在专业领域中吸引美国成为国联的准成员国。纽约世博会就是这个漫长过程的一个片段[13]。

要达到上述目的绝非易事。国联面对很多不确定因素。1938年 1 月，国联委员会批准了参加纽约世博会的预算和初版方案。然而，国联的工作进度显得太慢，因为世博会主办方希望所有的展馆在 1939 年 4 月前完工。

　　时间紧迫，国联赶快到处物色适合完成这一任务的建筑师和设计师。幸运的是，展览业是规模较小的行业。随着巴黎世博会落下帷幕，国际展览界的人力出现了剩余。国联很快就找到了一些参与过巴黎世博会的业内人士并对他们进行面试，他们要么是场馆的建设者，要么是管理者。个别设计师认为，绝大多数参观者没有那么聪明（"有知识的人可能仅占 15%"）。他们还认为，大部分参观者都是走马观花，注意力经常会分散，而往来于各个场馆间会让他们十分疲惫；因此，要让布展跟参观者产生情感上的共鸣，尤其是关于"儿童的福利"最有可能吸引大众的注意力。当然，用于吸引参观者的鲜花和喷泉也是少不了的，另外还要照顾到参观者的舒适度，包括适宜的温度、防滑地面，甚至通往国联馆的台阶数也不能太多[14]。

　　并不是所有人都同意上述观点。巴黎世博会瑞士馆的馆长李内特（Lienert）就认为，光靠在情感上吸引参观者是不够的，只有充分调动参观者的好奇心以及求知欲，展览才能获得成功。另外，他的一个建议跟国联官员的想法不谋而合，那就是把世博会作为"良性宣传"的机会。李内特认为，开展宣传时不用太顾及政治影响。而艾文诺当时越发重视打造一个非政治的、专业化的国联，他介入了相关讨论并最终拍了板："在涉及政治问题时一定要慎之又慎。"[15]

　　很显然，李内特最终没有被国联聘用。最终成为国联馆设计师的是里维尔斯·德·马乌尼（Reviers de Mauny）神父。他是巴黎世博会梵蒂冈馆的设计师，他认为来参观的大多数都是愚钝的普通人[16]。刚开始的时候，国联的工作人员认为展品的内容应集中体现政治性。他们设想，在国联馆里，国联应该是光辉的形象，促进人类合作与法制。这是"历史的正道中"最清晰也是必然的道路。由此推之，国联代表了通向"世界团结和……全面和平"的道路 [17]。

但是，上述观点跟国联的高层官员尤其是艾文诺的想法不一致。而更大的错误是，在 1935 年以后，国联已经不再这样定位自己了，而且国联的领导层和支持者也为国联的生存选取了另一条道路。

于是，设计师对国联馆的指导理念进行了修改。1938 年的设计方案虽然给政治性内容保留了一部分空间，但把重点放在了国联的专业工作上 [18]。根据最终设计方案，国联馆没有忽视国联的政治潜力以及它要成为人类政治组织最高形态的宣示。但是，更多的重点放在国联的专业工作上，强调通过国联的专业工作使国际社会保持运行。

全球枢纽

进入世博会国联馆后，首先映入眼帘的是一面锡镴盾牌，上面刻着《圣经》经文。第一展厅里展示的是所谓历史的"正道"，"人类从最小的组织（家庭）逐步演进到种族之间的团结和相互理解（同盟）"。这个展厅反映出一个宏伟的历史视角，西方之外的重要人物和事件也被涵盖进来。参观者能在这里找到拉美西斯二世（Ramses Ⅱ）、孔子、但丁（Dante）、特伦托会议（Council of Trent）、本杰明·富兰克林、万国邮政联盟、海牙和平会议（Hague conferences）等，上述都是通向治理与秩序的里程碑。在对历史进行简要回顾后，参观者很可能得出一个印象，那就是国联是这条历史正道发展的必然产物。而现实是，国联的政治和外交之路已经是千疮百孔。

当参观者进入第二展厅，政治性的展示忽然不见了踪影，取而代之的是另外的发展路径，无论是展示的语调还是内容都摆脱了政治色彩。国联在国际卫生领域的工作被大书特书。在这个展厅能看到一个响亮的口号："健康离不开全球合作。"该展厅介绍了跨国疾病和卫生问题，而国联则推动集体行动进行应对，被视为解决这些问题的关键。壁龛里印着国联的工作计划，使美国参观者有更加全面的了解，如应对疟疾和梅毒、"生物标准化"以及提升全球的营养水平（图2-3）。

图2-3 介绍全球性内容的展厅

注：联合国日内瓦档案馆提供。

　　根据展览业专家的建议，展厅内提供了有关儿童福利的内容，比如：开创性的营养学研究如何改变儿童的饮食，以及国联如何在儿童健康等问题上推动"与其他国家政府的合作"，尤其是国联对于 20 世纪二三十年代的中国提供"专业领域的国际援助"。在这里，国联馆希望把国联促进中国经济和社会发展的举动提纲挈领地列出来。

　　第三展厅继续展出国联在专业领域的工作，主题是"社会援助"。这一展厅的口号是："社会进步离不开团结一致。"展示内容主要是国联的委任统治体系以及奴隶、难民、毒品、贩卖妇女等问题，当然，为了提升吸引力，这一展厅也安排了有关儿童福利的内容。

　　第四展厅的主题是："繁荣离不开和平。"它以自由国际主义者的一句箴言引出展示的内容：人类共享一个"越变越小的世界"。这一展厅通过制造各种视觉效果让参观者体验到新兴技术如何迅速改变人们对于时空的认知。参观者可以通过图表直观地看到，哥伦布用了 70 天横渡大西洋，而"玛丽王后"（Queen Mary）号邮轮只用了 4 天；麦哲伦用了 3 年时间完成了环球航行，而霍华德·休斯（Howard Hughes）的环球飞行只用了 3 天零 19 小时。这些资料成为展厅中的自由主义口号的注脚："世界变小了，人们的相互接触增加了，新问题出现了，国际合作是唯一的解决办法。"[19]

　　相互依赖不断增强，这像一把双刃剑。这个展厅主要提醒参观者在经历了长达 10 年的经济危机之后要认识到一个现实："世界变得越来越小，各个国家一荣俱荣、一损俱损。"它强调国联作为枢纽的作用，如果没有国联，难以实现全球合作。

这个展厅里，有整整一面墙上全是各种展品，这面墙的下半部分展示的是国联的经济部门，象征着经济领域的工作是国联的基础性工作。美国精英对于国联的经济部门很感兴趣，而国联的经济情报局（Economic Intelligence Service）就像是一个枢纽，各个国家行为体围绕着它相互改变、相互依赖。经济情报局"搜集、分析和分发"各种关键信息。它编辑出版了大量的出版物，制作了许多图表和地图，内容涉及这面墙上所展示的国际交流领域。经济情报局积极收集经济数据，并且在经济问题研究中起到了重要的协调作用。它研究的领域涉及商业周期、双重征税、最高准则、交通标准化以及通信管理等，它把这些工具作为处理复杂问题的抓手。展出的内容还包括国联下属的交通运输组织（Organization for Communication and Transit）所做的一系列工作，包括参与制定护照、内水航行、道路和轨道交通等相关标准。该组织甚至开始考虑沿海地区的石油污染问题。国联所属的"万国广播电台"（Radio Nations）也出现在这一展厅里，它能即时地把信息传递给全球听众，这一点值得称道。国联希望通过以上展示说明，其通过所属的这些专业机构，能在全球改革与治理中起到关键作用，并且可以为重返繁荣与正常的国际形势做出贡献。

国联馆的设计者希望展出的所有要素都能体现自由主义原则，并且与美国当时的主流观点相一致，因此他们有意引用美国国务卿赫尔的话。展馆里突出显示了赫尔的自由主义观点："需要降低或消除国际贸易中的障碍，以促进经济安全和世界稳定。"从整体上看，国联馆展出的内容想传递如下信息：各国间互相依赖的经济是自由主义世界秩序的前提，也是和平与繁荣的希望之所在，而国联就是这个相互联系、相互依赖的庞大经济体系的中枢。

第五展厅即"和平正义厅"，它的主旨是"离开秩序便没有和平"。这个展厅展示了国联委员会、海牙国际法庭以及国际合作研究所（the Institute of International Cooperation）等机构竭尽全力控制军备，实现了一些国际争端的和平解决。

当参观者们进入最后一个展厅，他们会得到一个警示，那就是 1939 年所有的威胁都是现实存在的。这个展厅向公众展示了"失序、暴力和误解导致的各种灾难"。继续向前参观，公众会遇到"黑影中的一堵阴暗的墙，墙上的四幅壁画分别代表了战争、饥荒、瘟疫和流放这四种灾难"。而全世界的人民也不是完全失去了希望，他们有战胜这些令人恐惧的灾祸的办法，那就是成立一个"建设性的联盟……（以）确保和平、安全和幸福"。五位被光照亮的女性形象组成了象征性的联盟，这五个女性代表了五大洲，她们的胳膊连在一起，把"和平之树"（Tree of Peace）围在中间（图 2-4）。当参观者经过这组群雕、走向出口的时候，他们会看到对于这个展厅的总结，同时也反映了国联自己的愿景：

"必须通过积极争取才能实现和平。

和平不是空想出来的。

和平也不是天上掉下来的。"

展览进行到这里，可以水到渠成地给参观者带来触动，而不是通过国联官员之口强行灌输。上述几句话摘自富兰克林·罗斯福的"炉边谈话"[20]。在国联馆里，设计者精心设计了很多细节，让国联的使命跟美国的传统、目标和政治话语相一致。而引用罗斯福的话只是其中的一处细节[21]。

国联馆描绘了一个处在十字路口的世界，要么努力驾驭全球

图 2-4　美国馆，国联馆的最后一个展厅

注：象征性的雕塑守护者"和平之树"，背景是罗斯福的话。联合国日内瓦档案馆提供。

化潮流，要么被这个潮流冲得七零八落。正如此前我们指出的，现代世界越变越小，但同时也麻烦不断，新的问题持续出现，在这个过程中没有人能独善其身。国联为了证明自己存在的正当性，强调国际治理是解决问题的途径之一。国联要让美国民众相信自己不是一个只会务虚的机构，而是可以为了解决各种现实问题而积极努力。在国联馆中，相互联系与理解的观点得到大力推崇，这是自由主义的观点，符合美国及其他国家有影响力的阶层的利益。

典礼

1938 年，当国联官员开始考虑如何布展的时候，他们面对的最大的现实问题就是如何在皇后区的复杂地形上建一座展馆。他们遇到的阻碍之一就是纽约世博会的主席格罗弗·魏伦（Grover Whalen）。魏伦是个很爱出风头的人，而不像一个行政管理者。纽约世博会公司频频违背自己做出的承诺，给参展方尤其是国际参展者带来许多麻烦[22]。国联差点成为世博会公司混乱管理的受害者之一。世博会主办方一开始分配给国联一块地，后来又不得不把它收回。恰好亨氏公司享有留置权的一块地还没正式签合同，魏伦就把这块地给了国联。这个地块位置绝佳，它被美国政府馆和其他知名企业馆环绕。同时，这个地块正对着一片特许经营的场地，这也确保了它日后的人流量[23]。

但是，主办方补偿给国联的这个地块引起了亨氏本人的关注，他开始行使自己的权利。他通过手下告诉世博会主办方，他们要么自己使用这块土地，要么必须把这块地交给令亨氏"满意的"参展方。很明显，这个商业大亨"绝不希望把那个地块交给国联"[24]。

亨氏明显在藐视国联，而主办方对于他提的要求没敢说个"不"字。这让斯威瑟很是恼火。当然，造成这种情况的主要原因是魏伦随意的管理方式。亨氏的强硬一方面显示出主办方的无能；另一方面则反映出一个令人尴尬的现实：有相当一部分美国人对国联弃如敝屣。斯威瑟则反驳说："将有数以百万计的人参观纽约世博会，最能吸引他们眼球的将是国联的展览，而不是一些商业化的展示，更别提什么泡菜公司了。"但是，国联没有能力让亨氏做出妥协，而如果放弃参展则会产生很多风险。最终，国联不得不逆来顺受地接受一个"不太好的"地块。这个地块在政府片区里相对偏僻的位置，距离今天的比利·简·金国家网球中心（Billie Jean King National Tennis Center）不远[25]。

对于国联来说，能够挥霍的时间不多，所以他们把上述烦心事搁在一边，让这场关于选址的争论尽快平息。随着场馆设计的完成，接下来的紧要工作就是施工建设。而国联在这个阶段又遇到美国国内的一些现实难题，或者说，所有的参展方都面临着同一个问题：在纽约的施工成本比预计的高得多。从所有者的角度讲，在20世纪30年代末的纽约皇后区开展建筑施工是有好处的。主办方在处理这个问题时，不经意间正好折射出博览会的一个主题：互相依靠。大萧条也影响了博览会。主办方尽力希望让资金窘迫的国联相信，建筑成本不是负担不起的，因为长期经济不振会造成纽约当地人力成本低下。另外，工会多次组织罢工，增加了世博会的基建成本并延缓了进程。国联必须用有限的预算应对各种突发情况以及额外开支[26]。

尽管国联手上的资源不多，但它对于参加世博会这件事还是非常认真的，它想尽可能多地吸引美国的参观者。随着国际形势不断恶化，国联的赤字问题也越发严重，甚至自身存在都成了问题。有限的预算制约了国联在世博会上的项目开展，而节约的方针也让工作人员数量一降再降，这对于国联的展示都有实实在在的影响。国联为了完成场馆建设，集中所有能用的资源。国联参加纽约世博会的总预算为120万瑞士法郎（在1940年大约合26.4万美元，相当于2021年的520多万美元，其中，场馆建设费用大概为13.5万美元[27]）。

国联馆的馆长最初是荷兰人亚德里安·佩尔特（Adrian Pelt），后来由格里格接任。但是相关工作的真正推手是斯威瑟，他在公共关系方面天赋异禀，因此工作起来得心应手。尽管前几件事遭受了挫折，最近又遇到麻烦，但这些都没有动摇斯威瑟对于国联的信仰。他调动起世人对国联馆的兴趣，尤其是确保要让各个国际机构中的美国人知道，国联——或者它的复制品——要来美国了[28]。

1938 年 11 月 10 日，国联馆举行奠基仪式，斯威瑟代表国联发表了讲话。他强调，这一天是"一战"结束 20 周年纪念日，也正是"一战"驱动了国联的诞生。斯威瑟表示，国联的确有过一些艰难的阶段，但它总体上仍是一个"令人振奋甚至是浪漫的故事"；展望未来，国联的故事还要继续书写下去。一些敌人导致了国联工作中的失误，这些敌人是"毫无顾忌的，甚至是可怖的"。斯威瑟对于国联自身的罪恶也进行了忏悔，那就是"未做正确的事"以及"做了错误的事"。尽管如此，国联的原则和目标仍然是积极向上的；而且，由于这些罪恶的存在，国联所代表的事业需要得到更多支持。

国联在政治领域的工作往好了说也是成败混杂。它最重要的意义在于推进了国际合作，"这在国联成立以前是不可想象的"。斯威瑟强调国联所代表的国际主义以及各国的相互依赖性，来说明国联在纽约世博会参展的必要性，及其作为国际组织存在下去的合理性。他说，国联是现代世界相互依赖的产物，而它反过来又能为这个世界提供服务。无线电、飞机甚至是老式火车和汽船都在改变着这个世界的面貌，在这样一个世界里，"国联这样的机构是绝对不可或缺的"。他表示，假设没有国联或者类似的国际组织，就无法对国际领域进行有效治理，例如司法、劳工、武器、人口贩卖、毒品、经济、卫生和营养等。他表示："当一百年之后，不偏不倚的历史学家书写今天这段历史时，他们很可能跳过今日充斥在全球媒体上的那些'大新闻'，而聚焦于'一战'后的政策调整、经济动荡、权力争夺背后的趋势，那就是，今天的人们为了创立永久国际合作的理念，比此前一个世纪做得更多。"

国联采取了一些"切实措施"，并且将其在世博会国联馆中清晰地展示出来。这些措施推动人类开展必要的国际合作，进而孕育和平。斯威瑟是个乐观的人，但即便如此，在当前的世界局势下，国联已无奈沦为一个看客。国联要真正发挥作用只有一种情况，那就是大国停止把世界推向潜在的"大灾难"，而是选择一条"明智的道路"[29]。

阅后即焚

斯威瑟的这番讲话意在突出国联的重要地位，认为它是可以约束现代世界上疯狂力量的机制，对于美国有利用价值。他在世博会工地现场直接跟感兴趣的美国公众进行交流。当然，国联馆属于文化和公共外交活动，这是传统外交活动的重要方式之一。从某种意义上讲，它是国联驻美国的"大使馆"。它为国联跟美国国际组织的分部进行官方和非官方的联系提供了平台，也便于国联跟对其友好的美国政府交流互动。

聪明的斯威瑟以场馆建设为理由拜会罗斯福总统。斯威瑟定期给他的工作联系人发送有关国联活动的材料，罗斯福也是其中之一。罗斯福早就表示他愿意接收这些材料，还鼓励斯威瑟"时不时"给他写信，告诉他可以谈谈"他站在日内瓦的角度对于国际时局的看法"，甚至邀请他到华盛顿见面[30]。

这等于给斯威瑟发放了接触总统的许可。1936 年 9 月，在发生埃塞俄比亚危机后，罗斯福对斯威瑟表示，"我们必须保证国联活下去"，但国联的活动"要更多地在经济和金融领域开展，美国会在所有的非政治议题上同国联开展充分合作"。斯威瑟密切跟进国联的路线，并且汇报给罗斯福；罗斯福则反映出跟上述类似的想法[31]。

世博会国联馆建设启动后，斯威瑟拜会罗斯福。罗斯福对于国联参加世博会表示"高兴"[32]。他们两人的谈话远远超出了世博会本身。1938 年 4 月，两人又进行了一次讨论，这次谈及国联改革的问题。斯威瑟认为，"国际社会杂乱无章"，因此需要对国联进行改革。他想让美国政府就国联在国际事务中的重要性发表一份正式声明，但并未达到目的，反而是罗斯福提出了一个个令人瞠目的建议。罗斯福曾提出把国联委员会这个政治核心砍掉，或是国联大会每年聚焦一个议题，甚至建议国联改名。他的最极端的建议是，国联完全停止政治活动。

这些建议让斯威瑟难以接受。他反对砍掉国联的斡旋和调解功能。虽然他大谈特谈国联在专业领域的意义，但他依旧认为，世界上需要一个"各国能为了解决争端坐下来开会的场所，哪怕只是讨论一下"。罗斯福总统的提议让他心神不宁，他不确定总统是否"真的是这么想"。他知道，罗斯福一直赞赏国联在专业知识领域的价值，也就是在最近，总统先生才建议国联收缩在政治领域的活动，而强调它的专业性工作。斯威瑟担心总统的谈话内容如果泄露可能产生重大影响，因此在给白宫撰写谈话纪要时，他再三请求白宫官员，文件报送不要走平常的渠道，而且一旦罗斯福本人复核过，这份文件应立即被销毁。斯威瑟如此担心当然有他的理由，国联将其希望寄托于美国，而美国的领导人却希望对国联进行彻底重组。当然，这份文件保留了一份，而斯威瑟也把罗斯福的想法告知了国联[33]。

虽然斯威瑟对于这份纪要十分担心，希望将其烧掉，但总统看似离谱的建议实际上是有根据的。这些建议跟国联之前考虑的一些改革方案实际上不谋而合。国联希望在专业领域合作方面密切与美国政府联系，斯威瑟跟罗斯福的会谈正体现了国联的这种意图。其实，即使去掉这些政治活动表面的虚饰，也不会影响艾文诺领导下国联的改革方向。美国是国联专业服务的利益攸关方，它希望借此支持和保卫自由秩序。

暗镜

对国联感兴趣的不只是白宫。美国各级别的政府官员赞赏国联的工作，希望它能担负新的职责。美国驻瑞士大使小霍华德·巴克内尔（Howard Bucknell Jr.）曾经负责美国跟国联的联系。1938 年 8 月下旬，他起草了一份报告给国联"把脉"，认为国联面临的形势总体而言不甚乐观。国联的声誉每况愈下，国际社会对集体安全的信心"受到打击甚至是完全丧失"。国联本来自诩为集体安全的捍卫者，现在却背上了安全形势恶化的责任。巴克内尔认为，如果现在要给国联这个"政治机器"来上一脚让它重新运转，其结果"要么是国联完全解体，要么是爆发战争"。任何可能导致争议的举动都会让欧洲国家彻底放弃国联。国联在国际事务中这种扭曲的地位实际上"像镜子一样映照出欧洲的政治局势"。

在上述问题之外，巴克内尔也看到了国联在当前时局下的作用。他认为，国联在维护和平方面无能为力，"但在战争中却是潜在的得力工具"。具体而言，这种潜力体现在认知和宣传方面。"道德影响力"是国联最突出的特点。即使发生战争，国联仍然可以在国际上谴责侵略者，呼吁维护"法治"，支持正义事业，从而促使形成对抗邪恶的联盟。在紧张的国际形势下（巴克内尔指的是欧洲内部形势），开展国际合作变得困难，范围也受到限制，但是，洛夫迪的经济和金融部门仍有用武之地。它可以继续开展经济和金融研究，帮助"各国解决它们的具体问题"。而且，国联的作用不止于此。战争一旦爆发，任何参战的国家都会"全面"参与，意味着参战国"倾全国之力参与"。而国联作为"有经验的政治和经济机器，会对站在国联一边的参战国家进行协调，从而体现重大价值"。巴克内尔关于国联存在合理性的推论是一个悖论：如果国联只能通过战争才能体现存在价值，那么它必须在战争中选边站队，而它一旦做出选择，它的秘书处就会被驱逐出日内瓦[34]。

巴克内尔的观点跟之前的人确实有不同之处。以国联为代表的国际组织可以在国际政治中发挥作用，也可以帮助不同的行为体实现目标。他的报告还反映出，早已有人以正式或非正式的方式讨论转移国联或者其部分下属部门的问题。这说明，美国人认为，国联并没有从下属各部门中获得合力，而是各个部门在一个分裂的世界中为了各自利益而工作，由此可能帮助到美国之外的其他国家。

华盛顿在多大程度上采纳了巴克内尔文件的内容，我们不得而知。但我们知道，美国政府对他的一些观点是很欣赏的。他把文件报回美国后仅仅几个星期，国联大会就通过了一项决议，要转型成为服务提供者，并加强跟美国的联系。这项决议声明：国联自成立以来，"就开展了一系列专业性的、非政治的活动，一些活动的影响范围甚至是全球性的"；所有工作对于同"非成员国"开展合作都持开放态度；拓展合作有利于"全球利益"，因此大会欢迎"非成员国提出的任何意见和建议，只要这些意见建议有助于更广泛地开展专业性的、非政治的合作"[35]。

这项决议的目的概括起来就是"固旧"和"迎新"。国联的一些成员国过去总是很紧张。它们担心国联在专业领域的工作会把它们拖入一触即发的政治危局中。决议相当于建起一道"防火墙"，让这些国家能放下心。另外，决议也对美洲的国家参与（或者重新参与）国联的工作表明开放立场。这对于希望跟国联的专业资源优势互补的美国官员而言，描绘出一个比较清晰的图景：你可以在不加入国联，或者与国联没有通常意义上的政治关联的情况下，仍与国联正式开展合作。

上述的交流反映出一个事实：所谓的专业性工作，本质上还是政治性的。不仅在于对某个具体项目的认知或者它的重要性，还在于存在不同的研究流派，支持某些具体的政权或是利益。

不管怎么说，国联的决议达到了目的，美国政府早就在等待这个时机。1939年2月2日，美国国务卿赫尔就国联的决议做出表态，并说明了为什么许多美国人认为国际社会需要国联：

> 现代世界的复杂性与日俱增。多年来，我们越发清晰地感觉到，需要在各种活动中加强情报协调，需

要在许多领域集中我们的信息和经验。在国联成立之前，万国邮联、国际农业研究院（International Institute of Agriculture）❶、国际公共卫生局（International Office of Public Health）❷等国际组织已经成立，在特定的领域为实现上述目标而努力到今日。而国联有责任在更大的范围内促进观点、方法的交流和探讨，应该涵盖人文和自然科学的更多领域，要超越历史上的任何其他组织。美国政府清楚地了解此类交流的价值，并希望看到相关工作进一步拓展。

已取得的成绩令人鼓舞。为促进人类福祉，我们在卫生、社会、经济和金融领域仍有很多工作要做。本政府认为，在这些领域取得的每一个进步都有助于建立至关重要的国内和国际秩序，这是实现真正和平的基础。美国政府期待国联处理上述领域问题的能力得到提升和拓展，也期待积极加入国联的相关工作。美国政府不宜就国联的发展提出具体建议，但会以高度兴趣密切观察国联的工作，即如何应对卫生、人道以及经济领域的问题。本政府将与国联继续开展协作，并将秉持相互谅解的原则考虑如何使这种协作更有成效。[36]

上述是为公众提供的备忘录，在全球主流媒体刊登。英国

---

❶ 1905 年成立于意大利罗马，是世界粮农组织的前身之一。——译者注

❷ 1907 年成立于法国巴黎，是世界卫生组织的前身之一。——译者注

《泰晤士报》（*The Times*）评论称其内容"积极而正面"，得到国联的"高度赞赏"[37]。

赫尔的这份备忘录虽然反映的是美国政府的既定立场，但它仍然是一份非常重要的政策文件，进一步深化了美国跟国联的联系。这份声明被美国国内支持国联的人长期奉为圭臬。它清晰地提出，为了促进全球互联，美国的根本利益在于专业性的工作而不是政治领域。有些人对这份备忘录做出更为乐观的解读，他们认为美国不仅要加强跟国联的联系，甚至有可能成为它的成员国。备忘录提出，国联的优先任务是对自身尤其是专业部门进行改革。这一立场反映出，国联的专业服务已经在战略上体现出诚意，跟巴克内尔提出的部分目标一致。对于那些已经准备好迎接全球冲突的人，国联可以给他们提供助益。这说明了面对恶化的国际形势，美国为什么希望国联能继续开展工作，哪怕是一部分工作。这反映出对于自由国际秩序治理的持续需求。国联的专业工作源于自由国际秩序，它们曾维系着这种秩序，现在又要保卫这一秩序。

冷战

赫尔发布这份备忘录的时候，正值纽约世博会开幕前最后的忙乱准备阶段。围绕着国联馆工程项目，国联的一大批官员在 1939 年年初像走马灯似的来到华盛顿。1939 年春，佩尔特来到华盛顿，他当时的身份是国联馆馆长和国际认可汽车俱乐部协会 ❶（International Association of Recognized Automobile Clubs）驻美

---

❶ 1904 年成立，是国际汽车联合会的前身。——译者注

国国会代表。他以该身份会见了赫尔以及曾经担任美国驻日内瓦领事的国务院官员卢埃林·汤普森❶（Llewellyn Thompson）。这两位美国官员都表示，国联"明智地接受了"参加纽约世博会的邀请，并且对于国联馆"对于美国民众不太了解的国联的非政治活动进行了强调"表示十分高兴。他们向佩尔特保证，他们会呼吁其他国家尤其是欧洲小国尽可能地支持国联，他们表示，"美国认为在当前艰难时刻确保国联继续运行非常重要"。汤普森对于国联以斯坦利·布鲁斯❷（Stanley Bruce）为主成立改革委员会表示欢迎，认为这是对于赫尔 2 月份备忘录的回应。但汤普森又谨慎地表示以上仅代表个人观点。

汤普森委婉地解释了美国加入国联的复杂性，并建议国联要小心翼翼地进行改革，弱化美国国会和媒体的批评。他说，"提出的改革建议要稳妥、可行，以免遭到国会否决。"他们甚至讨论了派遣美国人在布鲁斯的委员会里工作的可能性。赫尔总体同意汤普森的"个人"观点。上述观点很快被转达给负责国联改革的人 [38]。

佩尔特跟美国政府官员的会面反映出美国与国联之间日益密切的官方联系，探讨的话题从世博会到专业合作。而艾文诺本人也在加强跟美国的接触。他亲自或是通过中间人跟美国驻伯尔尼的大使馆联络。当时主要探讨国联秘书长 1939 年春的访美事宜，届时艾文诺将出席世博会国联馆开馆仪式并会晤罗斯福、赫尔等美国政府高层 [39]。

---

❶ 美国外交官，曾任美驻奥地利大使、驻苏联大使，还担任过美国总统约翰·肯尼迪的重要顾问。——译者注
❷ 1923 年至 1929 年曾任澳大利亚总理。——译者注

国联以及国际劳工组织的工作人员投入越来越多的精力讨论在意识形态冲突的国际时局下，他们工作的意义。他们进而讨论，如果观念的斗争升级为武装冲突，他们的机构应该搬到哪里去。实际上，艾文诺也在考虑这些问题。当时，法西斯国家妄图摧毁自由主义国际秩序，而国联就是这一秩序的代表。很多人因此担心国联继续待在瑞士会违反该国作为永久中立国的原则。在1939年年初，艾文诺就向美方表示，他认为一连串国际事件表明"秩序和国际法的正常原则已难以为继"，国际形势已经进入"准战争"状态。[40]

包括国联秘书长在内的很多人都感到世界形势的风向变了。1940年3月，斯威瑟在"假战"❶期间访问英国。他感受到了意识形态对立的刺骨寒风，而这股寒风不久就会升级为风暴。当时，英法与德国间尚未开始真正的战争，它们跟德国的对抗是"针对一个政权和手段的冷战"[41]。艾文诺认为，这场发生在美苏冷战前的欧洲冷战让国联的政治功能彻底失灵。"极权主义国家"跟民主国家已经势同水火。艾文诺担心，如果这个时候还要让国联在政治领域发挥作用，在"极权主义国家"看来将无异于"最后绝望地击打国联的尸体，让它陷入包围之中"[42]。

艾文诺同时仍认为国联剩余的一些器官还没有完全丧失功能，那就是它的专业活动。他对赫尔的备忘录以及罗斯福的相关表态表示赞赏。早在1939年春，艾文诺就提出，随着战争威

---

❶ "假战"，是西方国家对1939年9月到1940年4月战争的命名，英法虽然因为德国对波兰的入侵而宣战，可是双方并没有实际上的军事冲突。——译者注

胁迫在眉睫，瑞士也将不再安全，国联要考虑迁址的问题。要在这个问题上做出实质性决定，需要考虑当时的条件。但艾文诺已经开始未雨绸缪，他把享有盛誉的经济和金融部门的命运摆在美国人面前。他认为"在战争环境下这个部门没办法在欧洲继续运行"。除了美国以外，他基本上没有认真考虑过其他地点。他认为，国联"会在美洲大陆的某地"找到新家[43]。

国联馆开馆

1939 年 4 月，由于担忧国际形势，艾文诺取消了访美计划——尽管他当时在欧洲也起不到什么作用。1939 年 5 月 2 日，纽约世博会国联馆正式开馆。也许这位说话总是模棱两可的法国人没有出席开馆仪式反倒是件好事。这个悲观主义者原本准备了一份悲观的讲话稿。不过，他的稿子里有些话倒是体现了当时大多数人的认知，如"国联的专业工作……是跟寻求世界和平的努力分不开的"。他还表示在战斗中国联将站在自由主义阵线一边，发挥"民主前哨"的作用[44]。

尽管并非所有人都对国联感到乐观，但由于艾文诺没有出席开馆仪式，仪式的总体基调是充满希望的。佩尔特代替艾文诺致辞。斯威瑟在美国国土上第一次升起了"仓促设计的"国联旗[45]（图 2-5）。佩尔特在致辞时先是念了艾文诺准备好的稿子，之后自己又讲了一些内容，而这些内容是斯威瑟早就给他设计好的。佩尔特在讲话中表示，国联"处于巨大的危机中"，它"维护和平的基本任务"已经"瘫痪"；尽管过去失败不断，但未来将是专业性组织大展身手的时候，它们能为人类面临的共同问题提供

图 2-5 亮出旗帜

注：1939 年 4 月 30 日，斯威瑟（左）在世博会开幕式上第一次在美国土地上升起"仓促设计的"国联旗帜。美国国会图书馆供图。

合作解决方案；国联馆将为参观者呈现"清晰、突出的"例子，表明国联在"促进人类福祉以及在经济和金融领域"的国际工作中的中心地位。佩尔特刻意营造一种跟美国人的想法态度相一致的氛围，他两次引用赫尔的备忘录。他说："我们希望美国人民能够越来越多地赞赏我们的工作。"[46]

　　1939 年春，大多数国联官员的心态还是乐观的，尤其是前往视察国联在美国国土上的首个"前哨"的国联官员充满了希望。

这些国联官员以及他们在学界和慈善界具有类似观点的同行们认识到了在一个一体化的世界中，国联是多么重要。

尽管罗斯福和赫尔没有出席开馆仪式，但总统的一众重要阁员均来给国联馆捧场。行事高调甚至有时引发争议的亨利·华莱士❶（Henry Wallace）的发言分量最重。而劳工部长查尔斯·麦克劳林（Charles McLaughlin）和国家医务总监托马斯·帕然（Thomas Parran）的发言也不遑多让。这些高层官员的到来说明，在美国人眼中，国联的最大价值在于它在专业领域的工作。到场的每个人的发言都体现出国际主义的精神，他们认为一个相互依存的现代世界需要一个机构，它能约束工业现代化所导致的危险的力量。

在世博会正式开幕的第三天，即1939年5月2日，国联馆正式开馆。这一天，伍德罗·威尔逊的遗孀和华莱士来到现场（图2-6）。华莱士发表了讲话，还成了报纸的头条新闻[47]。华莱士不顾可能引发争议的风险，赞赏国联为积极、实用的机构。他这么讲一点都不令人意外，因为他是国际主义的坚定信奉者。华莱士的讲话令世界和平基金会和外交政策协会如获至宝，它们积极出版、推广他的思想，以促进国际社会的发展。华莱士对自己的立场很清楚。他说："我总是偏向国际主义。这是我与生俱来的态度。"[48]这个观点跟关于信息的力量的长期认识相辅相成。作为一个进步主义者，他把数据看作撬动改革的杠杆。他一生都在反复提及，只有掌握更多、更准确的信息，才能找到更好的解决

---

❶ 时任美国农业部长。后官至副总统。——译者注

方案，然后才能落实。他在1920年曾出版过一本书《农业价格》（*Agricultural Prices*）。这本书是关于农业领域的较早的、影响深远的计量经济学研究著作，也充分印证了他日后的表态，那就是，统计数据中隐含着真理[49]。

图2-6　天生的国际主义者。1939年埃迪丝·威尔逊（Edith Wilson）和亨利·华莱士在国联馆开馆仪式上。美国国会图书馆供图

华莱士在世博会现场作上述讲话的时候，他能够看出国际秩序正面临危机。这位农业部长认为，国联符合美国国际主义者的设想和抱负。同佩尔特一样，华莱士承认国联在维持国际秩序方面失败了，但他又转而表示，整个国际社会应该承担责任，而不是仅仅归咎于国联。直至今天，仍然有学者认同这一观点。当时混乱无序的内核是不能正确认识世界经济。这一不足导致国联的成员国"只打自己眼前的小算盘"而忽视"长期的国际福祉"，因而无法成为"睦邻"。民主国家的失败导致独裁者的出现。随着世界各国从"街坊邻居"向"武装堡垒"转变，国联所代表的和平、合作精神愈发受到挑战。

国际秩序的危机实际上发生在更大的全球和历史性的背景下。华莱士再次强调了他在世博会上的自由主义言论："科学和发明使地球变成了一个小村子。"而这一点也体现在国联馆的展品中。美国不得不承认："不管我们知不知道，也不论我们接不接受，美国跟全世界都是紧密联系在一起的。"美国乃至全球要实现人民生活的高标准，离不开广泛开展的国际贸易。飞机、广播等新技术对于世界的每个角落而言既可能是福也可能是祸，这是不容回避的现实。华莱士认为，国联通过其专业工作——而不是外交努力——帮助"人类为获得更美好的文明而奋斗"；国联的目标是"建立国际共同体，让自由国家和自由的个人生活在和平与秩序中"。上述表态都不是开创性的观点，但是，在1939年春的国际形势下，这无疑是明确的政治声明，让美国人相信，在自由秩序遭受威胁之际，一个海外的机构能就维护自由秩序向美国人提供帮助[50]。

华莱士及其同僚代表了美国的一部分官员的态度。华莱士本人是一个具有左翼思想的、支持罗斯福新政的官员，他十分看重国联的专业工作，希望借此支持他的很多设想，包括进行农业改革，改善普通人的生活，以及促进国际贸易。他结识了国内外一大批志同道合的国际主义者。这些人都在跟国联研究领域相关的一系列专业问题上开展研究。

华莱士的热情反映出罗斯福新政实际上是具有国际影响的改革[51]。许多美国人认为，国联的理想不仅包括以国际合作实现集体安全的梦想，还包括在具体领域的行动和改革。他们理解国联的专业能力对于现代化的治理和发挥现代社会的潜力至关重要。对于现代世界，尤其是一个长期被各种问题困扰的世界而言，技术方面的进步有助于改善治理。随着大萧条的出现，国联的专业服务越来越多地跟社会福利以及提升生活水平联系起来，跟国际共同体的改革相结合。包括华莱士在内的美国改革者认识到了这一态势，他们把自己的改革计划跟国联挂钩，希望国际合作能够为国内的新政提供必要条件。

"美国馆"

斯威瑟写信给艾文诺，向他报告国联馆开馆的盛况。他还告诉秘书长，参展预算目前看来还够用，因为"很多重要工作都是美国朋友们帮着做的"[52]。美国人不仅在国联馆开馆之际对其称赞不已，其后还对于它的正常运行起到了很大作用。随着美国在自由主义领域跟国联越走越近，国联馆的运行也越来越离不开美国的资助。美国的机构发布有关国联的消息，美国人在国联馆的多场重要活动中担任志愿者，美国还是资金的重要来源。卡内基国际和平基金会和世界和平基金会出资印刷国联馆的小册子和活页宣传材料[53]。国联馆的工作人员有许多都是美国人。美国国联协会和在日内瓦的美国委员会号召美国大学生组成国联馆的"大本营"。这些学生来自美国各地的各类高校，从哈佛大学到圣玛丽初级学院都有，他们担任工作人员、讲解员，为国联馆注入了

活力。当时的一名讲解员玛丽·拉戈内蒂回忆道："这就是工作！真有趣！" [54]

尽管在准备阶段面临很多困难和问题，但是当开馆以后，前期的努力体现出了成效。根据国联馆大门口的"电子眼"记录，从 1939 年 5 月开馆到当年 10 月，参观人数达到了 1013203 人。"电子眼"有可能记得不准，它的数值可能偏高 [55]。而哪怕按照这个数字，它跟其他热门场馆动辄上千万的参观者相比仍然相形见绌。但不管怎么说，这对于国联馆而言已经是了不起的成就了。拉戈内蒂骄傲地回忆起她跟自己的同伴如何引导巨量的人群。她也承认："当然也来了一些怪人。"一位参观者蛮横地给"和平之犁"挑毛病，他告诉工作人员"这不是犁而是锄"。另一位参观者或许是觉得国联馆的氛围有点像大使馆，到处找人要办难民护照。还有一位先生似乎对第二展厅特别感兴趣，他引起了工作人员的注意，谁料他竟是原国联卫生组织总干事路德维克·拉齐曼❶（Ludwick Rajchman）。他因反对艾文诺的绥靖政策而被解职，后来创立了联合国儿童基金会。

讲解员认为，国联馆展示的内容对于国联在政治领域的"失败"显得很"坦诚"，同时也"记录了非政治工作的成果"。国联没有给自己文过饰非，这一做法产生了积极效应，"许多人本想过

---

❶ 波兰医生和细菌学家，20 世纪 20 年代曾任国联卫生组织总干事。他是联合国儿童基金会创始人、波兰国立卫生研究院创建者，曾辗转来华，为开创和发展中国的公共卫生事业和疾病控制工作做出了重要贡献。抗日战争爆发后，他积极奔走于世界各国，为中国人民寻求帮助。——译者注

来嘲笑国联，来了之后却都满怀敬意"。之前，美国民众只知道国联在政治领域的失败，经过参观之后有了新的认识。讲解员回忆称，有人在参观后说："我原以为国联只是一个政治组织，没想到它在卫生和社会方面做了这么多重要工作！为什么报纸老是报道它的失误？国联在专业领域的工作不值得报道吗？"拉戈内蒂和其他讲解员强调参观者对于国联专业工作的反应，也说明他们自己深受触动。国联馆的设计及其展品要传递出的信息达到了预期效果。它以形象化的方式表现出国联对于美国所追求的自由国际社会仍然很有价值[56]。

国联馆遇到的问题在于这届世博会本身。美国人日后回忆这届世博会时，记忆里充斥着太多的广告宣传、媒体报道以及纽约的神秘气氛，这些纷繁喧嚣掩盖了民众所真正感兴趣的内容。纽约世博会从来没有对美国民众形成真正的吸引力。参观总人数也未达到预期。罗斯福甚至对布鲁斯表示，令他更感兴趣的是纽约世博会的竞争对手——旧金山金门万国博览会（the San Francisco Golden Gate International Exposition）[57]。纽约世博会 1940 年进入第二阶段时仍未能实现赢利。

世博会的第二阶段对于国联而言喜忧参半。好处是，国联可以继续宣称它存在的合理性，或者仅仅是提醒大家"我还活着"。同时，欧洲的同盟国跟德国在"假战"中虎视眈眈地对望，苏联发动"冬季战争"进攻芬兰。国联捉襟见肘的资金因为欧洲形势恶化而进一步吃紧，它不愿意再去考虑新的支出。国联馆第二阶段运行的费用预估为 2 万美元，随着国联的预算越来越紧张，能否维持其在美国的前哨站已经成了问题。1940 年春，第二阶段的开幕日即将到来，而国联馆的维护工作缺欠的太多。一些工作是简单的砖瓦活儿，而另一些则更加重要，包括展示内容的更新，甚至连国联成员国的名单也需要更新。在最近几个月里，很多国家主动退出了国联，而苏联由于入侵芬兰而被驱逐出国联。但是由于国联预算紧张，"没钱"去完成世博会国联馆的相关工作[58]。

于是，国联馆把能否开放甚至能否继续存在都寄希望于美国身上。拥护国联的"美国集团"为了确保国联馆开门而援助了大量资金。根据双方的协议，美国方面"承担了保证国联馆开放及后续全部的资金责任"。国联答应付给该集团1万美元并承担火灾保费。尽管国联在名义上仍是国联馆的所有者和运营方，但实际上大多数必要工作是美国在做，包括出钱维修、更新成员国名单等[59]。国联在美国的前哨站反而成了"美国馆"。美国对国联馆投入了兴趣、热情和资金，使其一直运行到世博会闭幕。这说明美国坚定支持国联所代表的自由国际主义。

没有子弹的战争

当时在纽约，各界人士各尽所能推广国联的专业价值，与此同时，在日内瓦和巴黎，为了凸显国联的地位而改组国联的行动也在进行中。国联在政治上的无能进一步增加了人们对它的疑虑。在某些地区，一些国家曾经强烈赞同国联的理念，但现在它们却跟国联的决定渐行渐远。譬如，斯堪的纳维亚半岛上的国家曾是国联积极的支持者，但现在它们的顾虑却越来越大，生怕被卷入跟"修正主义"国家的冲突中。它们认为这些"修正主义"国家并非真心支持国联[60]。

而当时的美国仍然希望国联以其他方式在国际政治领域发挥

作用。国联对于促进和谐国际社会以及集体安全等目标的作用越来越小，越发成为服务于互相敌对的意识形态阵营的工具。

有趣的是，美国越来越频繁地利用经济委员会（Economic Committee）而不是经济和金融部门，从而在威胁到世界和平的重大经济问题上发声。一些早在 1939 年年中已出现的基调会一直延续到后来的冷战时期。亨利·格雷迪（Henry Grady）是美国在这个委员会的代表，他代表了美国的强硬路线。他认为，经济是国际关系的支柱。格雷迪曾做过天主教牧师，后来他放弃了这个信仰而皈依了另一个——自由市场理论。他担任加州大学伯克利分校的经济学教授，后来又成为美国政府税务委员会委员。这在大萧条时期是一个重要职位。

尽管当时在国务院里并非人人都是国联的拥趸，但格雷迪支持国联的立场却从未动摇。曾在日内瓦工作过的美国的经济学家和政策制定者成立了一个协会。格雷迪便是这个协会的一员。虽然这个协会里不是每个人对于国联都有像格雷迪那样的忠诚，但绝大多数人都有一个共同点，那就是他们认可自由主义经济原则，认为它在国际经济的组织运行中发挥着关键作用。

上述原因部分解释了为什么国联在预测和调研国际经济与政治和意识形态现实的互动关系方面具有其他平台无法比拟的优势。格雷迪在国联为美国的自由国际主义呐喊，同时反对美国认为对其构成危险的意识形态体系。格雷迪为 1939 年 3 月 30 日经济委员会召开的一次会议预先定了调，他的发言坦率甚至有些尖刻。所有形式的绥靖政策都已走进了死胡同。他"表达了一种观点，即在当时欧洲的最新形势下，任何希望跟'极权主义'国家建立友好经济关系的念头都是不切实际的，因为这些国家的贸易政策跟它们的政治观点是紧密联系的，经济战就是它们的后果"。尽管他尚不倾向于对德国施压，但他"强调"，对于将贸易用于"进攻性目的"的行为，国联应考虑予以谴责。格雷迪在总结发言中表达了他本人的意识形态观点，"他认为管制经济的政策从长期看必将失败"。他最后表达了一个鲜明的结论："一对完全相悖的经济体制不可能在同一个世界上长期共存。"

经济委员会的其他一些委员不希望表现出太明显的对抗性。从这次会议的官方会议纪要中可以看出来，格雷迪"更加强有力的"发言"从总体上调动起委员会的兴趣，但同时也引起了一些不安"。弗雷德里克·利思-罗斯爵士（Sir Frederick Leith-Ross）是英国在经济委员会的代表，他没有给格雷迪的言辞再添一把火。这反映出在当时欧洲的紧张局势下，英国面临的巨大压力。而游离在欧洲之外的美国及其如同"大炮"一样的代表则不用顾虑那么多。对于欧洲国家的政府而言，格雷迪的观点与其说是号召它们拿起武器，不如说是在强调，崩塌的国际秩序可能酿成流血冲突[61]。

在美国人眼中，国联对于应对意识形态冲突有一定的作用。这一观点无疑是正确的。当时的争论跟日后的"冷战"式的言辞差不多。格雷迪后来曾表明他如何看待国联经济委员会在遏制挑战者试图改变国际经济的做法时的作用。20世纪30年代，"修正主义大国"一直强调本国缺乏关键的原材料，并以此为由企图说明它们开展海外扩张和殖民掠夺的正当性。而格雷迪认为，经济委员会1937年发布的一份"原材料报告"以确凿的数据有力地推翻了上述论断。这份报告是以国联收集的信息为基础编纂的，它的一个结论是，所有殖民地的产值只占到全球总产值的6%，而绝大部分原材料是在主权国家境内生产出来的。那些希望加速扩张以"弥补资源不足"的国家从根本上讲就是错误的。要求得平等，不是要打造新的帝国，而是要改进全球自由贸易体系[62]。

上述发言并非仅仅回荡在日内瓦的大厅里。人们对于"原材料问题"的讨论愈发广泛也愈发热烈，扭曲的世界经济正在扰乱全球秩序。这些讨论引发了大量的评论。美国研究对外经济政策的学者们也就这个问题展开了辩论。他们如此关注这个问题，一方面是想影响美国民众，另一方面是希望影响到国际研究大会[63]。1939年，一篇普及性的分析文章写道，日益激烈的经济战是全球贸易和国际事务的重要特征。它认为，世界经济已经分崩离析，为数众多的行为体争夺原材料的控制权，进而演变为政治集团的行为并不可避免地会导致暴力[64]。

格雷迪以及其他一些官员预测到了德国贸易政策的影响，认为这代表了意识形态竞争者所发动的经济战争，因此他们发表的言论听起来很刺耳。1939年夏，格雷迪造访国联，并借此机会前往东南欧了解情况、收集数据。他在这趟行程结束后，根据美国国务院的指示撰写了一份机密报告，评估了纳粹德国与希腊、南斯拉夫、保加利亚、罗马尼亚、匈牙利、土耳其和意大利的贸易关系[65]。相关经济数据使得格雷迪认识到德国的贸易政策是如何推动它日盛的国力的。上述大多数国家在阿斯基马克（ASKI Mark）制度❶下向德国出口原材料，而对德出口所挣得的钱只能

---

❶ 阿斯基马克制度，德语 Auslander Sonderkonten fur Inlandszahlung 的缩写。指德国为提振出口贸易而在对外贸易中采取的排他性双边易货贸易办法。他国若想出口商品到德国，则必须同意由德国进口商通过德国银行确定的一个专门账户进行交易。同时，其通过出口所挣的钱也只能购买德国的商品。——译者注

购买德国的商品，且不能将其兑换成美元等外汇转移出德国。

这种贸易关系使得德国的贸易伙伴对德日趋依赖，显著增强了柏林的政治和外交话语权。这份数据分析的部分内容被泄露给媒体，显示出德国在经济和政治上获得了双重收益，把"自由制度国家"（特别是英国）排除出这一欧洲重要贸易区域，破坏了整体经济活动。美国国务院更关注的是德国的政策如何把其他国家从其他区域性安排中甚至从全球经济中割裂出来。美国国务院之所以迫切希望搞清楚上述情况有其战略考量，因为它担心德国会在拉丁美洲如法炮制[66]。

上述观点在国联的跨国分析讨论推动下，成为 1939 年的热门议题。而且，由于这些观点有翔实的数据和分析作为支撑，比较容易为大众理解[67]。民众通过相关的宣传了解到，意识形态的对立和经济竞争使得世界经济在冲突下分崩离析。民众也了解到，纳粹德国正在推行阿斯基马克制度，并在东欧地区与英国正面遭遇，导致出现"贸易战"；当时有一种不祥的预兆，德国可能把这一贸易制度推广到巴西。作为应对，美国力推赫尔的自由主义贸易计划，显示出美国"绝不会向极权主义认输"。而这句话反映出国际经济正在成为意识形态冲突的战场。由于缺乏"开放的、全球化的经济"，这场"没有子弹的战争"预示着真刀真枪的战争即将到来[68]。

在这场讨论中，格雷迪没有置身事外，相反，他代表着美国的立场。从日内瓦回到美国后，他出任负责经济事务的助理国务卿，后来成为美国对外政策中至关重要的人物。他是美国外交舞台上的一员大将，担任印度独立后的美国首任驻印大使；马歇尔计划启动后，他担任驻希腊大使，见证了美国向希腊源源不断地提供军援的意愿；在中情局策动伊朗政变之前担任驻伊大使。1941 年，格雷迪曾短暂脱离政府公职，在此期间，他认真研究经济战，并且没有跟政府走得太远。作为美国总统轮船公司（American President Lines）的老总，他配合美国海事委员会（American Maritime Commission）从亚太地区攫取战略原材料[69]。

格雷迪认为，国联擅长收集整理经济数据并开展分析，在意识形态大背景下进行研究，这是认清潜在威胁的基本依据；在两次世界大战之间，经济战的趋势越来越明显，在不同阵营间时有发生。他表示，1939 年中后期，以美英为首的国家正在对德国及其伙伴国展开"冷战"，而经济遏制就是这种"冷战"的组成部分[70]。

此时，国联还在一如既往地进行信息收集和分析工作，有助于人们认识世界经济——它无论在战争时期还是和平时期都是根本性的问题。不光是国联生成的信息，也包括它所做的分析，对于立志于捍卫自由世界的行为越来越重要。人们在自由主义的原则基础上就一系列问题展开辩论，包括原材料、生活水平以及全球经济复苏等。这些辩论服务于同一个目的：捍卫自由主义国家集团。美国采取自由主义的政策，一大原因是美国的观念和行为体与自由主义思想的发展演化是紧密相连的。

正是这类观点的存在，让部分人在晦暗的 1939 年中期仍然保持着希望。有足够迹象表明，美国政府希望对外建立一些互惠关系。1939 年 5 月 23 日，在国联委员会的会议上，艾文诺又提起赫尔当年的那份备忘录，希望以其中反映的美国立场支撑国联的一项计划，就是研究如何让国联的专业服务取得更好效果。艾文诺坦诚地表示："任务紧迫"；需要采取一定的"技巧"来制订计划，"使国联能够走出当前的'绝境'"。这项计划不能只是一份官僚机构的方案，而是要充分吸引发达的非成员国的合作。艾文诺公开表示："我正在考虑美国和巴西。"4 天后，国联把这项任务交给了斯坦利·布鲁斯这位澳大利亚人[71]。

澳洲双杰

对于执行这个计划而言，布鲁斯无疑是最佳人选，他可以调动起美国人对国联这个方案的兴趣。他不仅是一个普通官员。1939 年，这位澳大利亚的前总理既是驻英国的高级专员，又是澳大利亚驻国联的代表。在这两个职位上，他都广泛开展了与英帝国以及跟全世界经济相关的工作。他对于国联的作用有着深刻的见解，认为它应在关键的全球性问题上担任枢纽角色[72]。

布鲁斯的经济顾问弗兰克·利杰特·麦克杜格尔（Frank Lidgett McDougall）有力地提升了布鲁斯的影响力和权威性，堪称他的左膀右臂。麦克杜格尔本身是一个有趣的人物。他期初是澳大利亚一个农场主，主要种植水果。后来转型为经济学家。他既是布鲁斯的得力助手——两人保持了密切的工作关系，同时，他还是在农业、营养和生活水平方面颇具国际影响力的专家。到日内瓦工作后，他与国联的几个委员会联系甚密，参与了一些相互关联的经济问题的研究工作。麦克杜格尔的经济思想很难被简单地归为某种派别。他不是一个普通的技术官僚，他对于经济领域的各种问题有着全面深入的理解，明白它们的范畴超出了澳大利亚甚至是英联邦国家。粮食和营养问题既是全球化的问题，也是每个国家的关注重点。麦克杜格尔的职业经历可以反映出国联的信息收集和研究分析工作的重要性。这一工作对于解决大萧条背后的经济瘫痪问题不可或缺。

在麦克杜格尔的职业生涯中，大萧条是一个转折点。1931年在渥太华召开的经济会议已经让麦克杜格尔声名远扬，其后，他的研究工作开始围绕大萧条展开。作为农场主，他在农业领域的丰富经验使他可以深入研究食物问题，而食物问题又是跟国际政治和经济问题紧密相连的。他认为，在上述问题上的国际治理是必不可少的。他作为国际主义者，不仅致力于支持国联的观点，同时还关注国联的专业能力。他也认为，尽管国联可能有多种作用和价值，但归根结底，它只是实现目的的手段。

在研究上述问题的时候，麦克杜格尔和布鲁斯仍然表现出"帝国公民"的属性。在他俩看来，澳大利亚的国家利益既是本国独特的，也是英联邦的一部分——尽管这两个属性有时会产生冲突。这是一个基于意识形态的观点。很多人主张维持英帝国的存在，认为帝国体系是在全球化之外一个独立的存在，但也承认它是现有自由主义国际体系的一部分。麦克杜格尔经常替布鲁斯捉刀代笔，他在1933年写道，英帝国算得上一个"自由国家联盟"。当然，他所称的"自由国家"基于"白人主导权"。他认为这个排外的集团应包括澳大利亚、新西兰、南非和加拿大；印度正在接近"自由国家"的门槛但还没有跨进来。这是一个带有偏见的划分，但不管怎样，需要把英联邦作为一个整体来应对迫切的问题，"今日睿智的人怀着极大兴趣开展伟大的实验，以改变和塑造国际事务"。

因此，帝国体系必须进行实验，跟"共产主义的苏联、社团主义的法西斯意大利甚至是罗斯福的美国"开展竞争，只有在竞争中获胜才能证明自己的合理性。麦克杜格尔提出了很多改革建议，希望通过改革成效来证明帝国及其代表的国际秩序能够应对危机。与此同时，麦克杜格尔和布鲁斯也没有忽视澳大利亚的国家利益，他们推动澳大利亚在贸易和安全领域向美国贴近[73]。

麦克杜格尔总是依托自由国际主义的体系和思想，因此他的观点对于在国联内外的人具有很强的吸引力。他提出了改革国联的建议，他代表的是澳大利亚以及英帝国的双重利益。改革一时成为日内瓦街谈巷议的话题，它意味着应采取一种特别的国际合作来开展全球治理。当时，国际经济动荡不安，政治对立剑拔弩张，在这种情况下，自由国际主义者希望找到改革本国以及国际体系的办法，因此他们在改革方面具有共同的出发点。

来自弱小国家的人往往希望能够倚靠大树，这是他们的行事策略。麦克杜格尔希望依靠国联推行他的宏大计划（1940年澳大利亚总人口也不过600万）。他认为他可以利用国联的影响力开展合作。他这种实用主义的做法得到了不少人的响应。许多在国联工作过的人都把它看作一所"超级大学"。他们认为，在一个改革后的自由主义世界，国际组织可以成为稳定因素。

围绕在标准周围

自由主义面对的问题超越了国界。当时有一系列相关问题逐渐变得突出，例如营养、粮食和卫生。麦克杜格尔是最早那批呼吁国联在上述领域提高能力的人之一。随着大萧条久久未能结束，国际社会开始愈发关注卫生与营养等问题。当时的科学家已经研究发现食物摄取的数量和质量是如何影响个人寿命的。全球范围的农业危机不仅影响到粮食生产，更是直接影响到世界经济。上述问题在政治上也变得十分紧迫[74]。

1935 年，麦克杜格尔撰写了一篇文章讨论营养问题。这篇文章成为关于国际治理的重要文献。大萧条造成大批普通人的食品数量和质量的下降。负责任的政策应该确保民众可以消费更有营养的、"有益的"和"对身体具有保护性"的食物。这一政策可以帮助解决许多国家在农业领域的问题（尤其是像澳大利亚这样的农产品出口国），并进一步推动国际经济和贸易[75]。在 1935 年 9 月的国联大会上，布鲁斯做了一次著名演讲（演讲稿的执笔人是麦克杜格尔），其中对上述观点再次做出清晰的阐述。这个演讲的重要性在于，它促使国际社会重视营养与农业和经济政策的关系。之后，国联就营养问题于 1937 年发表了一份报告，这份报告对于国际社会关于食品和生活水平的认识影响深远[76]。

由于麦克杜格尔执笔了那份成功的演讲稿，因此他于 1937 年被任命为澳大利亚在国联经济委员会（以及应对经济萧条委员会）的代表，这使他更深入地参与国际事务。他跟该委员会的成员以及秘书处的工作人员的工作联系十分紧密（图 2.7）。他推动改善各国国民的营养状况，这不仅能促进消费，还能提升民众的生活水平。

1937 年，在麦克杜格尔等人的推动下，国联大会决心解决当时社会的一对重要矛盾，那就是"一方面全球生产力显著提升，另一方面世界上仍存在大量的赤贫人口，他们的健康、幸福和生命都受到严重威胁"。国联希望通过经济和金融部门提供服务，在"国别和国际层面"促成"生活水平的提升"[77]。麦克杜格尔在大会声明上按了手印。这份声明作为他关于国际治理的积极尝试之一，被保留下来。从根本上讲，这是一份关于信息的声明。

图 2-7　布鲁斯和他的委员会

注：左三为卡尔·哈姆布罗（Carl Hambro），左四为布鲁斯，左五为艾文诺。美国国会图书馆供图。

信息就像是一种原材料，国际主义者认为它弥足珍贵，而国联不断生产大量信息，甚至多到自己都用不完。声明希望实现的首要目标就是"把现有的数据汇集起来，对比不同的人员分组，观察他们标准的变化"。

国联把起草先期报告的任务交给一位英国学者 N. F. 霍尔（N. F. Hall）。报告需要"对于经济活动在总体上给出清晰的指导意见，并且让人们相信，工业、农业和交通运输等领域的技术进步为提升全人类的福祉带来了机遇，这些技术进步可以使产量增加同时保持平衡发展，也可以为国家间经济合作进行稳妥规划"[78]。霍尔关于生活水平的统计数字与国际经济领域中的其他新兴概念是一致的。国民收入等重要数据和分析成果更容易被人理解，也能更好地就不同国家政策的效果进行对比。如果能借此找出全球性的治理方法，就能为国家制定政策，解决基本问题提供参考。霍尔的一个重要研究成果是强调消费对于经济的作用，他聚焦于提高民众对基础商品的购买力，如服装、食品等。而这一政策反过来对于经济的各个方面产生影响，推动国际贸易的复苏。这一方法认为，需要政府进行直接干预以推动创新，改善生活条件。国家计划之手应发挥作用。霍尔在他的研究中用了很大篇幅来讨论如何推动"原始国家的经济发展"，即殖民地的发展计划（霍尔的研究在很大程度上是基于对英帝国的"附属"成员进行的分析），并就殖民地的未来即后来所称的"现代化"进行了探讨[79]。

霍尔的研究报告包罗万象，是生活水平的概念在国际上兴起的一个里程碑，对于很多国家的经济学家、改革者和政客都有推动作用。尽管国联的工作很权威，但是它也不能代表自由主义者的全部活动。国联是一个关键的枢纽，为研究工作提供支持。当时的国际社会为了应对大萧条带来的种种问题而殚精竭虑，霍尔的报告和国联关注生活水平并不是孤立的事件，而是体现了国际社会的广泛努力。在霍尔的报告公布之后，麦克杜格尔又强调了瑞典经济学家纲纳·缪尔达尔（Gunnar Myrdal）的一个类似的建议。缪尔达尔提出，要积极开展"学校午餐"等社会计划，推动营养保健食品的消耗，从而解决瑞典农业产量过剩的问题[80]。

国联一方面鼓励研究，另一方面为麦克杜格尔和布鲁斯等杰出人才走向国际提供支持。澳洲双杰的研究成果得到了国际社会的广泛认可。改革者，特别是美国华盛顿的新政支持者，对于这两人的观点赞赏有加。他们相信，统计数据以及其他的准确信息有助于开启新的改革篇章。

布鲁斯和麦克杜格尔跟他们的美国同行一样，对于国联充满了信心，但他俩并不是盲目的理想主义者。1938 年，布鲁斯谴责《洛迦诺公约》(*Locarno Pact*) 导致了德国吞并奥地利事件 (Anschluss) 以及国联盟约的部分条款[81]。他认为，20 世纪 30 年代，凡尔赛体系早已撑不下去，因此国联只能跛足前行；但是国联可以作为一个专业机构影响国际事务以及英帝国的政策，哪怕是有限的影响也是有用的。

这种实用性在经济领域体现得最为突出。在这一领域，国联甚至具备推动国际事务的能力。1936 年，麦克杜格尔和布鲁斯参与制定了对德国的"经济绥靖"计划。部分自由主义者认为，绥靖是一种"和平变革"，它可以在现行国际秩序下给予"修正主义"国家的人民以公民权。他们希望通过提升这些国家民众的生活水平，使这些国家的政府放弃对殖民地和原材料的声索。同时，这样做也能显示出"自由国家"可以为全球的经济发展和社会进步做出贡献，因此证明它们的进步性。

麦克杜格尔是"经济绥靖"概念的重要贡献者。1936 年年底，他正忙于向澳大利亚、英国，甚至是美国政府推销这个观念。安东尼·伊顿 (Anthony Eton) 在麦克杜格尔编的一份材料上挖苦地写道："这玩意儿正常吗？"[82]麦克杜格尔的计划整合了他关于贸易、消费、营养和生活水平等一系列问题的观点，带有很强的意识形态特色："我呼吁在国别和国际层面着力解决生活水平低的问题，这有助于民主国家的政府制定更有活力的经济和社会政策。民主国家要通过这些政策证明，相比法西斯或共产主义国家，它们能为本国公民带来更大的福祉"[83]。

怀着这种观点，难怪麦克杜格尔拼命宣扬国联的专业价值，希望能借助国联落实上述计划。他认为国联通过专业工作至少能起到两个作用。一是缓解世界尤其是欧洲的紧张局势。二是推行自由主义经济和政治，凸显国际合作和治理的价值。麦克杜格尔在带头搞这项任务时，通过在国联专业部门的一些关系，争取把美国也拉进来。当时的美国在罗斯福政府领导下的确也想让国际贸易恢复活力。麦克杜格尔在国联推出了一个对抗性不是那么强的计划版本。尽管这个版本遭遇了一些人的质疑，但是英国政府还是把"经济绥靖"政策推行了一段时间。当时，这项政策也是全世界都在热议的话题，很多人希望能出钱摆平那些法西斯国家。无奈德国对此不感兴趣，而国际局势的发展让这一想法化为泡影。这种不切实际的想法在1939年被格雷迪在国联正式宣布"死亡"[84]。

　　布鲁斯和麦克杜格尔在其他领域也十分积极。他们代表国联所开展的各种活动提升了他们的影响力，使他们在20世纪30年代末分别访问美国期间，得以跟美国人深入地进行交流。洛夫迪表示，国联呼吁同美国开展更密切的合作，而他俩的美国之行"得到了美国积极的回应"[85]。麦克杜格尔在绥靖政策、生活水平等问题上的看法使他认识了华莱士志同道合的美国人。这些美国改革者所关注的改革领域也集中在农业和食品方面。1938年，麦克杜格尔在为期两周的访美过程中，和华莱士结下了深厚的友谊[86]。

　　布鲁斯是在1939年5月到访的美国，那时候国联的改革正呼之欲出。就国家层面而言，当时澳大利亚和美国正致力于打造战略伙伴关系[87]。在这种形势下，布鲁斯见到了美国一众关键人物，包括罗斯福、詹姆斯·杜恩（James Dunn）、萨姆纳·威尔斯和科德尔·赫尔。他们畅谈国际局势和国联改革问题。布鲁斯后来回忆道，赫尔"说他很清楚我在经济领域所做的工作，并且向我表示敬佩"[88]。麦克杜格尔在布鲁斯动身前往美国之前曾对他说，真要是爆发了冲突，"得到美国的全力支持是最重要的"[89]。布鲁斯对这一点也深信不疑。澳大利亚也在煞费苦心地希望拉近美国跟国联的关系。麦克杜格尔日益重视跟美国的关系，这不光是出于他个人的想法，也反映出澳大利亚和新西兰越发觉得美国在国际事务中扮演着越来越重要的角色。美国是国际主义者心中的"圣地"，布鲁斯的美国之行就是一个例证。

这两个澳大利亚人的努力也显示出自由国际社会的专业技术改革已经成为全球性的趋势，而不是只在瑞士或者美国开展。许多由国联提出并得到美国重视的观点也同样被其他国家和国际组织所接受。麦克杜格尔和布鲁斯作为自由国际社会的支持者跟美国同仁打交道，他们的观点体现在广泛的经济和政治问题的讨论中。1939 年，改革国联以使其达到欧美国家政府要求的行动面临危机，因此他俩无论是在日内瓦还是在伦敦、巴黎和华盛顿都大受欢迎。这就是布鲁斯被任命领导国联经济委员会、考虑国联"后事"的重要原因。

《布鲁斯报告》

1939 年 5 月，在跟包括罗斯福在内的美国政治家们会晤后不久，布鲁斯又开始准备在巴黎召开的会议。他和周围的人都确切无疑地感觉到国际形势的急剧变化，他们要就国联的未来做出声明。他们试图根据艾文诺和大国的建议，制订一项行动计划，把非成员国尤其是美国纳入国联的活动中。他们明白，美国等非成员国要是直接参与国联的专业工作会遇到一个问题，那就是它们得服从委员会的安排，这可能会使这些非成员国感到不安，因为它们可能因此被卷入无尽的政治旋涡中[90]。国联就是想从组织形式上解决这一难题。从一开始，他们就对改革的目标心中有数。国联曾设计了几个方案，甚至包括重建一个全新的联盟。最后，大家的意见倾向于在现有委员会之外成立一个独立的专业组织[91]。大家都明白，对国联的体制作出根本性的变动是一件很困难的事，因为所有成员国必须公开讨论通过才行。对于改革计划的提议者而言，他们必须想方设法避开上述情况，因为"会出现对于国联成员国基本原则的公开讨论，这在当前情况下是很危险的"[92]。

改革的参与者考虑到了上述问题，因此他们认为保住国联是开展改革的前提。他们的共识是：改革的目标应该是拓展国联非政治性工作的范围，"特别是确保美国全力参与"。如果其他摇摆不定的国家——比如巴西——也能被吸引过来，那么当然多多益善。当时国联的经费已是捉襟见肘，因此改革者有一个重要的考虑，那就是所有参与进来的国家都要"分担国联的开支"[93]。

巴黎会议讨论的重点是如何保住国联，而不是怎样显著加强国联各专业部门的能力，尽管这些部门饱受赞誉。一个关键问题是如何在不引起政治摩擦的情况下吸收新成员入盟。布鲁斯必须小心翼翼地制订计划，尽管已经尽量避免政治参与了，但计划仍旨在改变国际公众的想法。跟世博会国联馆一样，《布鲁斯报告》希望改变公众和精英对于国联在经济和社会领域所做的工作"了解不够"的现状。他在报告里表示，尽管专业服务是国联最后的价值所在，但是哪怕是国联同盟（League of Nations Union）成员等国联最忠诚的支持者，对于上述领域的工作都不是很熟悉。此外，委员会知道尽管他们把这些问题形容为"专业性的""非政治的"，实际上它们的政治属性是难以否认的。布鲁斯的委员会从一开始就认识到，这个组织框架下的许多工作都跟各国政府要解决的政治问题有关。他们决定用"经济和社会问题"，而避免使用"专业性的"这个词[94]。

纽约世博会国联馆所宣扬的自由国际主义的宗旨，在这次会议的最终报告中也有体现。《布鲁斯报告》写道，国联是建立在对自由主义核心信仰的基础之上的，即复杂的"现代社会"需要"各国当局之间交流经验并协调行动"。没有一个国家能单枪匹马处理一系列跨国议题，包括卫生、住房、贩毒、卖淫、儿童福利、交通、人口、移民、金融和经济等。布鲁斯和他的同事总结了当时的世界形势，认为国际合作是必不可少的。布鲁斯借鉴了康德利夫等人的最新研究成果，并且熟读麦克杜格尔多年来提供给他的备忘录。这份报告的核心论点是建立在自由主义原则之上的。首先，"尽管世界在政治上四分五裂，但是联系却日益紧密，日常交通更加迅捷"；其次，"同时，构成世界的各个国家尽管政治道路不同，但在许多领域具有相似点"[95]。

报告也谈及关于生活标准甚至经济绥靖政策的不同意见。报告称，全球各国的核心经济架构都向着现代工业化社会这个基本形态演进。这一论断为后来冷战时期的现代化理论家们奠定了理论基础。这给商业公司提出了一系列恒久的问题，包括财经、贸易、税收、信用政策以及原材料的流动。这种变化也体现在社会领域。全球各国农村都在发生转型，推动社会秩序的深刻变革。越来越多的流动人口蜂拥前往大城市，带来了新的社会问题。政府要怎样应对人口流动问题，例如由于人口集中居住在城镇而产生的卫生和健康问题，以及他们的新需求？此外，随着收音机和电影等传媒手段的巨大进步，上述人群开始意识到城乡生活水平之间的鸿沟，这个问题怎么解决？而所有这些趋势和问题都随着大萧条的发生而变得更加尖锐。城市化的过程反映出，地球正越变越小，民众之间的联系也越来越紧密，而持续蔓延的经济危机没有任何国家能够独自应对。

《布鲁斯报告》对国联重新做出定位，强调国联的职责从来不只是阻止战争。它有一项明确的职责，即"促进经济和社会发展"。报告着重反映了国联在卫生领域所做的工作，介绍了它是如何在 148 个国家和地区进行疾病流调和在全球范围内开展防疫的。这些国家和地区中，大多数并不是国联成员国，包括那些被禁止正式加入国联的殖民地国家。报告提到美国所提供的重要支持，并点名赞扬洛克菲勒基金会的"自由主义捐赠"。

当时的国际形势危机四伏，把国联定位于"促进经济和社会发展"，目的是延长国联的生命并拓展其职能。报告认为，经济萧条影响全球民众以及"国家和全球秩序"，而国联能够遏制这种全球"疾病"的蔓延。国联正通过改革提升专业领域的能力，来成为信息和知识的枢纽，为各国制定政策提供支撑。总体而言，国联不是要取代各国政府，而是要成为它们的重要补充。国际社会面临着现代化带来的海量困难，它们需要协调行动，而国联在其中能起到关键作用。

国联的这一职能需要进一步完善，一项重要内容就是给非成员国参与国联工作提供机会，这对于全人类而言也是不可或缺的。主张改革的人认为，必须坚持扩展经济和金融部门的活动这个大方向，同时他们还提出了许多具体建议。有一个建议是，在国联的组织中成立一个全新的部门：经济和社会问题中央委员会（Central Committee for Economic Social Questions），使其对相关工作有最高监督权。原属国联大会和委员会的权力将会转移到这个中央委员会（尽管国联大会仍保留一些权力），使原先的两个机构主要承担政治职能。一旦对职责进行了划分，那么非成员国就能够以跟成员国"相同的方式"在专业工作中开展合作。还有一点很重要：分担国联的开支。

尽管委员会认为该计划有"深远影响"，但是与会者对于任何涉及修改《国联盟约》的问题都避之不谈，只是说"不会涉及国联的根本性问题"，以避免引起激烈辩论。他们把1939年2月赫尔的公报拿出来作为例子，说明美国等重要国家不仅高度评价国联的作用，而且也支持国联的专业工作。实际上，从这次会议刚开始讨论时，委员会就计划引用赫尔的信件[96]。国联的改革有许多目标，但最核心的愿望是吸引美国正式支持国联的专业工作。

救赎之路

国联为了维护自由主义秩序而把自己重新定位为"服务提供者"，《布鲁斯报告》的发布是这个过程中的重要节点。尽管这份报告中有一些遁词，但是它提出了国联的总体重组方案，即转变国联的工作重点，提升"经济和社会工作"等非政治性工作的分量，确保国联自身存在的合理性。报告承认，国联在政治领域的工作及其内部组织结构难以应对它面对的各种问题。报告支持信

息与合作是国际社会不可或缺的要素这一观点。国联近期的工作
涉及绥靖政策、生活水平和原材料等互相关联的问题。这些工作
反映出具有自由主义思想的决策者（麦克杜格尔就是一个很好
的例子）认识到，国联的专业能力对于促进自由秩序非常有用。
国联想通过推行改革强化专业能力，从而继续服务和维护自由
世界。

1939 年 8 月，《布鲁斯报告》作为会议特刊匆匆付印。与此
同时，斯威瑟加紧公关。报告一出版，他就给在美国的支持者写
了大批信件。斯威瑟是一个乐观主义者，他在信中写道，国联的
改革是一个机遇，可以促进官方层面更紧密的交流，也可以为卡
内基基金会等非政府组织提供"全新的方法"和"全新的动力"，
使它们能够与国联进行互动以及推动美国与国联更密切的合作[97]。

国际社会尤其是美国对于《布鲁斯报告》所提的建议展现出
极大兴趣。美国国务院官员对其进行了仔细研读。包括赫尔在
内的国联支持者欣喜若狂。当然，并不是所有人都有一样的想
法。美国国务院主管欧洲事务的官员杰伊·皮埃尔庞特·莫法特
（Jay Pierrepont Moffat）和助理国务卿乔治·梅瑟史密斯（George
Messersmith）对经济金融委员会前期的改革表示质疑，并且认为
有些同事对于国联过于热心[98]。而作为国际主义理想支柱的国联
协会、世界和平基金会等机构则无一例外地对这份报告表示欢
迎。这些美国人把国联看作服务提供者，认为它对于维护自由秩
序至关重要。他们赞同国联的改革方案，认为这有利于实现他们
孜孜以求的目标。洛克菲勒基金会的一些人对报告感到满意，因
为报告在主旨思想上跟基金会是一致的。威利茨对麦克杜格尔
说，它"无疑是前瞻性的一步，我甚至希望它能晚几年到来"[99]。

当时的政治和国际形势反映，布鲁斯所提出的改革方案并不是官僚主义的夸夸其谈，它是自由国际社会转型的一部分。改革国联的努力是一项政治活动，其目标有两个，一个是吸引美国加入国联；另一个是保持和提升应对世界危机的能力。国联重组并不仅是外交层面的，它之所以得到支持，离不开文化吸引力、个人人脉等。当时有一个跨国思潮认为，现代社会面临着相互关联的复杂问题，单靠某个民族国家是解决不了的，需要更高层次上的应对和合作。

要对国联进行技术性的改造离不开布鲁斯这样具备国际头脑同时联系广泛的人（以及布鲁斯的长期合作者麦克杜格尔）。布鲁斯认为，知识生产中心是重要的甚至是不可或缺的。布鲁斯等人参与到改革过程中，提升了美国人眼中国联改革的合法性，并且展示出被广泛接受的自由主义思想，说明为了保留、捍卫和拓展自由的生活，需要什么。专业服务涉及广泛的国际社会，并具有永久的重要作用。改革使得人们越发重视对于专业服务的讨论。战争阴云密布，此时的改革反映出美国及其资源对于国联以及其他地方的官员的吸引力。就是出于这个原因，之后 10 年内，人们都不断提起这份报告的基本内容和结论。

国际社会希望考虑布鲁斯的正式建议，但是，战争在欧洲爆发，使得相关的计划不得不推迟。直至 1939 年 12 月，国联召开大会，于 12 月 14 日投票通过了布鲁斯的建议。在同一天的会议上，苏联因为进攻芬兰而被驱逐出国联。斯威瑟在给格雷迪的信中写道，此次改革是"国联历史上最重要的变革"[100]。的确，国联的组织结构发生了深刻调整。而这是否能够成功取决于具体的、枯燥的计算。国联当时资金窘迫、政治上"破产"，它能否

157

将这个宏伟的计划付诸实现呢？

国联已死，中央委员会万岁

国联大会投票一致同意，按照布鲁斯的方案重塑国联。之后便是具体的规划过程，包括新的机构如何成立，编制结构是什么样的，人员怎样分配等。相关的会议是在海牙而不是在日内瓦举行的，似乎是为了强调新老体制的区别。布鲁斯本人并没有参加这些讨论，但跟他理念几乎完全一致的麦克杜格尔出席了会议并参加了这些讨论。

参会人员包括卡尔·哈姆布罗，他是挪威著名的保守派政治家。他的出席说明，国际主义者的关注点和活动重心不断倾向美国。哈姆布罗跟国联的关系可谓是一波三折。20世纪20年代，哈姆布罗最初反对挪威加入国联，但他后来又改变了主意，认为国际组织可以支持小国的权利并提升它们的地位。他的国际主义世界观的一个重要支柱是：国联的专业服务对于全球公域具有重要意义。他在担任挪威议会议长期间，在国联不同岗位兼职，1939年成为国联大会主席。由于他在国联的影响力日隆，他的一个同事开玩笑地说，国联的工作人员以后要高呼"向哈姆布罗致敬"，然后才能进入万国宫。哈姆布罗本人可能不喜欢这个笑话。他是犹太人，长期深刻地感受到极权主义政权带来的威胁。他明白挑战不仅来自人性中的贪婪或者民族主义，而且来自意识形态的不同。[101]

哈姆布罗跟他的澳大利亚同僚一样，致力于促进国联跟美国的关系，认为美国对国联有着特殊意义。他对于美国这样一个大西洋西岸的利维坦国家充满了好奇，于是前往美国游历，相关经历激发了他向挪威民众讲述美国的权势和矛盾的兴趣[102]。他位高权重，吸引了大批人的关注，罗斯福甚至邀他到自己家里做客。哈姆布罗1938年访美期间，原本按计划要在白宫拜会罗斯福。罗斯福则选择了海德公园（Hyde Park）。他派了一辆车，拉着警笛，接上哈姆布罗并把他带到了哈德逊河谷。"世界的哈姆布罗"（他的一位传记作家这么称呼他）会讲英语，他甚至是国际主义者圈子里的知名口译[103]。但是，哈姆布罗具有独立思想。20世纪30年代末，他意识到欧洲乃至整个国际秩序将面临无尽的深渊。

哈姆布罗和麦克杜格尔致力于推进国联的专业工作，并推广其背后的战略意义。这其实是一个全球性的趋势，反映出各国对信息趋之若鹜，希望实现各自的目标。其中的一个目标越发明显，那就是遏制体系竞争。他们的声音反映出，美国加入改革后的国联并不是美国的单向倡议，也不是万国宫的什么诡计。世界上大批国家以及专业人士都支持这一愿景。

1940年2月7日，在荷兰警察仪仗队（仪仗队的每个队员身高都超过6英尺❶）的护卫下，会议于万众瞩目中在海牙和平宫正式开始。当时的国际政治形势十分紧张，纳粹当局谴责此次会议是想"复活凡尔赛体系"。一些人从纳粹的表态中觉出，凡尔赛体系已经部分崩塌了。观察家们似乎听到走廊中传唱的曲调："国联已死，中央委员会万岁。"[104]尽管与会代表并没有说出这些话，

---

❶　1英尺约等于0.305米。——编者注

但是大家普遍认为，即使美国这次再度拒绝加入国联，它也将继续跟新的委员会合作。

在会议正式进行阶段，与会者普遍乐观地认为，布鲁斯的改革方案对于国联的成员国和非成员国来说同样具有吸引力，包括匈牙利这样正准备脱离国联的国家。而真正支撑与会代表乐观情绪的，是美国的精神。艾文诺的讲话中有一点令人激动，他说，美国对于国联"兴趣极大"。但他又表示，在1940年美国总统大选前，美国不太可能接受任何入联邀请，这又浇灭了与会者刚刚燃起的希望之火。瑞士和荷兰代表强调，必须制定一个具有"头等重要性"的工作计划，来"吸引非成员国尤其是美国"。麦克杜格尔更是铁了心要把美国拉过来。他建议，"在美国政府的态度明朗之前"，明智的做法是，使委员会的正式及非正式席位都对其开放[105]。

在非官方的圈子里，人们对于国联改革也持有所保留的乐观情绪。布鲁斯改革方案的目标是纠正旧国联体系的"主要缺陷"，使其更加自发地开展专业协作。他们认为，世界各国开展政治领域的合作难度很大，但是，"对于现代世界里广泛的社会和经济互动，……只要它们不会招致灾难，那么国际社会的行为体就应该从整体角度进行考虑，开展共同研究和协商"[106]。评论者还认为，重组国联可以"复活尚存的凡尔赛体系的精神"，为国联开展政治活动创造空间[107]。《经济学人》刊登文章，一方面提醒人们不要"过于乐观"；另一方面对布鲁斯表示支持，"很明显，他的计划很靠谱"。战争的现实以及长期的危机状态催生了布鲁斯的方案，现在它又有了一项新的使命："通过合作，防止在战争结束后出现经济社会的大规模动荡"，简单点儿说，那就是着眼战后重建[108]。

20 世纪 40 年代初，国联改革看上去是为了打造新的自由主义国际秩序而采取的合理、有用的方式。当时的人们为了准备迎接新的世界秩序，提出了一系列建议和方案，改革国联即是其中之一[109]。海牙会议决定要拿出一个行动计划，但是对于拮据的国联而言，没有经费，什么事也办不成。于是人们把目光再次投向大西洋对岸，但这次他们希望能得到以洛克菲勒基金会为代表的美国公民社会而不是虚与委蛇的美国政府的支持。洛克菲勒基金会对于国联的动向掌握得很清楚（这很大程度上要归功于不知疲倦的斯威瑟），而且已经准备向国联提供资助。

自由的教授

布鲁斯的改革计划以及海牙会议提出的专业问题反映了当时国际社会的关注焦点。当时，国际冲突已经不可避免，人们焦虑地谈论世界经济形势，探寻国联改革的路径（以及如何依靠国联应对冲突）。20 世纪 30 年代，经济问题是国际研究大会的重要关注点。它于 1939 年召开的会议的主题是"与世界和平相关的经济政策"，意在为一些突出的经济问题找到解决办法。这次会议在挪威卑尔根召开。

挪威的公民和机构在整个 30 年代都是国际研究大会的积极参与者。但是，当卑尔根会议召开时，来的美国人却多得不同寻常。这一方面是因为美国的利益所在；另一方面也是因为会议举行的时间特殊——1939 年 8 月 26 日。除了庞大的美国代表团，还有来自其他国家和地区的声音，其中大多数来自东欧和中欧，也有部分来自拉美和日本。德国未能派代表参会，这对于国际局势是一个不祥的预兆[110]。

康德利夫是主报告的起草人，他是这次会议的灵魂人物。这个新西兰人在此次会议上的职务体现出他在国际经济领域不断增长的权威以及在国际社会中不断提高的声誉。他1937年离开国联后，在伦敦政治经济学院任职，那里的同事把他称作"我们的自由的教授"。洛克菲勒基金会仍对相关研究进行资助，而康德利夫直接掌握该基金会为卑尔根会议所提供的资助。这只是他"自由主义"任务的一部分。在卑尔根会议前，国际研究大会于1938年年初在布拉格召开了预备会。康德利夫也参加了这次预备会。预备会反映出当时紧张的政治形势。离开布拉格，他又去了巴黎，参加了著名的利普曼会议（Colloque Lippmann）。

康德利夫感受到，利普曼会议深陷当时的政治纷争。在会议上，部分代表就法国布鲁姆政府有关福利政策的一份宣言争论不休，康德利夫对此嗤之以鼻。哈耶克（当时他也在伦敦政治经济学院工作）在会上做了一个演讲，康德利夫毫不留情地与其争辩。尽管康德利夫跟哈耶克的个人关系很好，但是他无法接受哈耶克的理论，甚至称之为"极端反动的观点"。康德利夫是一个讲求实际的人，他对于会议上提出的新自由主义观点很不以为然。他认为，新自由主义靠的是"一种神秘思想，它赋予当前的组织类似于'看不见的手'的神之权力"。巴黎的会议结束后，直至卑尔根会议开始之前，两个人又都参加了在法国蓬蒂尼（Pontigny）召开的一个商业领域的会议、在作为美国重要联系点的日内瓦研究中心的会议，以及在耶鲁大学的会议。这两个人一路从巴黎争论到蓬蒂尼、日内瓦，最后到耶鲁大学。康德利夫在耶鲁大学获得亨利·霍兰德（Henry Howland）奖章，以表彰其通过《国际经济评论》为美国受众提供的大量信息与分析成果[111]。

康德利夫的专业知识以及他与国际学术会议的密切关联，展示出国联的改革方案离不开外部的网络以及自由国际社会的资源。康德利夫的准备工作使得他成为一位伯乐，他发现了许多人才，其中包括伦敦政治经济学院的美国留学生亨利·塔斯卡（Henry Tasca）。塔斯卡向国际研究大会做了关于国际贸易体系的报告（他对于英国贸易体系的批评惹得英国皇家国际事务研究所颇为不快）[112]。康德利夫还发现了阿尔伯特·赫什曼（Albert Hirschman），他是一名流亡在外的学者，在巴黎的经济研究所从事研究工作。康德利夫资助其研究，这令赫什曼十分激动。他为1939年的国际研究大会撰写了关于意大利经济政策及其影响的文章。

在这次会议上，赫什曼在进行数据分析的基础上，评论了阵营对立带来的挑战。意大利的政策聚焦于大规模的军事和公共工程项目开支，虽然取得了部分成功，但是也导致意大利越来越依赖于结算体系。由于国际上对于外汇兑换的管控越来越严格，所以意大利在经济政策上越发趋向于霸凌贸易伙伴，在国际上的攻击性越来越强。[113]这既反映了康德利夫自己的观点，又反映出自由主义世界对于大萧条导致的世界割裂以及"极权主义"国家内生攻击性的集体焦虑[114]。

除了上面提到的这几位活跃的奋斗者，一大批国际学者也对这次会议做出了分析，包括许多美国学者，斯坦利就是其中之一。斯坦利是国际研究大会的热情参与者。在上一届大会上，他贡献了大量的原始数据，并且后来将它们写成一本专著。在1939年的世界研究大会上，他所提出的观点得到了诸多自由派学者的认同。斯坦利的观点建立在对于"强权"经济体和"福利"经济体愈演愈烈的矛盾冲突的研究上。这一对矛盾关系其实也反映了国际政治领域对立的意识形态[115]。这些互相竞争的经济体制反映出追求现代化目标的不同路径。而无论是哪种经济体制都能从科技进步中获益，因为"知识及其基础上的艺术是所有资源里最能提升人类的经济活动质量的"。如果能控制这些力量，使它们发挥有益的作用，那么就能够提高全世界的生活水平，进而刺激对于工业和农业生产的需求。国际社会对这一计划的理解是一致的，这加速了正在进行的变革。当时的国际社会共同致力于"把某些国家的资金、资本商品以及训练有素的人力资源，投入到最需要设备和知识的地区去"。他认为，田纳西河流域管理局 ❶（Tennessee Valley Authority）就是上述机制的一个很好的例子。斯坦利的观点充满了自由主义思想。他的总体计划实际上反映出他的政治目的，那就是"一些国家希望从危险性的进攻行为中获益，要给予他们另外的有吸引力的出路，以实现真正的绥靖"。他把这一计划命名为"国际开发计划"[116]。

斯坦利的发言推动形成了更多的计划和方案，指导着全球经济变革。他本人谙熟国联以及国际研究大会谈论的重点，因此出现上述情况也就不足为奇了。此外还有麦克杜格尔以及布鲁斯的推动作用，他们推动绥靖、生活水平等概念。通过上述这些人的共同努力，这些观点被国际社会广泛接受。作为国际机构的国联

---

❶ 成立于 1933 年 5 月，是大萧条时代美国总统罗斯福规划设立专责解决田纳西河谷一切问题的机构，位于美国田纳西州诺克斯维尔。——译者注

以及它所属的跟国际研究大会相关的工作人员在一些国家和地区推动经济发展，中国。可以说，自由主义社会在不断地积累经验。

尽管大家的口号都喊得很响，但是与会的康德利夫等人却感觉到会议的气氛不妙，开始盘算提前开溜。他想仿效另一名参会者雅各布·维纳（Jacob Viner）❶。维纳在美国海岸警卫队派来接财政部部长的快艇上谋得一席[117]。康德利夫则希望能登上英国海军停泊在卑尔根港口的"纽卡斯尔"号巡洋舰。这艘军舰是来接一个英国代表团的。这个代表团在卑尔根跟苏联人谈判，但最终无功而返。跟维纳相比，康德利夫的运气就没有那么好了。"纽卡斯尔"号的舰长以船舱满员为由粗鲁地拒绝了这名教授[118]。

康德利夫走投无路，只好返回会场，并且在会议的最后阶段发言。会议的结束也预示着和平的终结。在会议的尾声阶段，大家讨论的重点是双边结算体系的影响，以及它如何让美国等国家的自由主义者感到焦虑。在卑尔根会议上，对于这类问题的讨论是以康德利夫等人推动搜集的信息为基础的，来自东欧的官员和学者的观点提供了支撑。

康德利夫为了其所代表的自由主义世界奔走呼号。他说："我们不断强调，经济政策是建立在国家的机构、政策和形势的基础上的，它们被国家机构所蕴含的精神特质所塑造。因此，国家经济政策必须发挥作用，而且必须成为国际经济关系的主导因素。"

---

❶ 加拿大经济学家，曾任教于美国芝加哥大学、普林斯顿大学，与法兰克·奈特、亨利·赛门斯并称为芝加哥经济学派的先驱。——译者注

而如果国家经济政策"单边"运行的话，也会带来风险。

尽管康德利夫强调单个国家经济政策，但是他也认为，"即使我们非常强调国家经济政策的作用，我们仍离不开国际组织带来的专业服务"。他认为，"或许要让大家注意到，国联在持续不断地提供专业服务，这也说明各国有必要找一个地方聚在一起，共同讨论国际关系的议题"。

他在发言的最后还关于他所称的服务的"负面"意义做出了评论。国联的卫生部门对于黄热病开展了一项调研，结果显示，尽管印度在当时并未发现这种蚊虫传播的疾病，但是该疾病在印度流行的可能性较高。这种情况就好比谚语中说的"不咬人的狗"（抑或"不叮人的蚊子"），因为"没有人知道专业工作的负面作用将是什么"。但是这类"负面"的、无形的活动至关重要，而且"如果没有日内瓦的这一专业机构，这些活动根本就无从进行；正是有了这一机构，人们才可能去研究共性的问题，并且引起某些相关的国家的注意和兴趣"。他有句话成为名言："国际机构需要有国际精神，即使相关重要决定源于国家的经济政策。"[119]

美国治下的和平

会议结束后，康德利夫登上了一艘渡轮，在英国宣战前一天抵达纽卡斯尔。洛克菲勒基金会鼓励他利用国际研究大会的剩余资金把卑尔根会议的研究成果编辑成册并出版。在该基金会的鼓励下，康德利夫在离开欧洲以后，收集编辑了与会者的研究材料，以及新出现的关于战后国际秩序的研究成果。康德利夫认为，一个理想的国际社会离不开国际治理，因此需要一个国际组织来处理战后的经济问题。在这一点上，他与 J. E. 米德（J. E. Meade）的观点不谋而合，因此经常引用后者的论述。米德后来接替康德利夫成为《世界经济调查》的主编。当时在各方趋势的共同影响下，米德倾向于成立一个管理世界发展事务的机制，通过自发地开展一些项目，促进世界欠发达地区的发展，提升那里的生活水平。这一机制下可以有一个"国际权威"，以解决战前突然出现的经济难题[120]。

康德利夫认为，国联能够在国际秩序改革中的技术治理方面提供范例；可以通过类似于国联的机构，让已有的在技术国际主义方面取得的成就，服务于建设国际治理的目标。在两次世界大战之间，康德利夫关于国际经济治理领域的意见已经传递到了战争期间，显示出自由国际社会已经开始考虑战后国际秩序的问题。但不妙的是，在他的著作杀青之际，他却不得不面对"德国人迅速而彻底的胜利"。一夜之间，关于全球一体化和改革的观点似乎都被推倒。德国的胜利将在"极权"的基础上重组欧洲的经济关系。一众"卫星国""傀儡政权"将围绕着德意志帝国的工业中心运转。推动它们发展的核心将是欧洲市场上的原材料供应商，而广大的殖民地将依附于一个新的主人。拉美国家面对的就是这样的命运，离开了欧洲其他国家的市场，拉美国家将完全受制于德国，从而变得愈发贫穷。康德利夫认为世界尚围绕着 5 大核心，存在着 5 个经济区。这一框架同冷战早期的分布差不多[121]。而光是德国就主宰着其中的两个经济区，"意大利和日本帝国"都要仰仗德国人的鼻息生存。由于柏林取代了伦敦成为经济枢纽，英国可能会"因国际贸易和金融体系的坍塌而苟延残喘"。只有美国和苏联尚得自保[122]。

在地缘政治的灾难中，这一噩梦般的情形不断加剧。关键的要素是从危机岁月的信息搜集和分析中得出的。一个能够正常运转的国际经济体系对于维护稳定至关重要，但是任何经济体系都离不开安全保障。康德利夫从国际社会中得到了许多统计数据，然后再把它们用于分析判断，从而得出了许多跟主流观念相符的结论。他的观点跟自由国际主义者的观点不谋而合。这些观点深入到包括国联在内的各个国际组织中。他的分析取得了极大的影响力，他通过经济学的分析得出了一些无可辩驳的具有地缘政治意义的结论。经济复苏和发展需要"集体安全"作为保障，在当时的情况下没有别的选择，只有美国。"美国必须承担更大的责任，做出影响力更加深远的政治和军事承诺。忽视这一事实是不现实的。修复后的国际体系一定是美国主导的体系，建立在'美国治下的和平'的基础上"。[123]

放逐的诱惑

在国际会议上，关于战后的观点和计划正在萌芽。有更多迫在眉睫的问题。任何形式的战争，哪怕是虚假的战争威胁，都会把国联置于尴尬的境地。人们纷纷担忧，如果冲突加剧，瑞士及其境内的国际机构会被封锁，甚至遭到入侵。[124]

于是，国联当时采取了一项很需要勇气的行动，那就是把一些关键部门转移到地球的另一边。从 1939 年冬到 1940 年春，布鲁斯的改革进行得并不是那么顺利，甚至一度导致人们对改革的意义产生了怀疑。面对这一困境，国联积极地采取应对措施。在 1940 年年初，欧美人普遍认为同盟国终将取得胜利，一个自由的国际秩序将会出现。国联就是针对这一观念，强调技术性工作的重要性，保持工作分工，从而继续得到人们的认同。出于各种原因，改革国联的计划在美国被广为接受。

1940 年夏，国联馆要清偿债务。这个结局看起来有些让人伤感，但这不是因为国际形势的剧变或者是国联本身的缺陷，而是因为世博会已经接近尾声，大部分建筑将被拆除。国联方面积极地接触美国的高校和研究机构，希望国联馆在拆除后仍然能留下一些遗产。这些高校和研究机构包括斯沃斯莫尔学院、北卡罗来纳大学、哈弗福德学院、普林斯顿大学以及高等研究院等。它们得到了国联馆的部分遗存，其中，"和平之犁"被存放在费城富兰克林研究所[125]。

国联的技术性工作在一个互联互通的世界中具有重要意义，这一传统观点被不断加强。它曾经是国际社会的枢纽，许多理念经由国联的工作而变得更加成熟，并且得到了国际社会的广泛关注。随着国际上的大国兵戎相见，美国政府官员以及政府之外的人对于国联的工作范围和重要性非常敏感。国联馆最后的努力并没有改变美国与日内瓦的官方关系。国联方面做出了很多努力，无论是静态的展品，还是大规模的互动，都无法换来公众的积极支持。尽管国联做出了很多吸引人的、象征性的甚至是实质性的接触和行动，包括不断地展示自己在技术性合作方面的潜力，美国政府一直都不松口，跟国联始终保持着一定的距离。

最后的转圜

具有讽刺性的是，当国联馆准备关门之际，国联本身也面临

169

着解散的命运。与此同时，美国跟国联的关系却突然变得空前紧密。关于国联易址的猜测忽然变成了一个现实问题。随着春天的到来，国际社会小心翼翼地为未来的世界做出计划，其中就包括转移国联。1940年夏，一些国际事件无可挽回地摧毁了国际秩序。在这场灾难中，面对日益恶化的形势，国联瘫痪了，它不仅成了一个无用的旁观者，也是一个牺牲品。

随着国联馆被拆除，国联本身也因为战争而分崩离析，它所属的各个部门被分散于不同的国家。国联为了吸引美国加入而用尽了手段，包括利用人脉接触、外交行动以及布鲁斯委员会所提出的改革措施，目的是凸显国联在专业领域合作方面的重要性，从而"投美所好"。但这一切最终都于事无补，战争让国联的活动戛然而止。但实话实说，国联还是达成了一些重要目标。它作为整体虽然已不存在，但是它在专业领域的功能却在国际社会尤其是美国的支持下得以保全。在地缘政治大动荡中，国际社会竭尽全力保护那些最有价值的东西——信息和知识。

这场大营救显示出，国联离不开自由国际社会。那些被保留下来的东西要具备两个条件：一是它们有利于现代生活；二是它们有利于西方的意识形态战争。国际主义者称赞并且频繁使用这种能力。为了使它们能够被用于保卫"自由的生活"，国际主义者要想方设法给它们找寻安身之所。正是这一紧迫的需求促使情况出现了戏剧性的转变。美国在20年前虽然拒绝加入国联，但在此时却愿意为它提供庇护。不是美国走向国联，而是国联向美国走来。

第三章

国际主义者的敦刻尔克：流亡的国际机构

我们所知的世界似乎即将终结。

——阿瑟·斯威瑟，1940 年

某个国家显然有能力提供庇护。因此，为了文明的利益，应该由它培养能够胜任的人来创造科学。

——费利克斯·莫利，1940 年

没有在普林斯顿完不成的工作。

——弗兰克·麦克杜格尔，1940 年

确实是一个奇怪的结果。

——阿瑟·斯威瑟，1940 年

威尔逊的负担

1939 年夏末的一天，一辆大卡车驶过日内瓦万国宫的入口。它承载着沉重的负担，这是伍德罗·威尔逊的遗产。漫长的旅程终于结束了。伍德罗·威尔逊基金会本身是为了纪念一位曾为建立国联而苦苦努力的总统，其捐赠了一座地球形状的纪念碑来表达对他的怀念。如同它的主人一样，这个纪念碑有着饱受折磨的过去，历经十年，经过讨价还价，终于从 25000 美元变成了雕塑。

出于对威尔逊的尊敬，纪念碑将坐落在国联新总部的显著位置，尽览日内瓦湖和勃朗峰的壮丽景象。

在 1939 年那个阳光明媚的日子，三名意大利工人把它放在国联大会堂的荣誉法庭前。安置着会议厅和宏伟图书馆大厅的两个翼楼——由洛克菲勒基金会出资修建——向纪念碑延伸，仿佛在修复失去的东西。

这座雕塑并未受到欢迎，而是遭到冷落。为数不多的好奇的美国人和偶然到达现场的人目睹了意大利人匆忙的工作。与其说这个纪念碑预示着新的开始，不如说它是国联解散的序曲。几乎没有人对这个雕塑感兴趣，尽管它象征着美国的组织在过去二十年的时间里对国联想法的支持。纪念碑的落成正式仪式不得不取消，因为许多代表匆匆回家了，而其他人则来都没来。

留在日内瓦的官员发现到处都有军队，甚至他们的花园里都有，因为此时瑞士也响应了欧洲动员的号召。战争似乎已经到来；在城市中，配给食物和燃料已经开始吃紧。也许更令人不安的是等待结局到来的过程[1]。整个情况反映出，威尔逊思想的一个基本要素，即集体安全的尝试，遭遇了惨淡的结局。就在那天早上，一连串的维持和平的政治失败达到了顶点。国联的创建在某种程度上，是为了防止暴力发生，但缺乏能力或可信度的影响延伸到数百英里之外，让德国入侵波兰时国联束手无策，将欧洲带入深渊。对于洛夫迪而言这是"希望的终结"[2]。

战争的爆发清楚地表明了国联作为政治体的瓦解。很明显，当法国和英国在未来几天对德国宣战时，他们并没有让国联介入或援引盟约。与此同时，战争及其引发的问题凸显了专业工作的重要性，这些工作在自由国际社会看来是最有价值的。随着全球秩序被撕成碎片，那些有可能将它们重新缝合在一起的举动引起了人们的重视。"二战"为国联敲响了丧钟，但同时，它的全球化工作对于重塑世界至关重要。全球的危机将使美国的行为体相信，他们需要迅速行动，保留国联那些有助于自由世界秩序的下属部门。代表国际社会强大利益的各种机构，包括各种游说团体、大学、基金会、国际组织、政府乃至个人，都动员起来，拯救流离失所的成员。1940 年 8 月，经济与金融部门逃往新泽西州的高等研究院，使国联陷入了流亡者的旋涡。美国的避难所是漫长的奥德赛之旅的终点，而这次艰难的旅程早在战争爆发之前就已经开始了。

意料之外

对于国联的改革者来说，1939 年欧洲战争的爆发无疑给他们带来重重困难。他们在《布鲁斯报告》中提出了重组国联、强调专业服务的国际认可计划，该计划刚刚取得进展。然而，这场冲突既在意料之中，又恰逢其时。就在报告发布的同时，人们开始讨论利用专业服务来解决战争及其后果所带来的问题。这一计划再次寻求国联对国际事务的参与，同时也使国联在战后世界更广泛、更重要的国际讨论中占据一席之地。其目的不仅是使专业实力成为该机构的核心，还包括将其转化为盟军事业的工具。

美国的战后规划经常被描绘成单一维度的，试图将世界引向它的方向。然而，在欧洲战争的最初阶段，美国的战后规划是多元的，反映了自由国际社会的相互联系。虽然没有协调，但现有的网络确实确保了信息共享。当战后规划的热潮席卷整个国际社会时，信息得以被共享。一系列横跨大西洋的大学、游说团体和政府机构开始进行讨论。美国国务院开始调集资源。其他一些非政府组织也开始探索如何在冲突后构建世界[3]。但是，美国各地的势力已经初具规模，其中包括世界和平基金会和和平组织研究委员会以及许多其他机构。

康德利夫急于加入美国讨论者的行列。洛克菲勒基金会让他用卑尔根国际研究大会的剩余资金来资助自己关于战后挑战的研究。然而，当去美国的吸引力变得过于巨大时，康德利夫的报告被推迟了。吸引他的不是流亡的迫切性，而是机会的诱惑力。他在从挪威到美国的几周后，就被调到加州大学伯克利分校，填补格雷迪的空缺。为了前往美国1939年10月他进行了一场一次动荡的跨大西洋航行。这位老兵尝到了第二次世界大战的滋味。在这艘邮轮上，康德利夫和他的家人感受到了战争的残酷：关于世界经济、运输、通信以及全球商业的抽象讨论被战争的严峻形势所笼罩。他看到（并且他的儿子拍摄记录了）一艘法国油轮在遭到U形潜水艇攻击后起火。一到湾区，他就召集一批具有经济头脑的国际学者，对未来的世界进行探讨[4]。

然而，规划活动远远超出了美国的范围，带着国际主义色彩。在英国，各个大学和政府团体，包括英国皇家国际事务研究所，都开始思考这个问题。其中一些工作是在洛克菲勒基金会的支持下完成的[5]。作为国际学者间的对话，它很快就吸引了那些曾经关注国联的人物。在战争开始前，移居伦敦的澳大利亚高级专员公署的麦克杜格尔已经开始就这一问题发表备忘录了[6]。

欧洲大陆也做出了相关的努力。尽管动员并不均衡，许多学者和技术官僚还是加入了这一行列，法国人做出了早期贡献。欧

175

洲的中立者也提出了他们自己的观点。低地国家和斯堪的纳维亚的专家们将注意力转向了和平到来时如何重新规划全球的问题。相似的活动也在意大利和德国展开[7]。

虽然有互动，甚至有一些协调，但这些不同的国家规划小组所阐述的未来世界的想法是与他们自己国家的利益和野心相一致的，当然，人们对战后解决方案以及如何处理纳粹德国的失败有相当多的想法。但是，在经历了十年的长期经济和政治不稳定之后，和平的重建期也常常被视为一个实施改革的好时机，长期以来人们一直希望找到一个可以修补破碎的国际体系的机会。

对那些在"二战"头几个月酝酿建立新秩序的人来说，大战后重建的经验和大萧条所暴露出的结构性问题都显得十分突出。这些都显示，某种超国家机构不仅是可取的，而且实际上是一种福音。对国际社会的许多人来说，他们坚定地认为，即使不是通过国联本身，而是其他政府间组织的模式，那新的组织也需要采取国联模式，以维持稳定。至少，国联模式有助于解决救济、经济重建、和平安置和战后的全球秩序等棘手的专业问题。战后全球秩序显示了它的重要性。所有这些问题都需要某种国际手段来解决。这种需求为洛夫迪和其他人提供了一个机会。他们将自己的贡献与国际议程上的重大问题相关联。洛夫迪和其他人倡导的经济规划只是国联工作人员希望承担的战后角色的一部分。然而，在洛克菲勒基金会内部，有相当多的人非常希望保留国联在经济领域的能力，以便在恢复和平后协助对世界秩序进行全面改革[8]。

权衡了布鲁斯改革的意义后，国联急忙把自己跟战后重建挂钩。相关的对话强调，建立组织本身并不是目的，更重要的是建立一种机制，把各部分联系起来。布鲁斯本人在英国皇家国际事务研究所发表讲话，解释了国联的中央委员会是协调不同国家在战后重建方面现有的官方和非官方努力的理想机构。允许其他国家——特别是非成员国——发挥积极作用，可以产生持久的解决方案并防止反复引发战争的经济动荡。布鲁斯提到的非成员国暗指美国[9]。

强调国际机构作为合作点的可能性反映了战后思想在美国的演变。那里的观点复杂多元，因为许多团体都在努力预测一场一直蓄势待发的冲突的结果。尽管如此，即使在美国的官方圈子中，也有一种参与战后解决方案，从而促进全球稳定的愿望。美国在哪些方面可以做出贡献，这一点越来越具敏感性。国际机构似乎是最合乎逻辑的、政治上行得通的机会。1940 年 1 月，休·威尔逊（Hugh Wilson），这位在 20 世纪 30 年代大部分时间里驻瑞士的美国罗斯福政府的部长，主导了一场辩论。他认为，如果要使"世界秩序"符合美国的国家利益，那么美国就需要"研究如何与欧洲大国合作进行经济重建"。为了避免美国看上去是在参与"纯粹的政治问题"——这将不受公众欢迎——它最好利用国际机构[10]。

从一开始，大西洋两岸的支持者坚持认为，国联为支持难以捉摸的"稳定"目标而进行的分析在战时尤为重要。战后的安置可能带来的经济问题，是国联和国际劳工组织，特别是它们的专业部门，一直探索的问题。然而，冲突在增加了它们的价值的同时，也增加了风险。现代战争产生了要撕裂经济和金融部门的威胁。在美国方面，里夫勒恳求洛夫迪，"如果可能的话，一定让它保存下来"。1939 年秋，英国人向其美国同行保证，英国方面会与国际劳工组织一起，努力完成战后规划的任务。但工党强调他们只是网络的一部分。洛夫迪焦急地寻求美国的态度，因为他认为"国际组织非常重要……应该在这些问题上与国家思想保持尽可能密切的联系"，在此类问题上，包括在大西洋彼岸的国家。

维持行动的呼吁引发了潜在的问题。当他重新设定经济和金融部门研究计划的方向时，洛夫迪再次转向洛克菲勒基金会寻求支持。不考虑战前改革到战后规划的连续性，洛夫迪认识到重建的性质将取决于冲突持续的时间[11]。

国联最有声望的经济和金融部门把研究重点转向战后问题，表明它在关键时刻是有担当的。就这一点，副秘书长肖恩·莱斯特（Sean Lester）在 1940 年 1 月提醒了英国外交部。莱斯特认为，盟军参与战争的目的是在未来的世界，通过和平解决争端来防止侵略，并且广泛提高个人生活水平。为了实现这些目标，莱斯特向同行们分享了自己的观点，他认为需要一个国际机构。这还有另一个好处，它可以通过欧洲重建，为美国提供投资的手段。国联和它的盟约是否会被保留是一个悬而未决的问题。但现在要求"现存的国联机构应当……尽可能持续下去，这意味着英国政府不要只是承诺不会毁灭它，而是应该积极地、尽其所能来地延续它的工作"[12]。

紧急状态

即使国联融入它的新事业，并以此证明其存在的合理性，但结构性问题仍在让上层感到烦恼。陷入危机和战争进一步加剧了本已不稳定的财政状况。随着战争开始，高层官员开始谈论金融

"紧急状态"。这并不夸张。国联的预算从 1933 年的 7413800 美元暴跌至 1940 年糟糕的 4933730 美元（到 1941 年仅为 2218810 美元）[13]。

危机让选择变得艰难。紧跟前几年的趋势，专业工作在推进中。即便如此，裁减哪些方面，依然是秘书处需要做出的艰难决定。如果我们分析 1940 年国联预算的构成可以看出：81.2% 的支出被指定用于非政治活动。其中大部分投资用在专业部门，这表明国联在向成为专业服务提供者的愿景迈进[14]。

这种工作重点是正确的，洛夫迪和其他人对此感到满意。因为国联的"政治活动几乎已经停止，至少目前，其政治理想已在很大程度上脱离了现实。因此，它必须以其专业工作为生"。各个下属部门仍然受到尊重；其中在规模和声誉方面均处于领先地位的是洛夫迪领衔的经济部门。然而，这种状况并不稳定。要保留经济和金融部门的人才，使该部门能够正常发挥作用，需要维持他们体面的薪水，同时让他们安心留在日内瓦，因为当时好多国家已经征召本国的公民回到祖国服役。负担过重的预算使维持员工规模的压力很大。当国联将资源集中在非政治因素上时，战争使这些因素变得更加脆弱[15]。

由于国联的预算捉襟见肘，所以它需要美国的资助以开展活动。洛克菲勒基金会是国联经费最大的赞助方，这也体现了美国对于保障国联运行的重要性。更重要的是，美国在维护自由国际主义运作方面，起着越来越核心的作用。至 1940 年，洛克菲勒基金会对于国联在经济领域的工作总共捐助了 40.3 万美元（在 2021 年合 760 万美元）。最近一笔援助保障了洛夫迪的战后研究项目。洛克菲勒基金会的资助还有一个作用，那就是支援国联最大的、最重要的部门，减轻它们的预算和税务负担。成立中央委员会、全面落实布鲁斯的建议，这些改革措施也加大了国联对于资金的需求。加之战时的开支本来就紧张，所以要完成上述计划越来越离不开美国的援助。麦克杜格尔多次表示希望美国政府能够直接捐款。从现实而言，这还得依靠洛克菲勒基金会[16]。

伍利领衔

虽然国联很快就把注意力集中到了战争对全球秩序的影响问题上，但人们已经开始考虑冲突对国联的影响了。随着 1939 年到来，对于瑞士地位的担忧稍稍减弱，但对于冲突对国联影响的担忧仍在继续。在这一年中，国联和国际劳工组织的成员讨论了他们在欧洲的未来以及他们在世界上的作用。国联理智地面对它们支持的秩序的崩溃所带来的问题。在被军队环伺的瑞士，中立看起来就像一个脆弱的盾牌。随着在"假战"中冲突此起彼伏，早先关于将国联的活动转移到世界其他地区（包括北美）的讨论显得很有预见性。

关注国联的专业工作状况的，除了部长们以及国际机构的人员，还有一些非政府组织，其中最突出的就是妇女组织。作为国际社会的一部分，它们从自由国际主义的角度，认为国联专业活动是重要的。作为在这个城市中的国际社团，非政府组织清楚地知道人员和预算方面的问题会限制能力的发挥。国际妇女组织（Women's International Organization）发挥其对于在日内瓦的非政府组织的协调作用，呼吁保全专业合作项目。"二战"爆发后的第二个月，一系列组织就请求加强对这些机构的保护[17]。

欧洲深陷战争的时候，人们十分担心国联的地位。法西斯国家对国联毫不友善，国联的官员们痛苦地意识到了这一现实。希特勒上台后，德国迅速退出该组织。激怒纳粹的不仅仅是国联倡导的民族主义和其他政策，还有国联努力建立的世界秩序——这恰恰是他们在努力摧毁的[18]。相比之下，苏联长期以来对其与国联的关系感到沮丧，而其也在攻打芬兰后，被踢出国联[19]。

这样的立场激怒了国联的"房东"。瑞士人对国联感到不安，这在战前就已经开始了。20世纪30年代后期，瑞士政府开始向国联施加压力，要求其缩减部分业务。1939年，瑞士政府开始鼓动控制"万国广播电台"，这是其更为不祥的举动之一。"万国广播电台"用大功率发射器宣传国联的工作，有助于其专业服务的运作，流行病学服务使用无线通信传递定期的全球疾病报告。在一个正走向战争的欧洲，这种通信资源是一种战略资源。在埃塞俄比亚危机期间，国联的广播让墨索里尼感到尴尬，并有可能在观点多样化日益受到重视的欧洲成为一个独立的信息来源。对于美国官员来说，瑞士在战争开始后对国联施加压力，意味着这个中立国家可能被迫服从法西斯路线。这也提醒人们，即使是卓越的、消除距离的媒体，如广播，也仍受到政治力量的控制。这一弱点还提醒瑞士境内外的国际主义者注意，从日内瓦流出的信息，无论是技术上的还是其他方面的，都可以很容易地被拦截[20]。

这些和其他问题让曼荷莲学院前院长玛丽·伍利（图3-1）感到担忧。她令人印象深刻的国际主义表现包括在和平运动中的突出地位，以及担任赫伯特·胡佛的代表出席1932年日内瓦军备限制会议。伍利很快融入了罗斯福的圈子，成为他用来测试想法和衡量对他的政策支持的记者之一。她在 1936 年提出的"上帝休战"等有趣的提议使她在一定程度上获得了高层的关注。这种熟悉意味着在战争开始时，伍利觉得她可以向总统提出"来自日内瓦的呼吁"[21]。

图 3-1　玛丽·伍利

注：作为一个国际主义者，她长久以来都非常看重国联的意义。伍利赞赏国联专业部门所发挥的作用，在 1940 年，她希望能够挽救它。此图摄于 1932 年在日内瓦召开的削减和限制武器大会。蒙特霍利约克学院档案馆供图。

　　人脉广泛的伍利意识到国联围绕其专业活动进行改革的尝试。她知道它们的价值，但也知道它们的脆弱性，这一点即使在假战期间也很明显。1940 年 3 月，伍利带头，在国联协会的负责人克拉克·艾克尔伯格（Clark Eichelberger）和干预主义者威廉·艾伦·怀特的帮助下，召集了一个委员会来游说支持和保护专业服务[22]。虽然这是一项私人倡议，但他们无疑知道这反映了政府的官方关切。 1940 年 3 月 8 日，伍利与总统举行了一次会谈，正式"传达了来自瑞士日内瓦组织的信息，以实现国际理解"[23]。

像艾克尔伯格和伍利这样的美国自由国际主义者的倡导是战争期间国际社会在关键问题上开始积极行动的节点。事实上，日内瓦的盟友通过国际社会的联系了解了一些关于后来被称为"伍利委员会"的幕后细节。在这里，纽约世界博览会的国联馆继续作为非正式大使馆提供服务。时任专员格里格传递了有关美国党派政治的报告。当伍利建议美国国会拨款支持国联的技术组织时，格里格能够报告说罗斯福完全同意应该保留这些机构以"在专业领域重建必要的战后机制"。与此同时，罗斯福告诫伍利，在当前令人担忧的政治气候下，在选举年，他必须避免表现出支持国联。总统不愿要求国会直接资助搬迁工作，而是呼吁"公开支持"100000 美元的国联转型资金。据报道，这些基金会"有兴趣并准备好"投入资金。格里格可能夸大其词，指出"总统和国务院对此事如此感兴趣，这几乎是命令美国人，来帮助执行这一意向"[24]。

许多人认为这些资金有助于维持专业服务，同时继续走《布鲁斯报告》所提出的道路。但更直接的是，他们通过参与战争以推进促进和平的计划。甚至在伍利和罗斯福会面之前，当时作为助理国务卿的格雷迪就曾与威利特谈论过"为洛夫迪的部门做一些贡献"。这是在年初麦克杜格尔敦促洛克菲勒基金会"介入"，直到"某些非成员国决定做出贡献"之后发生的。麦克杜格尔渴望国联拥有资产，以此宣扬盟军的战争目标，即"改善个人的福利，包括生活水平"，以确保"所有国家在……经济机会方面更加平等"。因此，这种努力是为了谁显而易见。在洛克菲勒基金会，考虑到在战后秩序问题上的价值，工作人员热切希望将重点放在经济和金融部门上。

在伍利见到罗斯福的几天后，洛克菲勒基金会欧洲办事处负责人特雷西·基特里奇（Tracy Kittredge）会见了日内瓦各机构的主要官员。资金是议程上的重点。这种担忧衍生出其他基本的制度问题。尽管对布鲁斯的改革印象深刻，但洛克菲勒基金会对中央委员会的工作被推迟表示担忧。一个由洛夫迪领导的经济部门已经被勾勒出来了[25]，但几乎没有考虑其他实质性的问题。更令人担忧的是，美国可能要在几年后才会正式加入国联的专业工作。然而，有消息称，美国国务院已经与洛克菲勒基金会的工作人员进行了接触[26]。很明显该基金会是一个理想的代理机构，可以保持像经济和金融部门这样的重要国联机构的运行。洛克菲勒基金会拨款的一个重要理由是让该地区成为战后规划的中心，与基金会支持的其他组织保持联络。

基特里奇给洛夫迪留下的印象是，任何拨款都将更像是"对国联预算的援助"。也就是说，这些资金不会被指定用于特定的项目，而是分配给一般的支持"国联活动的非政治领域"。洛夫迪自信地表示："这显然是国务院的愿望"，因为格雷迪在这方面"特别积极"。

洛夫迪对这个机会很感兴趣，但担心艾文诺的"愚蠢"会坏

事 [27]。基特里奇在给纽约的报告中表现得比较谨慎（也许担心它可能在运输途中被偷窃）。但在会面后，他敏锐地意识到了洛克菲勒基金会资助的更大意义。较小的国家对美国的行动特别关注；许多国家已经把中央委员会看作是一个根本性的美国举措。这意味着赠款不仅是洛克菲勒基金会的行动：它要是一个"极其重要的美国行动"。它是体现美国利益的一个"极其重要"的声明 [28]。

4 月的第一个星期，艾克尔伯格在纽约找到了洛克菲勒基金会。他在与伍利、赫尔和阿道夫·博尔乐（Adolf Benle）的会谈中寻求许可，公开讨论基金会正在考虑向国联提供的支持。艾克尔伯格告诉了基金会在日内瓦流传的谣言，即尽管有预期和保证，但人们担心美国会对中央委员会无所作为。艾克尔伯格认为，美国必须用积极的行动来强调它的愿望，在平息这些谣言的同时推动该计划。尽管洛克菲勒基金会要求谨慎对待这些考虑，但毫无疑问，他们愿意出面履行"公众呼吁"。事实上，在艾克尔伯格询问的前几天，基金会的执行委员会已经采取行动，代表中央委员会向国联承诺了 10 万美元的拨款（2021 年超过 180 万美元） [29]。

对拨款的讨价还价暴露了各种利益关系的博弈。基金会的拨款符合几个行动者的目的。这有可能是巧合，但参与讨论的每个人长期以来都支持国联。这显示了国际社会中的非政府因素是如何重叠和行动的，它们有些是跟美国政府合作，有些即使不合作，但也想要和美国政府达到同样的目的 [30]。

无论华盛顿是否出手，洛克菲勒基金会的资金都不只是长期趋势的延续。1940 年初的拨款是一项干预措施，旨在通过减轻国联的负担，使其在关键时刻得以维系。战后这笔钱无疑缓解了经济和金融部门的财政压力，事实上，随着"假战"的深入，国联的预算也在不断增加。这也为讨论已久的国联或其下属部门迁往美国做了铺垫。更重要的是，这些资金将在情况不利时发挥巨大作用[31]。

总的来说，洛克菲勒基金会对国联的支持反映出，布鲁斯的改革不仅仅是机构革新的表现。国联已经成为国际自由主义社会的一部分。这种规划越来越被认为是形成、宣传和实施盟国战争目标的一种方式。在这个框架下，围绕经济服务而重组的国联，确实成为西方大国和支持其事业的国家的战争武器。国联专业能力的战略价值是改革受到关注的重要原因。改革在国际组织的持续讨论中占据了重要地位。

洛克菲勒的巨额赠款是否是官方要求或批准的，仍不清楚（也许是故意隐瞒的）。然而，美国政府相当高兴。当然，尽管之前对国联有种种看法，但它有充分的理由避免任何看起来像是正式的欢迎。美国不干涉主义者的呼声构成了直接的政治威胁——那是一个选举年[32]。美国的许多人对这种看似简单的专业服务合作持怀疑态度[33]。这一广泛的票仓对关系的任何变化都保持警惕。反对者并不局限于国会或外交使团中的人物。许多媒体都对该组织持怀疑态度，但充其量只是怀疑而已。《芝加哥论坛报》是罗斯福反对者的一个工具，可能它已经对这些和其他的操纵形式很了解。这份报纸从 1939 年起就开始跟踪报道国联可能的转移[34]。总统和他的顾问们一直都明白，《芝加哥论坛报》和其他不赞成的目光正在注视着他们。

讽刺的脚注

尽管总统一直在逃避，但他确实为保护和维护专业服务的事业提供了一些实际的东西。1940 年 4 月 4 日，罗斯福递交了承诺的亲笔信，支持伍利委员会对"国联的非政治和人道主义活动"[35]进行援助。这里也有与国际社会的联系，国联在皇后区的非官方大使馆强调了这一点。

虽然经罗斯福签署，但这封信被认为出自助理国务卿阿道夫·博尔乐的手笔。然而，实际上这封信是在"白宫的幽灵作家"格里格的协助下起草的[36]。该照会希望伍利的目标能得到"充分和适当的支持"。它强调了在展览会上重复的自由主义口号，同时强调了这样一个事实："多年来，美国政府的一贯政策是在国联的专业活动和人道主义活动中进行合作。其中某些活动确实不仅是值得的，而且是绝对必要的。"[37] 赫尔在 1939 年的备忘录被引作美国赞赏的证据，但博尔乐在他的讲话中加入了一个普世主义的尾声来支持国联的专业工作："无论各国政府如何分裂，人类的问题是共同的，全世界都是如此"。同时，罗斯福的声明保持了健康的政治距离，谨慎地指出他希望看到国联的资源得到保护，但"没有以任何方式介入国联的政治事务，且不以任何方式介入欧洲的政治事务"[38]。

无论备忘录是谁起草的，它都是一份重要的带有总统印记的声明，即使官方并不承认。罗斯福没有发布外交公报或私下表达他的情绪，而是公开说明了基于更大的自由主义假设而保留国联的技术结构的理由。即使是有条件的干预也有实际作用。就像它允许总统在不花很多政治资本的情况下支持国联一样，它确实将国联专业机构的生存纳入公共议程，为已经讨论过的可能行动铺平了道路。对非政府组织的关注也进一步加强了。他们的活动相当于得到了总统的正式批准。罗斯福政府认为它已经做出了适当的妥协。然而，只有当所有机构和人都在同一战线上时，事情才能成功。

无论动机如何，罗斯福的干预对考虑移植国联机关的国际主义者来说无疑是一次政变。然而，伍利在近两个月内都没有向公众公布这封信。这几乎可以肯定是为了让各党派在幕后与美国和国联官员进一步制订计划。

为确保各基金会致力于保护国联的工作，艾克尔伯格和伍利忙于管理委员会的公共形象，同时通过与博尔乐的定期接触使罗斯福政府了解情况。他们特别注意通过招募威廉·艾伦·怀特等温和的共和党人和查尔斯·塔夫脱等"真正的共和党人"，使其组织具有两党色彩[39]。

国联在纽约的代表格里格在这些讨论中仍然是特许的。他在展览会场的非官方公使馆对洛克菲勒基金会的工作人员提出的要求做出回应，根据他们以前的活动勾勒出各专业部门的需求。对于一个新出现的阴谋，格里格可以轻松地，而且在大多数情况下，准确地告诉日内瓦的同行们，他"知道与这场运动有关的一切，我正在为它提供建议和信息"。[40]

这场阴谋的参与者和范围不断扩大，加上世界性事件加速发展，种种因素保证了它不会被一直隐藏下去。1940年5月19日，《芝加哥论坛报》爆料说，国联正在考虑迁往美国。该报正确地推测，这将"符合罗斯福政府促进国联非政治性活动的愿望——如经济研究。消息灵通人士认为，国联的这部分内容转移到新世界是最合理的"。进一步的证据是赫尔经常引用的1939年的备忘录。《芝加哥论坛报》指出，如果搬迁成功，这将是国联历史上的一个"讽刺的注脚"[41]。

不死的国联

在一个充满讽刺意味的时代，一个曾声称要为和平服务的组织的命运却要被战场形势所决定。1940 年 5 月 10 日，德国在西部展开攻势，这一行动无可挽回地改变了局势。随着战争的深入，国联的命运越来越明显地任由大国摆布。洛夫迪在他的日记中轻描淡写地写道："极权主义战争好像已经开始。"[42]

随着 1940 年春天发生的令人震惊的事件，之前的担忧爆发成一场全面的危机。德国的军事胜利迅速导致了盟军的溃败。5 月底和 6 月初，不可想象的事情成为现实。比利时和荷兰投降了；英国人逃离了欧洲大陆；法国军队崩溃了；意大利也加入了战局。国际主义者可以感受到地缘政治秩序的结构性变化。在"假战"之前和期间酝酿的计划并没有意义。对日内瓦脆弱性的猜测被证明是事实。

面对已经成为法西斯大陆的国家，中立似乎是一个脆弱的盾牌。在春天，人们担心德国人可能会迅速征服瑞士。即使这种情况没有发生，日内瓦采取真正独立行动的余地也在迅速消失。一旦法国被完全攻略，轴心国将几乎完全控制了进出口。正如联合国电台的争论所预示的那样，通信确实受到威胁。日内瓦连接其他国家的电线逐渐被切断，这让洛夫迪等人十分焦虑[43]。此时的瑞士已经如惊弓之鸟，它担心自己国土上的这些国际组织不被战争的胜利者所喜欢，因此担忧它们的未来[44]。残酷的现实使国联的官员及其支持者担心，起于"一战"后的这一政治实验可能会在"二战"中戛然而止[45]。

还有一种可能性更令人不安：国联可能会继续存在。但它将在截然不同的情况下存在，而且是在新主人的带领下。随着灾难的到来，人们痛苦地发现，纳粹正在塑造未来的世界。国联官员和美国两党官员越来越相信德国人急于改造该机构以服务于法西斯主义秩序。希特勒曾在1939年10月宣布国联已"死亡"，元首认为没有必要对国际秩序进行修订。然而，那些保持中立的德国官员表示，如果不是国联，也是其他形式的"国联"。一位荷兰记者讲述了当年秋天在柏林的谈话。为了在"真正巩固政治局势"之后寻求"永久和平"，可以为"新的国联"提供一个位置。这个机构将不依赖于"凡尔赛的不公正"，而是反映一个"新的集体安全体系"[46]。

1940年的《德意日三国同盟条约》使这种猜测有了一种预兆。德国外交官在日内瓦的言辞进一步加剧了那个春天和夏天的谣言。纳粹政权已经表明，它并不排斥利用现有的国际机构来促进其利益。它已经与国际刑事警察委员会合作，并将保留和利用其在国际刑事警察委员会的成员资格。它将保留并利用其在国际清算银行的成员资格来达到自己的目的（在盟国中滋生不信任感和取代已有建制的渴望）[47]。这就提出了一个不祥的可能，即国联和国际劳工组织的机构可能会被恢复。它们的残骸可能会被融合成某种经济框架，以支持纳粹的经济和劳工哲学。其基础是"通过欢乐获得力量"（Kraft durch Freude）[48]。恐惧被新出现的势头证实。帝国经济部长瓦尔特·芬克（Walther Funk）在阐述关于德国如何促进欧洲一体化的官方观点时，将令人不安的猜测变成了现实[49]。在迎来一个又一个战场上的胜利后，芬克在1940年7月宣布："我们在取得战争最后的胜利之后，将在更大的范围内推广我们成功的经济政策……我们不允许在经济领域出现不受管控的力量，那样会给德国带来大麻烦。"[50]

芬克的上述表态让人震惊。这说明，如果让德国人赢得这场战争，那么德式自给自足的经济体制就会成为整个欧洲的标准。而格莱迪、康德利夫以及其他国际主义者在日内瓦、卑尔根、伯克利等地所谋划的自由主义的贸易和货币关系从此将成为牺牲品。那些稳定的国际经济秩序所避之不及的趋势将被固定下来，并且会产生连锁反应，最终重塑全世界。

在 1940 年的夏天，似乎没有什么事情比欧洲各个帝国的命运更能牵动人们的地缘战略神经了，但实际上，国联的未来也是人们热议的话题之一。国联为自由主义国际秩序提供了重要的数据和运行机制，因此广受国际主义者的支持。与此同时，不少人都隐约担心，法西斯会不会同样利用国联把欧洲紧紧抓在手里。德国的春秋大梦就是国际主义者的噩梦，建成不久的万国宫，还有洛克菲勒基金会资助的宏伟图书馆，都可能成为德国法西斯"新秩序"的支柱。

世界末日

恐惧激发了挽救国联的动力。援助专业部门的计划完全变成从欧洲拯救出国联的关键部分。在德国进攻西部之前，斯威瑟就计划在 5 月访问美国。随着进攻的开始，斯威瑟加快了他的旅行计划。虽然他向艾文诺请求了非正式的休假，但他有正式的日程安排。出发前，他与洛维德和莱斯特共进晚餐，讨论各自担心的事情。毫无疑问，其中之一就是将经济和金融部门迁往美国的可能性。匆匆告别后，斯威瑟对笼罩在万国宫中的不确定性感到不安。那里的话题已经转移到德国伞兵可能夺取皇宫，以及是否应该放弃新建的总部。在斯威瑟告别时，莱斯特要求随时了解他的动向。副秘书长几乎是下意识地补充道："当我们知道下一步如何行动的时候，我会告诉你的。"

斯威瑟途经瑞士到达意大利热那亚，在那里等了三天半才登上一艘船。在等待的过程中，几位来自法国的熟人也加入了他们的行列，他们带来了关于正在发生的灾难的零星消息。这些消息拼凑在一起，显示"四个帝国——英国、法国、荷兰和比利时——似乎都在崩溃"。这是一次"噩梦般的旅行，穿越地中海，经过直布罗陀，横跨大西洋"。所有人都在想，"我们所熟悉的世界似乎即将终结"[51]。

当世界秩序的其他部分瓦解时，国际社会的纽带还在。5月28日，当斯威瑟的邮轮停靠在纽约市，他"飞"进那个国际主义的蜂巢时，这一点就显而易见了。他给里夫勒打了个电话，里夫勒说高等研究院愿意提供帮助。随后，斯威瑟与威利茨共进午餐，威利茨明确表示，洛夫迪的"部门是……世界上最重要的经济研究中心之一"，如果它因危机而"瘫痪"，那将是一种"罪孽"。在他们吃饭时，福斯迪克轻车熟路地走到他们桌前，当被问及此事时，他说他"确信基金会会合作"。在得到如此令人振奋的消息后，斯威瑟联系了国联协会，该协会尽力地为他联系到了伍利委员会的成员。在他们与罗斯福的合作不断深入的过程中，协会也会随时与他保持联系[52]。

经过这些富有成果的会面之后，斯威瑟前往华盛顿，在那里与时任国务卿经济顾问费斯进行了讨论。他还拜访了总统的亲密顾问，但这位罗斯福的"老朋友"似乎从未进入白宫。无论如

何，这些广泛的会面让斯威瑟看到了西部战争对政府的影响。到
6月初，他"对这里的舆论变化感到惊讶。……这里将出现很多
令人鼓舞的现象，前提是有时间"[53]。他向莱斯特通报了美国人
态度的变化（他提到了在展馆为他和其他国联官员举办的招待
会，以及展馆吸引的更多参观者——5月的一个周日就有8000
人），并表示这些变化增强了搬迁的可能性。他还暗示说，搬迁
到热情高涨的美国可能会带来更深远的好处：

> 我无需再次强调……这种转变对未来的重要性。它
> 将开辟最有趣的可能性，并使这项工作个性化到史无前
> 例的程度。即使不考虑其他因素，如果我们从长远的角
> 度来看待未来，仅这一点就足以证明我们有理由迈出大
> 胆的、临时性的一步。……我强烈地感到，除了技术上
> 的原因，还有其他更令人信服的原因，使这场赌注非常
> 值得。现在一切都很不稳定；我们所有人都需要运动和
> 新鲜空气；我相信，这对我们和我们那些只想帮忙的朋
> 友们来说，都将是开启新篇章的无价之宝。

一向乐观的斯威瑟从春季的危机中看到了实现他和其他人长
期以来一直为之努力的目标的契机。如果计划继续推进，"从某种
意义上说，国家将成为这项工作的一部分"，支持"这样一种信
念，即如果美国在现在这个紧急时刻为国联提供庇护，那么它将
永远融入这个国家"。[54]

国联工作人员的鼓动固然重要，但真正的可能性来自更广泛
的国际主义认识，即法西斯在欧洲的胜利具有全球影响。人们的

态度确实在转变，但政治上的复杂性依然存在。斯威瑟在许多方面都得到了支持，但最直接、最具体的支持却来自非政府组织，它们有自己的观点和目标。就在斯威瑟在纽约四处奔波的同时，洛克菲勒基金会的员工们也在逐渐理解更宏大、更严峻的形势及其预示。

6月4日，威利茨冷静地分析了"希特勒获胜"的前景。这将意味着英法帝国的"断肢"、欧洲在经济上从属于德国、数百万人被迫移民，以及与纳粹意识形态相悖的"一切独立表达均被压制"。除了这些动荡之外，威利茨认为"思想上的后果也同样令人震惊"。德国的胜利将使基金会和其他机构努力培育的许多东西化为乌有。西欧将不再"提供使社会科学研究可以蓬勃发展的环境"。威利茨的备忘录并非无力的哀叹，而是对流亡学者更大事业的承诺："对美国和文明而言，这是一个更大的机遇"[55]。

从"超级大学"流失的学生是这一机遇的重要组成部分。有无数个团体和个人聚集在一起抢夺他们。有一个人"突然"加入了斯威瑟的工作。他就是卡尔·哈姆布罗，当时他自己也在流亡。这位挪威人仍然是国联大会的主席——随着事态的发展，这一官方职位将被证明是至关重要的。他自己也险些被法西斯关押在欧洲。1940年4月8日，德国对挪威发动突然袭击时，哈姆布罗正在奥斯陆。挪威要塞爆发的抵抗运动阻滞了突击部队的行动，推迟了夺取首都和王室的主要政变。哈姆布罗利用这次短暂的喘息机会，在德军登陆前协助国王和部分政府人员逃离。虽然这件事迫使哈姆布罗逃往瑞典，但他仍继续主张抵抗[56]。

在入侵发生的几个月后，哈姆布罗就来到了美国，不仅是为了他的祖国的前途，也是为了国联的命运。他是最早呼吁美国人重视保护国联并且干预战争的人。他既是国联大会的主席，又有了一个新的身份，那就是反法西斯的流亡者，这样的身份使他跟美国决策层的一些官员关系密切，用他自己的话说，包括"一号"，以及富兰克林·罗斯福[57]。

7月，哈姆布罗与斯威瑟一起前往普林斯顿，参观了普林斯顿大学、洛克菲勒研究所和高等研究院提供的设施。高等研究院与普林斯顿大学一起，拥有世界一流的学术资源，使经济和金融部门能够继续开展工作[58]。无论是从地理位置（位于纽约和华盛顿之间），还是从哲学思想（与首任主席亚伯拉罕·弗莱克斯纳的观点一致，即"联盟就是一切"）来看，高等研究院都是一个热情好客的地方。

至关重要的是，建立在进步改革基础上的高等研究院中充满了坚定的自由派干预者。弗兰克·艾德洛特（Frank Aydelotte）是弗莱克斯纳的继任者，他在 1940 年春"援助盟国保卫美国委员会"（Committee to Defend America by Aiding the Allies）成立时就成了该委员会的早期成员，并积极参与了美国遏制法西斯势力的努力。在他的领导下，高等研究院已经开始赞助一系列项目，将学术专长与政策制定联系起来。在另一个重要基金会纽约卡内基公司（Carnegie Corporation of New York）的帮助下，高等研究院主办了一次军事和外交政策研讨会，旨在重新构建美国的大战略，以应对混乱的世界[59]。

从普林斯顿出发后，哈姆布罗和斯威瑟乘车前往纽约，与福斯迪克和基特里奇进行了进一步的会谈，因为基金会向竞选活动提供了资产。当他们与国联协会和伍利委员会的艾克尔伯格交谈时，听说了促成正式邀请的计划是如何落空的。但是，挫折感转化成了对以普林斯顿为中心的计划的兴趣。逐渐地，两头跑的联盟倡导者的努力与美国国内国际主义者投入到救援计划中的努力越来越相吻合。6月1日，在这种穿梭和谋划中，伍利宣布了她的委员会的存在，详细介绍了委员会的目标，并公布了罗斯福的信件[60]。

现在正是时候：西方的军事形势正无情地向德国倾斜。委员会确保这封信在媒体上被广泛报道，但它并没有改变政府对国联的公开姿态。这再次提醒人们，罗斯福不愿公开支持国联。尽管如此，在官方范围之外，仍有许多有利于经济和金融部门及联盟专业服务的活动。

申请庇护

与罗斯福政府对经济和金融部门提供的间接有限的支持相比，国际劳工组织完全缺乏正式或其他形式的支持。国际劳工组织对日益恶化的局势同样感到担忧，但它发现美国政府对此毫无反应。国际劳工组织在国际和美国民间社会也有支持者。随着西方联盟瓦解，约翰·霍普金斯大学为它提供了避难所[61]。6月，该校校长、美国人约翰·怀南特（John Winant）找到美国驻日内瓦代表，请求官方援助[62]。

美国国务院不愿发出邀请，美国劳工联合会主席威廉·格林（William Green）发出呼吁，再次表明日内瓦机构在多元化的国际社会中得到了广泛支持。他将国际劳工组织描绘成"极权国家"所唾弃的"民主机构"。该机构是为促进"社会正义"而创立的，它坚持了"作为其创立基础的民主原则"。也许同样重要的是，怀南特提醒赫尔，其工作人员确保了国际劳工组织"毫无偏差地支持您所倡导的国际政策"。[63] 他断言，国际劳工组织仍有真正的工作要做……[64]（而这些工作）最好在北美完成。考虑到国务卿和总统都批准了他在该组织的任命，他认为赫尔不得不向罗斯福提出这个问题 [65]。

　　赫尔确实与罗斯福谈过话，但这次谈话有助于他驳回怀南特的论点。对国务卿来说，决定此事的不是美国对该组织的承诺，也不是怀南特的领导能力，而是半数以上的国家都没有加入该组织这一事实。此外，任何要求在美国独立存在的国际机构都必须得到国会的同意。赫尔明确表示："我们目前不能要求达成这样的协议。"[66] 与国联的情况一样，向国际劳工组织发出正式邀请是不可能的；然而，该劳工机构并没有对已经在进行的针对经济和金融部门的非官方活动进行评价。

提供庇护

　　在国际劳工组织的请愿在华盛顿失败之前，拯救联盟的计划就已经启动。6 月 7 日，作为国际主义巡回活动的一部分，斯威瑟访问了普林斯顿大学并参观了其设施。他从洛夫迪和莱斯特那里得到了关于将联盟职能转移到美国的一般性承诺，但秘书长显然没有做出任何承诺。艾德洛特在他的高等研究院办公室召开了一次会议，与会者包括斯韦特塞尔和一些与国联的存亡息息相关的学术界人士。普林斯顿大学副校长乔治·布雷克利（George Brakeley）和洛克菲勒医学研究所所长卡尔·腾·布洛克（Carl Ten Broeck）表示愿意将他们的研究所作为技术机构的庇护所。幸运的是，几天后的 6 月 10 日，普林斯顿大学的理事们正在开会，搬迁计划得到了他们的一致同意[67]。就在同一天，斯威瑟坦诚地告诉艾文诺，虽然问题依然复杂，但"如果最坏的情况发生"，"门是可以打开的"，"可以安排专业部门到这里来寻求安置"[68]。

整个计划提供了一个窗口，让人们了解自由主义国家社会是如何运作的。这是一个信号，表明非国家团体在制度上、法律上和财政上都有相当大的灵活性，可以迅速采取行动。它们还摆脱了政府机构必须面对的许多政治束缚——这一点当然得到了罗斯福、赫尔和华盛顿其他人的赞赏。

然而，学者们的阴谋仍然在美国政府许可下才能实现。会后，艾德洛特匆忙带着这些学术机构的临时代表团前往华盛顿，与赫尔和其他国务院官员会面，以获得他们的批准。虽然非政府组织可以轻易发出邀请，但他们仍然不得不面对政府对边境和旅行进行管制的事实，这种权力在战争时期更加强大。不过，考虑到美国政府对这个被认为是国联首要技术机构的重要性的认可，以及对其中利害关系的充分认识，赫尔轻松地批准了邀请。有了东道国、资金和政府的批准，计划就可以付诸实施了：发出邀请，收拾各部门的行李，然后出发[69]。

普林斯顿大学校长哈罗德·多兹（Harold Dodds）在他的大学、洛克菲勒医学研究所（Rockefeller Institute for Medical Research）和高等研究院的要求下，写了一封联合信函，启动了 6 月 11 日的合作。他们的提议扩大到了所有涉及公共卫生、鸦片管制和经济工作的部门，因为支持者们"担心这些部门精心培养的、训练有素的工作人员可能会被分散，精心积累的记录可能会被销毁"。为了防止这种情况发生，他们"诚挚地邀请秘书处的专业部门从日内瓦搬到这里来"[70]。

这一提议实现了了艾文诺在前两年为保护技术机构而提出的许多建议。当时有传闻说，秘书长艾文诺虽然有一些保留意见，但只能接受[71]。

拒绝庇护

实际上艾文诺并没有顺顺当当地接受。

艾文诺拒绝了邀请，援引了法律条文。巴黎沦陷的第二天，即 6 月 15 日，他发来电报说，国联的所在地是日内瓦，"除非一个或多个国家采取主动行动"，否则他无权移交秘书处的工作。在发出电报的同时，他对"美国朋友"的"同情关怀"[72]表示衷心感谢。

考虑到国联已经投入了大量资源来培养与美国的关系，艾文诺否定了他几个月前讨论过的那种搬到北美的想法，这似乎令人费解。事实上，国联的缔造者们已在《国联宪章》中写入了搬迁的可能性。尽管第 7 条规定"国联会址设于日内瓦"，但它允许"理事会随时决定在其他地方设立国联会址"。复杂的因素是，国联理事会没有开会，这意味着很难及时做出决定。从形式上看，秘书长无法单独就整个组织的搬迁做出最终决定。这为艾文诺提供了一个借口，用来解释他拒绝向美国转移经济和金融部门的决定。他的立场让人们对他所做的变革感到担忧。

万国宫里流言四起，说艾文诺正在为德国和意大利在国联中留出位置，或者至少正在敲定某种专业合作协议。随着 6 月法国战局的不利，艾文诺遭遇失败。在日内瓦的下属看来，他的行为变得反复无常，有些人甚至认为他叛国。他从来没有完全坦白过自己到底想要做什么，但他否认了自己的计划，甚至对战后一位大胆提问的采访者"恼羞成怒"[73]。1940 年，他接触到了后来组成维希政权的势力[74]。

艾文诺的行动激起了万国宫大厅里的怒火。对莱斯特来说，日内瓦已成为牢笼。6 月 19 日，他向斯威瑟坦言："世界正在我们耳边轰然倒塌"，并毫不掩饰地说："（艾文诺）有一些可怕的幻灭，愤怒有时帮助我度过了艰难的日子；当傲慢有敏捷的智慧作为支持时，尚可被忍受，但当一个人还不得不忍受徒劳无功和士气低落时，最后一丝敬意也会消失"。他指出了德国军事成功所暴露的问题："我们的未来目前还远未掌握在我们手中"[75]。

内部斗争可被视为濒临消亡的组织的痉挛，但其对国联工作人员和资源的最终处置很重要，包括在国际舆论场上的处理。在努力遏制艾文诺的同时，莱斯特向英国人发出呼吁，强调人们担心国联可能会轻易地使法西斯新秩序合法化，并为其提供技术支持。莱斯特提醒英国驻伯尔尼公使戴维·凯利（David Kelly），秘书长可以单独召开由国联主持的会议。无论是受德国人或其同伙的指使，其宣传功能都是显而易见的[76]。

在美国，艾文诺的拒绝预示着最坏的情况正在发生。但仍有希望打动罗斯福和美国政府，让他们承担迄今为止一直竭力避免的政治风险。6 月 15 日，就在拒绝之后，伍利回到了华盛顿，与博尔乐会面。她向博尔乐提交了弗兰克·布德罗（Frank Boudreau）准备的一份文件，总结了将国联引入美国的理由。

布德罗是国联的元老，当时是以健康为导向的米尔班克（Milbank）基金的负责人。他对国际社会为管理影响全球生活的跨国力量而创造的手段深有感触。他的声音完美地解释了即使国联在政治上惨遭失败后，美国的支持者仍坚持其理念的原因。布德罗没有对国际和谐抱有幻想，也没有认为国联实现了集体安全的梦想。相反，他维护国际联盟的冲动恰恰反映了国际主义的基本理念，即与现代世界的动态因素抗衡并加以控制。

科学正在把这个星球缩小成一个紧密相连但又错综复杂的地方，而国联则是构建"世界合作体系"的一部分。国联的"组织结构"中包含着了解和分析这个世界的雄心壮志。这些国联碎片所能做的工作"不是学术性的"，因为他们的努力影响着"许多人的日常生活"。这就解释了为什么这些专业工作赢得了"公众的尊重"，即使在那些不属于该组织的国家。布德罗提醒总统，为这一成功做出贡献的美国人名单很长，而且分布在各行各业中。他们所获得的知识和专业技能非常宝贵。但同样重要的是，它可以成为一种战略资源。如果把国联人员留在日内瓦，这种能力就会受到威胁，不仅因为他们将无法有效地完成如此有价值的工作，还因为"德国和意大利将竭尽全力摧毁它"。布德罗希望美国人的观点正在发生变化，这将使国联的机构能够顺利地移植到华盛顿的一个地方，重新与美国政府机构和其他成员国的代表建立联系。他也认为凡尔赛体系的失败在一定程度上是专业知识的失败。保留秘书处的这些机构将增加精通国际问题的人才储备，而这将成为构建任何解决方案的框架。他们可以帮助解决战后世界出现的复杂问题。美国可以尽自己的职责，为这位"人类公仆"提供庇护，并从中获得有用的工具[77]。

布德罗的信受到了关注。从博尔乐与罗斯福的通信中可以看出，总统清楚地知道信中提到的问题以及艾文诺拒绝普林斯顿邀请的原因。在他们的交流中，博尔乐将总统了解的情况记录在

案：国联专业活动的转移不是一个简单的请求。这场危机提出了
"除非找到庇护所，否则整个机制能否存在的问题"。因此，为迁
往普林斯顿而对国联成员进行的裁减必须是有选择性的。在经济
优先的情况下，各种人道主义和健康活动无疑将被"搁置"。即
使明确划分了非政治性机构与政治性机构的转移，博尔乐也明白
他们将带着政治包袱前往美国。任何请求，哪怕是仅限于经济部
门的请求，都涉及"一个显而易见的重要政治决定，只能由您本
人、国务卿和内阁来决定"[78]。罗斯福再次回避了公开、官方地
对这一棘手问题做出承诺。但是，国际社会已经开始行动了。

　　尽管总统正式宣布不采取行动，但伍利并没有松懈。整个6、
7月，她都在考虑专业部门面临的"严峻形势"，继续为发出邀
请而奔走。在6月的最后几天，她又提出了这样的观点，即国联
如果落入法西斯之手，可能会被操纵，从而帮助建立欧洲（或世
界）新秩序。希特勒可能会"受到启发而夺取国联……将其算作
他的又一场'胜利'，并最终按照纳粹的模式来塑造它"，从而为
他的征服增添合法性[79]。然而，这并不是说政府忽视了这一问题
或不理解国联带来的难题。在随后的日子里，美国国务院确实开
始调动其在瑞士的资源来支持专业服务事业。

明日之书

　　到6月下旬，被艾文诺拒绝后，由于美国政府没有采取公开
行动，美国支持者可能会感到沮丧，甚至想放弃。在可预见的未
来，国联工作人员似乎很可能被"囚禁"在日内瓦。然而，联盟
及其控制的珍贵资料可能会被锁在法西斯统治的欧洲，这激发了

更激进的计划。在高等研究院和洛克菲勒基金会，人们立即想到了国联仍持有的最有价值的东西——数据[80]。在秘书长被拒的背景下，威利茨发电报询问一个项目的进展，该项目将利用相对较新的缩微照相技术，将欧洲金融情报局的大部分宝贵记录制成照片。洛夫迪很快回复说，这项工作已经开始，但只完成了一部分。该部门的工作人员可能被困，但至少他们的部分工作有希望被拯救出来。威利茨和艾德洛特开始密谋如何使他们辛辛苦苦建立起来的重要经济数据不落入法西斯的魔掌。他们密谋对万国宫中的大量经济数据进行微缩拍照[81]。

这项技术似乎是从间谍电影里来的。缩微拍照在当时是一项尖端科技，而对于今天的人而言，这项技术太稀松平常了。洛克菲勒基金会对于实现这项技术做出了很大贡献。它认为这项技术将会大大地节约存储空间，因此资助美国图书馆协会以及芝加哥大学，推动它们研究这项技术。缩微胶片的发明所引起的震动，不亚于今日的数字技术。在当时，人们称这项技术是"明日之书"。对于国联而言，这项技术解决了他们的大问题，使得在危机时代存储和运送海量资料成为可能[82]。

在收到洛夫迪的信息几天后，基金会就从1940年4月的赠款中拨出了一笔资金，用于完成缩微胶卷的制作，这项任务很快得以完成。一旦采用这种紧凑的形式，许多人珍视并努力培育的信息成果就能更容易地被偷运出欧洲。即使国联的外壳无法保存，其劳动成果也可以保存下来[83]。

其中大部分都是在瞒着国联负责人的情况下进行的。到6月，领导层之间仅存的一点脆弱的信任也消失殆尽。艾文诺在做出关键决定时，并没有与主要下属，尤其是莱斯特和洛夫迪进行讨论。6 月，艾文诺甚至在没有征求高级职员意见的情况下，就把组织的秘密档案送到了维希。莱斯特破天荒地反对这一决定，并要求将这些材料送回日内瓦[84]。这不仅体现了艾文诺对新兴维希政权的拥护，也体现了国联内充满敌意的不信任。下属们对秘书长的尊重逐渐减少，甚至到了不屑一顾的地步。洛夫迪和莱斯特越来越发现自己不仅反对艾文诺的政策，还讨厌他本人——海外支持者也有同感。越来越多的美国支持者在向秘书长传递信息时，都会小心翼翼地确保洛夫迪或莱斯特收到一份副本。在某些问题上，艾文诺被完全排除在沟通之外[85]。

专业部门的人力资源更为重要。到 7 月初，日内瓦的国际民事服务人员的处境已接近危急。有限的通信加剧了混乱和焦虑。为国际公务员队伍寻找财政支持是一个真正的问题。洛夫迪正在努力筹集资金，以确保其部门重要成员被"登记在册"和保留职位。解散的原因可能不是战争或政治压力，而仅仅是缺乏薪酬。事实上，对于艾文诺这位经验丰富的官僚主义者来说，财政紧张和裁员需求仍然是他处理那些政治上有问题或不符合他愿景的人员的一个现成借口[86]。

总之，日内瓦的事态发展令其余盟国以及美国两党感到不安。这不是机构空转，而是反映 1940 年全球地缘政治变革的一个因素。人们并不希望希特勒和墨索里尼得到任何其他可能增强其在世界舞台上合法性的东西。随着战争进入一个新的阶段，有许多重大问题摆在了桌面上，事实上，许多人都看到，国际生活中的一个新时代已经开始。1939 年参战的西方联盟已被摧毁，法西斯主义势力如潮水般涌来。法国，它的帝国和军队的命运是一个悬而未决的问题[87]。在那个动荡的夏天，国联及其经济部门的命运举足轻重，这证明了信息对自由秩序的重要性。与此同时，他们也认识到，他们的对手也可能会利用它来达到类似的目的。

言辞有力

在美国本土，这些国际主义者的反应显示了为自由世界而战的决心。考虑到共谋者的忠诚，让联盟中受人尊敬的部分不受法西斯控制的密谋本不足为奇。艾克尔伯格、艾德洛特和伍利已经听从了 5 月 17 日的号召，加入了新成立的、明确奉行干涉主义的通过援助盟国保卫美国委员会[88]。

在繁忙的夏天，艾德洛特从他的密谋中抽出时间，召集大家讨论如何应对急剧变化的世界局势。他的运作表明，如果经济和金融部门能够进入新泽西州，那么它将由那些蠢蠢欲动的人监护。6 月 29 日至 30 日，高等研究院主办了一次由国家政策委员会举办的研讨会，讨论纳粹获胜对美国的影响。与会者包括高等研究院的同事里夫勒（Riefler）和爱德华·米德·厄尔（Edward Meade Earle），以及俄罗斯联邦委员会的基特里奇（Kittredge）和雅各布·维纳（Jacob Viner）。

研讨会的结论表明德国胜利的严峻影响包括在东欧试行的双边协议。与几个月前在卑尔根和日内瓦表达的担忧一样，现在的担忧是，这些协议将被用来把拉美经济与德国主导的欧洲捆绑在一起。这些论断直接来自既定的分析。康德利夫同时对德国胜利的全球经济后果敲响了警钟，他引用了高等研究院会议的结论，因为这些结论重复了他自己的结论。还有人表达了其他担忧，但这个例子表明了国际中心的经济分析是如何融入美国高层战略思维的。这让艾德洛特深受鼓舞，他责备干预阵营的其他人支持"驱逐舰换基地"交易，认为这笔交易将 50 艘多功能战舰交到英国手中 [89]。

这些迹象都表明，国际社会的交换机制是如何为应对危机而出现的。英美两国加强了合作。英国驻美大使、洛锡安爵士（Lord Lothian）、菲利普·科尔（Phillip Kerr）是这一交流的重要成员。那年夏天，他要处理的一系列问题中就包括国联的地位问题。和许多国际主义者一样，他深知经济与金融部门的价值。他与英国政府一样，希望看到专业服务从日内瓦撤出。他还不遗余力地培养与华盛顿内外有影响力的人士的关系。福斯迪克、威利茨和艾德洛特是可靠的定期联系人，他们急切地向他通报了移植经济和金融部门的计划。洛锡安向伦敦转达了美国倡议的细节。他随时向他在美国的联系人通报英国的行动，尤其是当外交部决定介入这场斗争，就普林斯顿方案向艾文诺发出"措辞强烈的信息"时 [90]。

洛锡安反映了英国政府对日内瓦事态发展的重要看法。在普林斯顿的邀请被拒绝后，洛夫迪和莱斯特（Lester）秘密地告诉凯利，他们对秘书长的行动感到"严重不安"。他们认为，秘书长正在通过某种"对轴心国的迁就"来"重新确保自己的安全"。因此，对艾文诺"需要密切关注" [91]。

秘书长决定拒绝普林斯顿的提议，加上有消息称其正在考虑"清算"秘书处，这引起了英国方面的怀疑，并做出了严厉的回应。哈利法克斯起草了一封信，信中写道："国王陛下的政府无法理解（艾文诺）为何能够不征求联盟成员的意见就这样做。……在进一步讨论之前，应该撤销拒绝……" [92] 英国的行动得到了美国的附和，美国动员伯尔尼公使馆成员就秘书长的决定与他对质。

为了与艾文诺的顽固不化做斗争，6 月 27 日，英国公使和美国公使对他进行了连续访问。这将是一次教训。艾文诺不是政治新手，长期以来一直在最高外交层活动。他迅速而巧妙地分化了这两个势力。上午 11 点，英国公使凯利带着哈利法克斯那封带刺的信抵达国联秘书处。信中指出，英国政府认为普林斯顿的邀请是一项"正式提议"。作为英国政府青睐的"首选"方案，艾文诺"立即"接受才是"明智的"选择。信中直截了当地指出，如果邀请确实被拒绝了，那么这个决定应该被"撤销"[93]。

艾文诺轻松地回避了这封信函，指出"不能说他拒绝了邀请"。他声称，阻止他接受普林斯顿邀请的原因并不是邀请本身，而是联盟官员的地位问题。艾文诺利用英国人希望将普林斯顿视为"官方提议"的心理，使问题变得更加复杂。如果没有美国政府的批准，任何被派往美国的工作人员都将被视为是在进行私人活动。当然，艾文诺声称自己无权改变这些"国际官员"的地位，也无权将他们的工作贬低到"非官方学术出版物"的水平。他责备那些支持这一提议的人，"必须看看美国当局是否愿意承认这些官员的国际地位"。秘书长断言，更重要的是邀请所引发的棘手的宪法问题。只有在一个或多个国家提出请求的情况下，国联才能将秘书处人员全部或部分移交。艾文诺对美国政府的惶恐早有耳闻，他将这一问题转化为自己的优势。

艾文诺转嫁责任，让美国"决定它是否可以，即使不能实际邀请秘书处的全部或部分人员，至少授权普林斯顿大学的邀请"。这样的行动将保障国联工作人员的国际地位。然而，艾文诺在提出这一建议的同时，却在背后嘲笑美国人，他告诉英国代表，美国"不可能"就这一邀请采取"任何主动行动"[94]。

据凯利称，当英国提出协助谈判美国官员的地位问题时（艾文诺刚刚提到了这个问题），秘书长"暴跳如雷"，并宣布这不能令人满意[95]。艾文诺拒绝了用国联的经费进行搬迁的想法，认为这是一种投资，"不能指望有任何回报"。他还拒绝了凯利提出的用英国信贷支付搬迁费用的建议，因为普林斯顿是一个"不确定"的提议[96]。

这一切都以一种高压的方式表达出来，但艾文诺却占了上风。世界局势发展迅速，对英国不利。艾文诺的行为反映了这一转变。与会人士指出，他们还从未见过任何政府的代表受到秘书长如此粗鲁的对待[97]。

搞定凯利之后，艾文诺在中午迎来了美国驻伯尔尼大使馆的哈罗德·蒂特曼（Harold Tittmann）这个"软柿子"。秘书长向这位美国官员简要介绍了刚刚发生的事情，并提到英国将普林斯顿的邀请视为正式提议。艾文诺指出，既然英国把它作为一个正式问题，那么国联在考虑前往美国之前就需要得到正式的保证。蒂特曼为了应对这种意见，建议美国只授权专业部门的运作以及工作人员的国际地位，而不是正式邀请他们。但考虑到他所强调的法律问题，艾文诺向蒂特曼提出了一个他自己可能知道答案的问题。秘书长率先问道，美国政府是否会发出讨论已久的正式邀请？美国人被问得哑口无言，他回答说，他必须问他的政府。艾文诺把水搅浑了：英国要求把普林斯顿的提议视为官方提议而他把这个要求变成了迫使美国澄清其对国联的官方立场的一种手段[98]。

蒂特曼正式向赫尔提出了这一要求。答复正如艾文诺所预料的那样：罗斯福政府不会采取这种公开行动。它不准备承担"使一个本国政府未参与的政府间国际组织的专业服务继续运作"所带来的政治代价。更重要的是，"没有国会的批准"是不可能这样做的，"我们认为目前不可能寻求国会的同意"[99]。

这一消息在人脉广泛的网络中传播开来。威利茨得知了赫尔对蒂特曼澄清要求的回应。威利茨与艾德洛特进行了交谈，而艾德洛特显然是从美国国务院的卢埃林·汤普森那里获得了独家新闻。威利茨告诉高等研究院院长，艾文诺致电国务院询问是否可以转移专业服务，如果可以的话，他们是否仍然可以作为一个国际组织运作。国务院或总统似乎觉得这种官僚程序暗示着某种政治诉求，他们不愿给予的保证[100]。

一个老练的外交家在转移话题和使人迷惑方面的能力胜过了英国和美国政府。他的优势在于他是一个叛徒，他非常清楚那些反对他的人，尤其是美国人的极限。艾文诺对他的美国老朋友非常了解，他预计赫尔的反应会有助于他的阻挠。结果是，到1940年6月底，国联似乎已经失去了拯救专业部门和保护联盟本身的机会。这一点瞒不过日内瓦的国际媒体，尤其是《芝加哥论坛报》，它兴高采烈地宣称国联"准备赴死"[101]。

无限的假期

7月初，事情几乎没有什么回旋余地。焦虑的洛夫迪向他最坚定的支持者洛克菲勒基金会吐露了心声。

> 关于该部门运作的可能性，我目前还没有最后的决定，但是部门中存在非常严重的问题。几天后，瑞士与

外部世界之间还剩下怎样的联络方式，我也不确定。现在，除了电报外，我们已经与英国隔绝。尽管我提出了抗议，但普林斯顿的提议在这里受到了不利的影响，现在看来，你们这边的高层也不支持。卫生部门无人领导，几乎不复存在。除了流行病学情报和鸦片，什么都没有留下，或者说没有任何值得保留的东西。到目前为止，我已经相当成功地推动了我部门的关键人物。但他们仍随时可能被扔到街上，如果事情果真如此发生，他们可能因经济原因被迫辞职，成为永远不会被认可的官方团体。[102]

更复杂的是，许多工作人员非常思念他们的家乡，来自仍处于战争状态的国家的人员——或者更糟的是，被法西斯势力征服的国家的人员，成了人们关注的对象。此外，国际劳工组织可能有 20 名工作人员被德国人以某种形式"通缉"，这种情况可能会使任何转移行动（如果发生的话）变得复杂。威利茨对经济和金融部门的最终去向深感忧虑。然而，他很清楚，经济和金融部门"包含对世界经济发展进行持续研究所需的全部……它是世界上最好的研究和信息中心"[103]。

组织在国际上产生的共鸣在全球引发了焦虑。激动的人中有麦克杜格尔，他在伦敦居所的地板上不安踱步。他被 6 月发生的事件吓住了，并在随后的晕厥中摔伤，他放慢了一贯轻快的工作节奏，开始背诵阴郁的莎士比亚片段，担忧着他赖以生存的专业服务的命运。那年春天，他联络了洛夫迪和威利茨，但效果甚微。澳大利亚的官员从他们的高级委员会获悉，麦克杜格尔"非常渴望采取一些行动，将国联的一部分转移到美国"[104]。

在美国，人们的忧虑同样严重。威利茨在其社会科学部投入了大量资金，将经济和金融部门的命运与难民学者和学术研究这一更大的问题联系起来。他在 7 月 2 日写道，在得知罗斯福关于邀请函的决定后，威利茨断言，如果欧洲的"纳粹化"继续下去，而英国又处于被征服的境地，他将会被驱逐。知识分子的任务将成为这个国家的责任，并且变得与军事任务同样重要，甚至更重要。他认为经济和金融部门"没有包含持续研究所需的所有要素，但它是世界上从事这种研究的最佳地点"。对保护的基本考虑似乎让洛克菲勒基金会看到，这个组织的核心是挽救和服务于人类的未来。为了人类的利益而进行解救是有很大代价的。威利茨的救赎提议要求基金会在两年内投资 10 万美元以上（在 2021 年约合 190 万美元）[105]。最终的金额其实还要高得多。

同时，他的计划中最重要的筹码是莱斯特和洛夫迪。这个法国人试图通过一些官僚主义的手段使莱斯特辞职。当这一策略失败后，他直接向他的副手提供了一个带全薪的"无限期的假期"，对莱斯特来说，这是一个诱人的机会，可以在这种可能性消失之前逃离并返回家园。但这位坚定的爱尔兰人拒绝了诱惑[106]。

在美国，争取国联专业服务的努力仍在继续。7 月中旬出现了一个想法，它利用艾文诺的法律主义回应了他的拒绝。里夫勒在华盛顿找了一些关系来讨论这个问题。在"他在国务院的朋友的指导和批准下"，他起草了一封给艾文诺的信。里夫勒建议，与其声称整个秘书处甚至整个经济和金融部门都要去新泽西，还不如说只是那些被派去的人去了新泽西。这一建议立即被转达给洛锡安勋爵，他争取到了英国人的支持[107]。普林斯顿各机构随后又给艾文诺写了一封信，再次为专业部门提供避难所。普林斯顿大学的校长断言，"我们感到的大部分困难是形式上的，而不是实际的"，并恳求说："国联肯定能授权部分人员前往美国执行任务，从而在日内瓦以外的地方工作。我们所考虑的建议难道不是与这种情况完全类似吗？"[108]

哈姆布罗在美国的工作得到了回报。他随后给秘书长发了一条信息，称艾文诺的法律主义是虚张声势，并要求他以国联大会现任主席的身份接受普林斯顿邀请。哈姆布罗明确表示，从官方角度讲，经济和金融部门将只在普林斯顿设立一个"分支"办事处（尽管其主任和大部分剩余的工作人员都将前往此处），因此不需要得到成员国的批准。哈姆布罗的倡议有助于消除因提及《公约》而产生的任何保留意见，日内瓦将正式成为该部门的所在地。哈姆布罗强调，普林斯顿将是一个好客的、设备齐全的世外桃源。在这里，专业部门可以继续其工作。他还表示，美国媒体正以"极大的兴趣"关注这一问题——这并非夸大其词[109]。

庇护所的新闻

美国的主要报纸一直密切关注着日内瓦的闹剧。当危机在7月达到顶峰时，主要媒体宣布他们支持将美国变成一个安全港湾。7月中旬，《华盛顿邮报》和《纽约时报》表示支持将国联的专业部门迁往美国。即将离任的《华盛顿邮报》编辑菲利克斯·莫利（Felix Morley）在一些人的怂恿下，也支持经济部门的迁移。他从主张这一行动的人那里得到了充分的信息，写下了一份关于春季事件的可靠总结。莫利对艾文诺的拒绝采取了谨慎的态度，他声称秘书长对普林斯顿的邀请"没有进行明确的答复"，这让人觉得这个选择比在 7 月中旬时看起来更有可行性。在秘书处各部门中，经济和金融部门被单独挑出来，因为"……无论战争结果如何，它对重建都是至关重要的"，因为它的分析"补充、协调并为……各国政府的出版物提供更广泛的观点"。总的来说，"如果我们假设一个世界将继续存在商品交换和金融交易，那么这个国联机构的案例研究和统计研究也将继续具有巨大的价值"。莫利把自己和他的报纸放在了国联机构在美国的"临时安置"事宜后面，因为"为了文明的利益，能够从事相关工作的一群人应该由一个国家来培养。为了文明，应该由现在明显有能力提供必要避难所的国家来培养"[110]。

《纽约时报》甚至更直接，在一封信中提醒读者，相信国联有价值的不仅仅是党派人士。它阐明了一种已成为传统智慧的脉络："事实是，尽管国联在其主要政治目标上失败了，但在美国的援助和合作下，其与美国人员在广泛的公共卫生领域、经济和金融问题领域……以及其他社会和科学领域进行了出色的工作。"正因为如此，普林斯顿的提议是"常识性的"：随着"这个国家越来越成为创造性思维的避难所"，"有充分的理由暂时从受到纳粹威胁的日内瓦转移到这个和平的避难所"[111]。虽然反对者仍然存在，但一个直言不讳的选区似乎公开表达了庇护的理由。这不是因为国联的政治潜力，而是因为它的技术能力似乎对修复一个支离破碎的世界更有价值。

然而，只有找到将这些机构从"欧洲监狱"中拯救出来的手段，才有可能让其成为避难所。随着不列颠之战在 7 月正式打响，英国在欧洲大陆的影响力逐渐减弱。德国已经完全控制了法国，法国的傀儡政府使任何出逃都变得更加困难。尽管伦敦、华盛顿、纽约和普林斯顿各方都在努力，但是艾文诺似乎掌握着主动，对于美国等国的请求，他能够继续顾左右而言他。斯威瑟继续在华盛顿进行游说，希望美国政府采取直接行动，但是进展不顺，他的乐观也逐渐被消耗殆尽。7月8日，助理秘书长博尔乐在见过斯威瑟之后表示，斯威瑟"认为20多年的工作成果正在消失，因此他很不高兴。我都没法安慰他"[112]。

维希的背叛

7月初，形势似乎到了紧要关头。持续不断的谣言暗示，秘书长正准备撤换英国工作人员，作为将国联移交给"极权国家"的序曲[113]。艾文诺再次保证他打算继续国联的专业活动。他的要求没有明确说明，这让本来就很警惕的蒂特曼产生了怀疑[114]。一份提交给华盛顿的报告显示，秘书长几乎没有提供关于国联本身未来的实质性细节。关于秘书处即将清盘的说法仍在继续，"高层之间的意见分歧明显……官员们在重大问题上的态度变得越来越不容忽视"[115]。对于莱斯特所认为的"危机正在逼近"的局面，蒂特曼显然还有一些其他的秘密观点。秘书处在世界各地的工作人员减少到只剩165人，其中，瑞士总部的工作人员减少到35人。许多人来自被征服或仍在战斗的国家。他们普遍存在相当大的焦虑情绪，因为艾文诺挥舞着紧缩之锤，想要剔除国际员工。到7月17日，秘书长似乎终于能够迫使大部分剩余的工作人员离职，这可能为他的议程扫清道路[116]。

然而，艾文诺希望效忠的一位大人物使他的计划受挫。经济和金融部门的一名法国官员雷诺·夏隆也对自己国家的失败感到震惊，他从维希回来后，听到了退出该组织的决定被撤销的消息。法国将留在国联，但不会积极参加其活动。作为这一政策的一部分，政府命令艾文诺因其国籍而辞去职务[117]。消息传遍了万国宫，并几乎同时被放进蒂特曼的电报中。这是给莱斯特的礼物，他很高兴看到艾文诺的"傲慢泡沫破灭"。莱斯特的喜悦被一个问题抑制，那就是秘书长是否会"在他离开之前尝试——甚至是出于恶意——将他的计划付诸实施"[118]。

怨恨没有占上风。尽管艾文诺试图向下属隐瞒维希的命令，但他的观点——尤其是对普林斯顿计划的看法——不得不改变。他提出了派洛夫迪和拉斯穆斯·斯凯尔斯塔德去大学"调查情况"的可能性。工作人员开始积极确定可转移的后勤人员和费用[119]。

7月25日，在各国的压力、幕僚的反对、维希政府的抛弃下，艾文诺终于辞职了。他的自我辩护和毫不坦率的辞职致辞强调了技术合作（而不是与维希政府合作）的优点。他赞扬了自己为推动国联专业机构开展"伟大的经济、社会和人道主义工作"而做的努力。他强调布鲁斯启发的中央委员会是他的主要成就之一，他试图将专业工作带到国联使命的最前沿。他承认，执行是一个问题。他哀叹，自战争开始以来，他一直在管理一个衰落的组织。为了掩盖他离开的关键原因，艾文诺声称他无法再执行他的任务，或是说无法维持现在的职务[120]。

无论艾文诺离开的真正动机是什么，大多数剩下的成员国都急切地接受了他的辞职，并对他的工作表面上表示认可。那些坚持反对他的人松了一口气。关于艾文诺辞职一事，莱斯特在他的日记里写了一首诗，说得很清楚：

当疲惫的海浪徒然破碎，

痛苦却劳而无获，

穿过小溪和海湾，

潮水无声地涌入。

当白日来临，日光

从东边窗子射进，

太阳，慢慢升起。

向西看！大地是光明的。[121]

向光明的西部出发

辞职后的第二天，7 月 26 日，艾文诺公开同意将经济和金融部门转移到美国。普林斯顿大学接到了电报。多德立即回答说："很高兴。"[122]

然而，接受并不等同于成功撤退。想要把有价值的人和情报从危险的欧洲安全送到新泽西，还有好多事情要做。大门打开后，工作人员面临的挑战是预订通过法国和西班牙的巴士、火车和船只——在激烈的军事行动和政治崩溃之后，这不是一件容易的事。这件事最终如期完成了，但没有正式邀请可能会造成麻烦，即美国是否会提供必要的签证[123]。

国联的工作人员不必担心。在宣布的那天，最高层采取了行动。哈姆布罗和挪威驻华盛顿公使威廉·冯·芒特在白宫会见了罗斯福[124]。第二天，美国国务院的关键人物解除了所有进入美国的法律和外交障碍。美国副国务卿萨姆纳·威尔斯（Sumner Welles）很快批准了签证，允许"迅速同意"该部门及其随身携

216

带的任何资料入境。由于正式邀请这一充满政治意味的问题不再重要，美国政府采取了至关重要的官方行动，向国联开放边境[125]。

尽管罗斯福政府出于政治考量而犹豫不决，而这也是普林斯顿计划几近失败的原因之一，但美国并没有改变其对国际劳工组织的立场，它仍然正式拒绝向国际劳工组织提供援助。然而，就在经济和金融部门准备就绪的时候，加拿大政府于 7 月 26 日向国际劳工组织提出了在蒙特利尔麦吉尔大学为其提供庇护的提议[126]。

当然，机构是由人组成的，而几组人不得不从支离破碎、摇摇欲坠的欧洲前往北美。他们正在踏上成千上万人会踏上的旅程，还会有更多人尝试这样做。他们加入了从意识形态化的现实流亡出逃的移民潮。

作为以文档和备忘录为生的组织，在离开瑞士之前，国联有大量的文书工作需要处理。然而，出走是迅速的。国际媒体报道了 8 月 6 日经济和金融部门成员乘坐包租巴士离开日内瓦的事件。国际劳工组织的工作人员第二天就离开了[127]。瑞士新闻片甚至拍摄了疏散过程。拖延已久的进程终于开始了，但很快就被打断了。本来可以一帆风顺的夏季汽车旅行很快就走错了路。当晚，在法国格勒诺布尔郊外，载有经济和金融部门人员的大巴先与电车相撞，随后撞上电线杆，翻进了沟里（图 3-2）。媒体对该部门撤离的关注确保了事故被法国报纸和美联社报道。这个消息很快传到了美国和那些关注他们的人那里。该小组的每个成员几乎都受了伤，三人被送往医院。虽然这些都不是致命伤，但宝贵的时间却被浪费了[128]。

虽然伤痕累累，但这群人挺过了这道难关，来到西班牙边境。过境西班牙很复杂。国际公务员发现自己身处荒凉之地。西

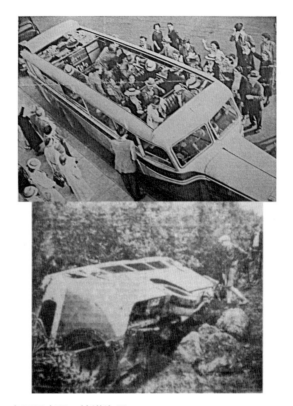

图 3-2　离开日内瓦，掉进沟里

注：国际媒体报道了国联经济和金融部门 8 月份离开日内瓦，以及在法国格勒诺布尔城外掉进沟里的事故。美国国会图书馆供图。

班牙政府蔑视日内瓦组织。这种态度在边境可见一斑。甚至在经济和金融部门到来之前，西班牙边防人员就已经开始告诉国际公务员他们不再享有外交特权，工作人员的行李也遭受了侮辱性的搜查[129]。就在几个月前，怀南特因国际劳工组织业务出差时，蔑视已经达到了西班牙边防部队在他面前挥舞刺刀的地步[130]。正式骚扰只是并发症的一部分。一年前刚刚结束的内战给西班牙留下了未愈合的伤口。当局对货币有严格的控制，游客经常发现美元不可或缺。由于现金紧张，西班牙政府对许多消费品实行定量配给，旅行者发现许多日常交易最好用香烟进行[131]。法国和西班牙的边境似乎又是一道屏障，但令所有人都松了一口气的是，他们在边境等待了相对较短的时间后就获准通过了。尽管有种种担忧和不便，经济和金融部门的队伍还是设法有序穿越了西班牙。

这是一个短暂的旅程，但它的终点是一个不同的世界。难民们于8月12日散乱地进入里斯本。他们从焦虑不安的日内瓦来到这里，发现这里还是战前的条件和态度。没有控制和配给，食物丰富。葡萄牙人希望游客坐下来"每顿饭吃鱼和两份肉"。他们还品尝了"战前咖啡"，这种咖啡可以在城里的咖啡馆里找到，尽管这种乐趣"贵得惊人"。这个城市已经成为一个临时的移民中心，越来越多的难民让它变得更加热闹。有些人认为这种氛围"令人疲劳"，尽管这种活力对其他人来说是"令人愉快的"[132]。

尽管到达葡萄牙让人松了一口气，但到达北美仍然非常困难。国联难民在日内瓦策划的计划是到达里斯本，获得必要的出境许可，然后在一艘轮船上等待一个座位。国联移民没有任何通行保证。有这么多人排队逃生，空间非常宝贵。而且与其他人相比，国联移民并没有遭受太大的痛苦。洛夫迪和少部分随行人员在宏伟的阿文尼达宫酒店（离洛克菲勒基金会里斯本办事处不远，该办事处正在寻求帮助难民的新角色）找到了住处，这个地方以移民和间谍的避难所之称而闻名。旅行者必须相信他们有足够的"生活必需品"来支持他们的空闲时间[133]。

他们可以振作起来，因为信徒们正在为拯救他们而努力。美国出口公司（American Export Line）和泛美航空公司（Pan American Airlines）的美国办事处发现自己被里夫勒、斯威瑟和艾德洛特"包围"，他们正在为自己的座位寻找人手。艾德洛特尤其"无耻"，甚至利用大巴事故的消息来博取同情和支持。但他们的各种策略都奏效了。8 月 20 日，洛夫迪和他的家人，以及其他几名工作人员，获得了最珍贵（也是最昂贵）的逃生舱位——泛美航空公司的"扬基飞剪"号飞机上的位置。为经济和金融部门包一架飞机的可能性也得到了讨论 [134]。剩余的人员将在伊比利亚收容中心再待上几个星期。当洛夫迪的登机日期来临时，他履行了长期指示，向美国驻日内瓦领事发送了最后一份电报："今天启程……飞剪号。"美国驻瑞士大使馆一直密切关注这一环节的进展，并迅速向华盛顿发送了一条信息 [135]。

飞机以几年前几乎不可想象的速度将洛夫迪的小分队带到了纽约。他们的到来，对那些计划把他们带过大西洋的人来说，几乎是欢庆的时刻。关于这次旅行结束的新闻报道很难在报纸上错过，新闻报道通知那些在美国的人，他们有宝贵的同伴在他们的海岸上 [136]。直到 9 月 4 日，包括颇具影响力的经济学家拉格纳·努尔克塞（Ragnar Nurkse）在内的其他工作人员才在"土地置换"号客轮上找到座位。这艘客轮于 9 月 14 日安全抵达泽西城 [137]。

这次远征在美国成功结束的消息，无疑使留在日内瓦的西恩·莱斯特感到温暖。莱斯特在艾文诺辞职后正式代理秘书长，并将在接下来的冲突中扮演主角。莱斯特虽然讨厌艾文诺，但他还是采取了艾文诺的紧急措施之一。这位新任秘书长带着剩下的大约 20 名工作人员撤退到宫殿一侧洛克菲勒资助的图书馆，封锁了大楼的其余部分。在那里，虽然莱斯特保留了名义上对国联的控制，但实际上他几乎没有任何权力。

国联的预算仍然是一团糟，莱斯特花了大量的时间努力寻找经费。正如预测的那样，通信受到限制和审查。信件越来越多地用简单的代码发送（法国被厚颜无耻地称为"餐厅公司"，而德国则被称为"我们的北方朋友"）。莱斯特经常写到个人的担忧和扰人的官僚问题，而非当时的重大问题，他悲哀地对国联围城外的人说："我希望我能自由地写作。"[138] 特别是在战争初期，瑞士政府与国联的关系依然紧张。作为一个机构的东道主，瑞士政府毫不掩饰自己的不满，因为国联已成为一个外国机构，这激化了它与欧洲大陆新统治者的关系。莱斯特在这些问题面前仍然坚持着，有时甚至态度强硬，这使他在他的使命中取得了胜利。国联总部仍在运作（至少在官方上），并忠于其自由主义起源，这要归功于它的最后一任秘书长[139]。

这种坚韧不拔的表现，是莱斯特自己在封闭的边境上奋起反抗的结果。他与广大的同盟机构和支持者保持着断断续续的联系。事实上，洛夫迪离开后不久，莱斯特就试图于8月底在里斯本组建国联监督委员会。从官方上讲，这次会议是为了处理国联仍然面临的棘手问题，会议地点已成为逃离欧洲的航班的候机室。莱斯特虽然身居要职，又有证件，却被拒绝通过西班牙边境。他和他的随行人员是8月13日西班牙政府发布的一项一般性命令的受害者，该命令禁止国际官员越过边界——就在国际劳工组织代表团在流亡的途中越过加拿大边界之后[140]。其他人意识到，国际组织的关键部门已经成功逃脱。傀儡法国想把大门关紧，可实际上为时已晚。

在洛夫迪踏上去美国的行程后，斯威瑟不无感喟地表示，这场逃亡汇集了多方的利益，渡过了政治和后勤上的难关：

> 这里的第一步进行得迅速、圆满、亲切，这是我之前不敢奢望的。从这里可以做的一切似乎都做了，尽管，你可以想象，我希望有一种更正式的官方态度，而不是在这种情况下证明可能。然而，欢迎的诚意毫无疑问，在我看来，形式似乎不如内容重要……我们的人可能有点形式主义；他们觉得可以私下做很多事情，但是，基于我们的政府形式，他们很难在不征求国会意见的情况下，正式邀请一个官方的国际机构来这里，尤其是在美国政府不是其成员的情况下。在目前国内外局势微妙的时刻，这样做既要花费时间，又会引起麻烦，而且在这种情况下似乎没有必要。人们觉得他们可以做到这一点是有必要的；而且，奇怪的是，与国际劳工组织相比，国联更容易被接受，因为国联将是一个彻底的外国机构，只是在这里寻求庇护，而国际劳工组织将美国列为其最活跃的成员之一，因此有双重关系……这确实是一个奇怪的结果。[141]

经济和金融部门以及国际劳工组织的离开只是这一时期的混乱所带来的更大的智力迁移戏剧中的一个场景[142]。这种在国际社会中蔓延的痛苦，笼罩着许多人。受打击的典型代表是国际研究大会的贡献者阿尔伯特·赫希曼，他在法国的安全港被德国的胜利摧毁了。赫希曼找到了瓦里安·弗莱的盟友，弗莱辞去了写作工作，成为中美洲国家的关键人物。该组织旨在将尽可能多的濒临灭绝的人带出被占领的法国。在这里，赫希曼为国际研究大会所做的研究以及他与康德利夫的联系改变了，甚至挽救了他的生命。当弗莱与当时住在伯克利的康德利夫取得联系时，他利用自己在华盛顿和洛克菲勒基金会的关系进行游说，不仅要求援助一般的难民，而且还要特别援助赫希曼。康德利夫及时寄来一封信，承诺提供奖学金，帮助赫希曼获得"非配额"签证，使他安全抵达加州 [143]。

流亡新泽西

撤离既是结束也是开始。国联在理解使世界经济成为全球体系的跨国力量方面做出开创性工作，现在它已被成功移植。这种附加价值解释了为什么美国赞助人拯救了国联的这个特殊部分。它的活动完全符合他们的观点，即什么是在控制不断变化的现代世界方面所必要的力量。经济和金融部门将再次适应不断变化的世界形势，并帮助美国和盟国制订战后规划。其成员已经为战后调查做好了准备，他们的专业知识对美国和盟军阵营来说将是无价之宝，因为他们面临着全球战争不断扩大的可能性。然而，现在，他们将帮助一个与他们紧密联系在一起的民族国家，来厘清自己对世界秩序的愿景，以取代已经变得暴力和混乱的世界秩序。

艾德洛特对美国获得的东西感到沾沾自喜：

我们从纳粹迅速推进的毁灭进程中拯救了同盟最重

要的专业部门之一。我们以计谋战胜了维希傀儡政府。在国联最黑暗的时刻，美国不仅为重要活动提供了避难所，还提供了继续工作的机会。美国1919年的叛变是国联软弱的部分原因。这群经济专家，在20年的时间里慢慢地聚集和训练，要么在这里，要么安全地在来这里的路上，带着最重要的东西，其中部分被记录复制在缩微胶卷上。[144]

把这次拙劣的行动称为政变未免有些牵强。这是一个更大的问题。1940年的紧急行动源于一场协调美国和国联专业活动的长期运动——美国和国联的专业活动。更重要的是，支持的紧迫性植根于普遍的国际主义信念，即迫切需要技术手段来了解和管理现代生活的方方面面。因此，不同群体为同一个目标而努力，即保留国联中具有国际影响力的内容，并防止敌人将其纳入囊中。这一努力的合作性质表明国际社会相互联系和相互依存。美国政府和具有干涉主义意图的非政府组织合作，以保护他们都知道的宝贵战略资源——知识。

更重要的意义是，自由国际主义是他们信条的一部分。他们承认国际组织在协调世界秩序中的重要性。在20世纪40年代动荡的日子里，人们担心法西斯分子密谋夺取国联，并利用其实现自己的目的，这似乎是自由主义者在黑暗的镜子里创造自己野心的一个例子。然而，面对艾文诺的阴谋，国际主义者担心国联可能会变成一个宣传支柱——维希法国的一个分支，或德国和意大利霸权的技术支持，这并非完全没有根据。尽管名义上只有国联的技术组成部分逃了出来，但它们的重新安置在政治上引发了反响，并确保国联不会完全被法西斯主义的新秩序所吸收。它最大、最受尊敬的技术团体在普林斯顿，国际劳工组织被安置在加拿大，其他部分在盟军营地找到了避风港（其资金流向伦敦，鸦片管理部门流向华盛顿特区），莱斯特仍然在日内瓦。国联成员的分散保证了它在形式上或职能上都不会为另一个主人服务。如果国联果真为敌方所用，那么另一个为应对法西斯主义而出现的联盟的战争目标就会变得更复杂——联合国。

从流亡者抵达新泽西的那一刻起，等待他们的就是大量工作。与 1940 年的其他撤离行动一样，他们也面临着重组和重新装备的问题。然而，与经济和金融部门的情况相比，这些都是一些不值得一提的事情。住房和办公场所的问题必须解决。高等研究院的新的"普林斯顿办公室"里的部分办公用品是从国联馆拆过来的[145]。幸运的是，部门成员已经开始工作。麦克杜格尔从萎靡不振的状态中恢复过来后，兴致高涨地在不列颠之战最激烈的时候从伦敦发来请求，指出尽管"事情……远非令人愉快，但士气……非常高涨……我们都将习惯一定程度的轰炸"。他透露了搬迁的真相："莱斯特将在日内瓦坚守阵地，但实际上除了维持门面外什么也不做。至于真正的工作，将在普林斯顿完成"[146]。

即使受到抨击，麦克杜格尔仍热衷于重启这项工作。现在，对他来说，显而易见的是，经济和金融部门所能完成的任务对他家门口的战争至关重要。在运输途中，他给在美国的同事发了条信息。在敷衍地承认洛夫迪经历了"一段极其艰难的时期"之后，麦克杜格尔直截了当地敦促联邦经济委员会继续处理战后重建问题。这有点自以为是，因为麦克杜格尔知道格勒诺布尔的车祸，所以他仍然不确定洛夫迪和他的团队是否真的到达了美国。

尽管如此，他还是迫不及待地附上了一份备忘录（洛夫迪在上面做了标记），列出了一个"革命性"的计划。作为战争的基本目标，民主国家联盟——他已经将美国草拟入内，承诺利用科学技术的进步来提高国际生活水平。和其他人一样，麦克杜格尔越来越多地使用代表美国的政治辞令，而他即将在此开展一场政治任务。在这场革命中，美国是不可或缺的合作伙伴。澳大利亚人将这场革命定义为我们本国人民和所有国家准备进行的"新政"[147]。

国际组织在新的土壤里重新发芽开花。美国的机构迫不及待地从经济和金融部门吸取有用的数据和知识。洛夫迪收到了许多人对他的请求，国联的工作人员一到普林斯顿，他就迫不及待地开始规划战后重建[148]。战后重建对于国联的流亡者而言是一个一直延续到"二战"结束的课题。他们在与国际组织的互动过程中形成的想法，有助于美国主导战后自由国际秩序的重建。

尽管这些重大问题在表面上中立安全的环境中等待解决方案，他们的精英仍有时间进行反思。斯威瑟特别欣赏艾德洛特的行为。他后来"从心底里"感谢国际会计协会主席为确保"摆脱目前的悲剧"而做的努力，国际会计协会的服务将在美国继续前进。但在普林斯顿建立国联的前哨站对斯威瑟来说是一件更大、更私人的事情，他向艾德洛特吐露道："你知道，在这么多年之后，这对我来说不仅在物质上，甚至在情感上都意义重大，尤其是……来自这个国家的失望。"[149]

他们还有放松的空间。把孩子送到安全地带后，艾德洛特和斯威瑟感到很满意，于是他们暂时放下了自己的责任，去打了一场夏季高尔夫球。艾德洛特回忆起他们在8月的阳光下，一起在林荫道上度过的时光，觉得特别甜蜜[150]。

第四章

忙于重建的罗弗家男孩：美国时代的国际社会

不要给动物们喂纸或其他有害物质。

——日内瓦的宣传语，20 世纪 30 年代

太有趣了！我喜欢这些美国人！

——弗兰克·麦克杜格尔，1941 年

战后怎样恢复国际贸易，怎样筹划新的国际经济关系，这些是今日热点话题，吸引了政治家、经济学家和社会学家的注意力，也包括那些投身于重建的罗弗家男孩❶们，他们怀揣着希望以及关于《凡尔赛和约》的记忆开启了对未来的规划。

——哈特利·格拉顿（Hartley Grattan），1942 年

1 月份是卫生……2 月份是经济。

——富兰克林·罗斯福，1942 年

❶ 《罗弗家男孩》(*The Rover Boys*) 是美国作家亚瑟·温菲尔德于 1899 年至 1926 年出版的系列畅销小说，讲述罗弗家几代男孩的故事。故事的主人公充满青春活力，具有冒险精神并且喜欢恶作剧。——译者注

吃纸

1944 年，关于战后安排的讨论已经不绝于耳。新的国际体制的方案逐渐从假想变为现实。美国人罗亚尔·泰勒（Royall Tyler）曾经在国联秘书处工作，也是在欧洲声名远扬的艺术鉴赏家。1944 年，他在美国中情局在瑞士的分支机构任职。他把自己对于国际治理的看法通过邮件寄给约翰斯·霍普金斯大学校长以赛亚·鲍曼（Isaiah Bowman）。鲍曼是对外关系委员会战争与和平研究项目的重要成员之一。泰勒的信件也被吸收进美国国际主义者的生态体系中。[1]

泰勒主动提出的意见中，涉及一个长期被人讨论的议题：国联。泰勒有在国联工作的经历，正是这段经历让他对国联的作用产生了质疑。根据他的回忆，在 20 世纪 30 年代末，已经江河日下的国联搬进新盖好的万国宫。这片地方此前是日内瓦动物园。在动物园最后的居民——一群羊驼和一只摩洛哥绵羊——旁边，用法语立着一个告示：

"不要给动物们喂纸或其他有害物质。"[2]

泰勒不无讥讽地表示，如果国联内部真的有这么聪明的人会去给动物喂纸，那么这些告示不应该写在这里，而是应该用"每个字母长 6 英尺"的石膏贴在万国宫的大厅里。

在泰勒的文章中，处处显露着他对于秘书处的质疑。他认为，国联所谓的向技术性工作转型只不过是想逃避现实罢了。如果说国联成立之初是"充满热情的青少年"，那么大萧条给国联带来的挫折和失败则使它陷入了"中年危机"。国联本该在此时做出艰难抉择，可它并没有。国联当时的出路是面对现实，先缩减规模以求自保，然后再耐心等待东山再起的时机。可它并没有这样做，而是通过举办一个又一个的会议和活动来证明它存在的必要性。国联之所以显得这么忙，是来源于一种"神秘主义"的信仰，那就是世界和平能通过不断的"健康调查、智力合作、农业咨询、商业循环……以及纽约世博会上国联馆大张旗鼓的宣传"等活动实现。泰勒认为，上述这些活动都有其意义，但是却都没在点儿上；它们最多能证明国联秘书处继续存在的意义，而且是"文件产生文件，就像兔子产下小兔子"那种存在；这种"自己张罗的工作"可以让经济部门忙碌数年，催生出许多委员会和下属委员会，不停地出差以及数以吨计的文牍。打个比方，国联是狗，秘书处是狗尾巴，而现在是尾巴摇狗。[3] 泰勒的观点得到很多人的赞同。国联在最后的阶段主要就是在竭力证明它存在的意义，而这么做实际上效果并不好。

泰勒的文章后来到了莱奥·帕斯沃尔斯基手里。后者在美国国务院工作，是"新的国际组织"的规划者。他长期从事战后规划，在这方面颇具权威。他秉持进步和自由的观点，加之他的个人经历，使他相信建立一个稳定的国际秩序需要一些国际治理工具。而在帕斯沃尔斯基收到泰勒的文章之前，他在一次讲话中曾作如下表示：经济、社会以及相关的活动范围广泛、内容复杂，我们比以往任何时候都更加深刻地认识到，需要根据细化的需求设立更多机构。这意味着新的国际组织可以处理和协调对维护全球秩序和和平不可或缺的要素。[4] 国联秘书处所有的一些机制并不是"摇狗的尾巴"，而是在国际政治中至关重要的部门。所以尽管帕斯沃尔斯基看到了泰勒的文章，但很可能不以为然。[5]

交战的社会

帕斯沃尔斯基被认为是联合国历史上的一位"无趣的官僚"。他被同僚称为"托钵修会修士"❶。的确，他不是那么引人注目，但作为一个敬业的经济学家，他并不缺乏真知灼见。同时期的人强调的是作为联合国内核的国际主义。[6] 而帕斯沃尔斯基把技术性服务作为战后安排的奠基石之一，这也是可以理解的。他曾经在日内瓦和布鲁金斯学会任职，是一个进步主义者，主张通过分析问题提供具体的政策建议。他代表了一种观点，认为国联对于解决大萧条所暴露出来的问题可以起到一定的作用。[7]

帕斯沃尔斯基明白转移到高等研究院的国联经济和金融部门的价值。他向来主张通过数据和分析来治理现代国际经济。这在某种程度上暗合保罗·萨缪尔森（Paul Samuelson）的说法："二战"是"经济学家的战争"[8]。这一说法是有道理的。要打一场全面战争就需要全面掌握不同社会、经济体的生产能力，不光是本国的，还包括敌国、盟国的。在上述调查中，事实和数据至关重要。最近几十年来出现的统计和分析方法上的创新已经体现出极大的作用。萨缪尔逊的分析表明，自由国际主义者的观点和想法在"二战"前已经深入国联，很适合"为了国际社会而进行的战斗"[9]。这也是一场国际社会发动的战争。同盟国协同作战，并且在特定的经济学思想领域，尤其是跟战后自由主义秩序有关的思想，盟军的行动很大程度上依靠各大国际论坛的观点和数据。美

---

❶ 13世纪建立的天主教修道组织，主张清贫禁欲，积极布道。——编者注

国正在调整战争中的世界的国际自由主义，对于此时的美国而言，上述专家们提出或者支持的观点至关重要。

国联及其有关人员的行为展示出，以前提出的观点并不是无用的，它们在战争时期可以重新焕发出价值。人们越发重视国联鼎盛时期的重要议程在"二战"期间及战后所起的作用[10]。而且，通过研究国联官员及其支持者网络在战争时期的经历，以及他们所主张的观点和议程，美国日益成为自由国际主义的中枢。联合国的同盟从众多渠道获取观点，这些观点在国际主义的世界中其实早已开始流行。这些数据反映出自由国际社会所珍视的专业能力。自由主义者认为需要支持专业性的工作，这些工作包括一系列的活动。这些活动很受一个世界性霸权国家的欢迎。这反映出在一个新的国际秩序下所包含的众多观点的多面性。

对于建设新秩序，有决定性作用的并不是国联本身，而是所有那些跟它相关的人以及观点。国联的分析者们探究如何应对和治理那些源于现代生活的重要事项。美国对于国联所研究的项目深以为然，但是，跟国际战事相比，国联的问题显得不是那么急迫了。国联作为一个国际机构的作用越来越弱，人们关注它，仅仅是因为它能够提供一些基础材料，为战后世界提供参考。国联的作用被缩减为信息的传播者，而不再是自由国际秩序的领导者。这个过程说明了，信息对于战略规划的重要性，它也说明信息与分析是支撑自由秩序的不可或缺的要素。

美国复兴

日内瓦的国际机构自从迁到北美之后就受到欢迎。它们跟美国社会的联系在 1941 年 4 月 19 日至 20 日的一场活动中体现得淋漓尽致。当时，大约 100 名美国人在普林斯顿集会，庆祝与国联人员的"团聚"。他们还就重要国际事务及其应对举行了一系列研讨活动（图 4-1）。

图 4-1　流亡者的聚会

注：国联经济和金融部门的成员在他们的避难之处——高等研究院。左侧是洛夫迪。美国国会图书馆供图。

这场聚会带着复兴主义的气质。道兹主席表示，他在集会中对于那些"转变信仰的人"布道。他所讲的内容是对技术性工作的"福音祷告"。这场活动展示出国联在美国的网络[11]。其中至少包括 250 人，他们中有学者、慈善家、政府官员，表明国联与美国社会紧密地联系在一起。对于这次会议，美国政府派遣了一个代表团，成员有菲斯、帕斯沃尔斯基等。这是一个事实上的"国联联谊会"。这次会议的一个共识是，"二战"已经"从根本上改变了"美国与国联关系的发展走向。美国专家不再往日内瓦跑，相反，"潮流改变了方向，各国的专家涌向美国"[12]。

流亡中的国联能如此快速地适应奉行干涉主义的环境，说明它也在面临蜕变，以适应一个更大的自由主义生态系统。经济和金融部门栖身的高等研究院并非中立的机构。尽管高等研究院听起来只是做做学问而已，但实际上它以学术为武器，剑指这个不稳定的世界。在洛克菲勒基金会资助下，普林斯顿大学设立了一个新闻广播收听站，安排专人每天收听美国境内能接收的全球各国广播电台，记录并分析其中的观点。很可能就是在这一项目的启发下，美国不久后便设立了外国广播监听局（Foreign Broadcast Monitoring Service）[13]。在卡内基公司的支持下，高等研究院在纽约举办了一场安全问题研讨会，试图让美国社会更加关注这个动荡不安的世界。经济和金融部门此时更具进攻性，它为民主提供弹药，强调国际社会在美国的部分已经被动员起来投入战斗。

洛夫迪跟他在国联的一些同僚栖身于高等研究院，同在此处的大咖还包括阿尔伯特·爱因斯坦和库尔特·哥德尔等。1941年，《纽约时报》曾把高等研究院称为美国为全人类的精英们提供的庇护所。"它不仅是美国的宝藏，更是全人类的宝库。"对专家学者们的评价并不只是在学术方面，在一个动荡的年代，他们被看作全国的资产。高等研究院的院长关于他对世界局势的看法直言不讳，对于该院在美国国家安全中所能起到的作用也充满信心。他说："中立是在给不思考寻找借口。"极权主义不仅是个威胁，它也是不人道的。不可能"在正义和邪恶间保持中立"[14]。

艾德洛特（Aydelotte）认为，国联经济和金融部门对于美国极具重要性，因此他向伍德罗·威尔逊基金会募集资金，要为它在高等研究院建立一个永久的办公场所。这一计划最终流产。但是它一方面说明艾德洛特认同国联所体现的干涉主义和自由主义精神并希望使它传承下去；另一方面也说明进步主义的改革已经成为全球战争中的武器。

跟国联顶着硝烟战火从欧洲跨越大西洋来到美国所经历的种种磨难相比，它适应普林斯顿新环境的过程就显得比较容易了。高等研究院慷慨地给洛夫迪领导的部门提供办公场地，相关费用仍然是由洛克菲勒基金会负责。他们为国联的工作人员提供安家费，并且早在 1940 年 4 月就为国联该部门在美国的运转提供了10 万美元启动费。此后，洛克菲勒基金会源源不断地给经济和金融部门输血。在 1940 年之后的 5 年间，它平均每年提供 5 万美元经费。（如果按 2021 年的比价计算，大约相当于每年 99 万美元。）[15]

美国的政策研究界很快就借助上国联的力量。经济和金融部门以微缩胶片形式带到美国的资料无疑是很有价值的。而更有价值的是国联的这一批专家学者。当时的美国面对着适应新的国际角色的任务，因此急需一批这样的人才。洛夫迪抵达美国不久就已经忙得不亦乐乎了。西蒙·库兹涅茨邀请他加入一项对国民收入的研究。帕斯沃尔斯基也希望能塑造经济和金融部门的工作方向。他对国联撰写的关于"救济、商业政策和稳定基金"的报告表示赞赏，这些报告对于美国国务院有"巨大作用"，他"非常感谢"。洛克菲勒基金会也表示高兴看到洛夫迪在与美国学界以及媒体接触外，还跟美国政府劳工部、财政部、商务部以及国务院建立了密切的工作关系。该基金会表示，他们相信，帕斯沃尔斯基对于大萧条时代的问题研究得很深，将为研究"世界秩序的和平重组"提供宝贵的视角[16]。

国联的残部抵达美国的消息被媒体所报道。此外，斯威瑟也就国联抵达美国这件事撰文，发表在外交关系委员会的官方刊物《外交关系》（*Foreign Affairs*）上。在20世纪40年代最灰暗的那段时间，斯威瑟认为，不要揪着国联在政治上的失败不放，而要关注它的"实实在在却又不太为人所知的成功之处"。他认为，要认识到国联非政治功能的价值。他同意弗莱克斯纳的观点，就是国联是一处永久性的交流场所。暂且把国联别的作用放在一边，它至少"是一个中心，各类国际活动尤其是非政治的技术性活动在这里聚集并得到加强"。[17]"二战"使国联的很多活动不得不中止，但是，"在国联的大架构下仿佛还存在一个在经济和金融领域的专业化国联"，更确切地说就是国联的经济和金融部门，它在普林斯顿很安全。由于这些活动纳入了美国等非国联成员国的数据，其作用和存在的合法性得以强化。这个"小国联"将其掌握的数据和分析登载在《世界经济调查》上，以证明自身价值。它还追求"自由主义政策"以及"自由和不受限制的贸易"，"最后……它们被证明是正确的方案"。斯威瑟承认，国联"被证明无力阻止大灾难的发生"，但是它为现代世界遇到的日常问题提供了解决思路。从经济和金融部门搬到美国以后，美国便掌握了应对现代生活中不断出现的问题的办法。[18]

国联与国际社会建立的密切联系，在其迁至美国以后仍然保持着。这些联系对于一些较小的行为体也是有益的。这些曾经在跨国组织中提出自己观点的个人，有机会借此接触到美国的权力中心。尽管美国未来很可能面临上不封顶的国际责任，而且能力有限，但它特别喜欢这些人和他们的观点。

追求社会正义的英雄

美国像一块磁铁，吸引着国际知名的学者和思想家。麦克杜格尔就是其中之一。作为国联大萧条委员会委员，他奔向了美国。在饱受战火摧残的伦敦，麦克杜格尔加入了一场辩论，那就是未来世界和平取决于英法同盟还是英美同盟。那年 4 月份的一场灾难回答了这个问题，人们认识到需要一个"大英帝国和美国"的同盟来对抗纳粹德国。麦克杜格尔在经济学领域成名已久，他知道在"观念冲突"的当下，一个建立新世界的承诺非常重要 [19]。

在这些被当作武器使用的研究材料中，很多内容并不是第一次出现。麦克杜格尔在"经济绥靖"时期提出的一些建议，现在被人们当作解决"二战"中问题的新倡议。他在"一战"爆发前几个月，表达了对英国关于国际秩序总体解决方案的支持。其中有些观点也被现在的人拿来使用 [20]。新的联合计划非常宽泛，涉及贸易、殖民地、金融关系等各个领域。最基本的需求是实现"社会正义"，"用热情鼓舞我们的人民……准备好采取积极措施……把捍卫自由跟解决经济不公的问题联系起来"。这需要把科技生产力转化为"生活水平的提高"。工作努力的方向也包括调整国家和个人的关系。麦克杜格尔表示，国家干预是必要的。在 20 世纪 40 年代初，实现这一目标需要国际协调。幸运的是，当时已经有了很多比较成熟的经验可资借鉴。麦克杜格尔在他的报告结尾写道："事实已经比较清楚了，未来不管'国联'这一名称是否还继续使用，它的经济金融组织以及卫生社会组织的经验和机制将成为国际权威建立的基础。" [21]

1940 年 7 月发生的事件足以令许多自由主义者心灰意冷，但是麦克杜格尔——这个曾经的水果种植园主——并没有绝望。他认为，自由主义的力量"需要成为革命的领导者，通过捍卫自由和国际法，来保卫经济自由和社会正义"。这需要"勇气"，要"路漫漫其修远兮"，甚至不排除以"革命"的方式实现。引用美国的改革口号，他表示，这"对于我们的人民和那些准备好跟我们开展合作的国家来说是一场'新政'"。

但是，这一"革命性的"变化是建立在一些既存因素的基础上的。麦克杜格尔希望能赢得战争，但前提是他先要赢得美国民众的信任。国际组织的触角使得麦克杜格尔的观点得以加强和广泛传播。他在国际社会中的人脉关系使得他的观点能够被帕斯沃尔斯基所了解。弗莱尔·塔克（Friar Tuck）已经致力于战后规划，他为美国政府引入相关的专业知识。麦克杜格尔曾对他说："一旦德国对英国的空袭结束，我想去华盛顿探讨这些问题。"[22]

他的愿望实现了。澳大利亚希望跟太平洋的巨无霸建立战略关系，1941年在美国设立他们的第一个海外公使馆[23]。麦克杜格尔被派往华盛顿参加一场关于小麦的国际会议。他希望能够把自由主义国际社会的力量集合起来，实现打造世界秩序的目标。

他联系了每一位他在日内瓦工作期间认识的人，而这些人都是国际社会上的重要人物。麦克杜格尔的师长布鲁斯有一个朋友——约翰·怀南特（John Winant）——被罗斯福任命为美国驻英大使。在不断变动的人员关系中，怀南特就像一个中枢。当时对于经济战的讨论形成了多种意见，但是结论无一例外都是需要国际组织来支持自由主义秩序。布鲁斯的名望，加之他作为澳大利亚驻英国高级专员的身份，使他能够接触到威尔斯和华莱士。由于后者此时已是美国副总统，麦克杜格尔特别想再度跟他拉近关系。除此之外，只要是能影响到战后规划的人，麦克杜格尔都寻求他们的支持。他通过接触威利茨加强了跟洛克菲勒基金会的关系，并且也把布鲁金斯学会的专家作为目标[24]。

加强人脉使得麦克杜格尔有了在普林斯顿宣传自己思想的机会。他跟国联的残部以及里夫勒都有往来。（里夫勒也不时出现在华盛顿）。经济和金融部门按照美国人的设计开始运行，针对经济领域飞速变化的情况提供智力支持。麦克杜格尔请洛夫迪开展一项"科学"研究，研究的目标是把"免于匮乏的自由"（Freedom From Want）这一口号通过国际会议转化为切实可行的方案，对于这一点美国已经有很大兴趣，而麦克杜格尔希望通过洛夫迪的研究使美国的信念更为坚定[25]。洛夫迪所领导的部门跟自由主义国际社会存在广泛而密切的联系，他们的功能在"二战"中也没有停止。他们定期为美国及其盟友提供分析和信息产品，为把国际主义的概念转化为现实提供保障。上面只是其中的一个例子罢了。

在整个过程中，麦克杜格尔自身也是国际社会的一个枢纽，他不断地向澳大利亚和美国政府提供他所掌握的情况。他还让美国以外的非政府组织了解哪些观点正在美国流行，并且在战争的威胁下依然与国际社会相互补充。他跟英国皇家国际事务研究所（Chatham House）的一个经济学小组保持着联系。这个小组的成员包括保罗·罗森斯坦-罗丹（Paul Rosenstein-Rodan）及其门生H. W.·阿恩特（H. W. Arndt）。这个小组是英国学界为战后重建所做的努力之一[26]。在麦克杜格尔的支持下，英国人约翰·博伊德·奥尔（John Boyd Orr）在一场关于科学和战后重建的国际会议上表示，同盟国的目标是"成立一个委员会，根据人类需求制定世界粮食政策"[27]。

美国正在试图建立"美帝国"统治下的国际合作，以此作为未来世界的基础。麦克杜格尔根据美国的话语大力宣传"生活水平"概念，并且围绕这一概念安排他的工作日程。正如世博会国联馆所显示的那样，用美国的政治话语来包装国际主义的概念往往能取得比较好的效果。就是按照这种方式，生活水平成为美英关系的一个重要主题。1941年年底，麦克杜格尔根据哈利法克斯爵士的号召，想办法把"免于匮乏的自由"和同盟国的事业结合起来，以此最大限度地利用"四个自由"。"免于匮乏的自由包含相互联系的两面，即国家层面的和社会层面。在国家层面，应该有各种机会开发资源，利用原材料，而且不能因为其他国家的行为而丧失支付手段。在社会层面，每一个国家都要秉持进步主义的精神，提升生活水平。"要实现上述目标离不开国际合作。要取得成功就要给各种问题开药方，其依据就是人口和经济的统计数据。分析这些材料可以给决策者提供参考。这些工作还需要为国际援助和重建提供支持。在这一点上美国和英国都做得到。当时人们希望通过召开国际会议来成立一个组织，以就任何需要的领域开展调查。流亡的国联和国际劳工组织的工作人员对这项工作是一个极大的促进。由于粮食问题长期存在，需要成立一个国际性的"粮食问题委员会"，而且是一个永久性的国际机制[28]。通过努力来改善饮食、提升生活水平，这就是麦克杜格尔等人所称的"社会正义"。这是一个质朴的希望，但若要发挥作用，还是得将其看待成意识形态战争中的政治武器[29]。

存在不会自动产生影响力。但是麦克杜格尔的观点很快就被国际社会所接受，这一点尤为引人注目。他的材料被提供给华盛顿的许多知名人物。他在此时推广生活水平的概念，这个时机把握得相当好。当时，西方的民主国家正想给世界做出一些贡献，这个概念正好迎合了他们的想法。正如麦克杜格尔所指出的，英国在这方面很遗憾地没有什么建树，美国则不是正式的参战方，而德国已经在按照自身的要求改变欧洲的经济、政治和社会关系[30]。这一现实和大萧条的严峻影响意味着回到此前的状态对于世界上大部分国家是不可接受的。

麦克杜格尔为了他的目标四处奔走。在那个时代，他代表一种主流思潮，他的观点也得到很多人的响应。作为澳大利亚人，他可以跟英国政府进行密切沟通。而这一身份对他在美国的工作而言也有优势，因为美国人不会像看待英国人那样看待他。麦克杜格尔无论是从语言上还是讲话的内容上都容易被美国人理解，他在美国非常吃得开。而对于其他人，他在国际社会的地位和在国联的经历，会使他更加如鱼得水。麦克杜格尔的那套改革的话语在华盛顿的各派别之间游刃有余，甚至是一些观点对立的派别都会买他的账。就是以这种方式，个人凭借在国际社会建立的人脉在分裂的美国政府里开展工作。

战争部

对于营养和食物在社会和战略上的价值，美国人非常理解。但是麦克杜格尔的努力，尚未让人们充分意识到重建自由全球经济的重要性。相关的概念和观点起源于两次世界大战之间，并且跟同盟国的作战策划同步形成。它们是思想武器。值得注意的是，在美国参与这场冲突之前，关于提升生活水平的概念已经迅速地体现在政府的规划以及大众的话题中。

在决策层，罗斯福政府关注这些议题在战后世界中的作用。1941年1月，罗斯福在一次讲话中提出"四个自由"，并将它们称之为"人类最基本的自由"，要为"世界上每一个角落"的人民争取这些自由：言论自由、信仰自由、免于恐惧的自由、免于匮乏的自由。罗斯福表示，从国际角度看，"我们的经济和政治制度的力量取决于它们如何能满足不断增长的对生活水平的需求"。其中，"免于匮乏的自由"被经常引用，作为为所有人提供更好、更健康生活的同义词。[31]

罗斯福1941年8月在普拉森提亚湾与丘吉尔会面，反映出他认为"四个自由"是适用于全球的。双方签署的联合公报即《大西洋宪章》（*Atlantic Charter*）集合了一系列的原则，它是一个承诺，也是在意识形态战争中的武器。这份文件把"最终摧毁纳粹暴政"作为目标，并承诺要为所有国家提供平等的机遇，"使它们能够为了本国的经济繁荣而进行贸易、获取原材料"。它还承诺，要实现"各国在经济领域的充分合作，为所有人改善劳动条件，促进经济发展和社会安全"。有人将其称之为"罗斯福新政"的一部分，但是确切地说，它需要世界各国的合作[32]。

"四个自由"和《大西洋宪章》的内容反映了全球视野。威尔斯是研究美国战后规划的领军人物，他除了倡导上述内容，还多次使用麦克杜格尔及其他人的观点。在美国参战前后、跨度约几个月的时间内，威尔斯多次发表演讲，强调国际合作的必要性。他在谈及国联时口吻友好[33]。1941年10月，他对于自由主义国际经济秩序做出了自己的解释。贸易和生活水平通过营养和消费等看得见摸得着的领域达到了和谐。通过这两个概念，阳春白雪的改革愿景被具体化。"无论从战争刚刚结束的角度看，还是从更长的时期看，我们必须认真关注营养问题。"根据《大西洋宪章》做出的承诺，个人应该受益，食物和营养就是一个重要参考。威尔斯还强调，不能等到战争结束了再去制定和平计划（甚至不要等到美国参战之后）[34]。美国财长小亨利·摩根索（Henry Morgenthau Jr.）解释说，食物反映了提高生活水平的重要方面。他说："为了建设一个更美好的世界——为了我们的国家，也为了世界上其他国家——我们必须承认，公民权包括获取最低标准食品的权利，只有得到最基本的食物，个人才能自由地生活。"[35]

当时美国不仅是说说而已。法国沦陷后，美国为了准备应对乃至发动全球战争而开始动员。其中的一个举措是，罗斯福请华莱士在 1941 年 7 月出任经济防务委员会的主席。当年 12 月，它改名为经济战委员会。它自成立之初就有着"经济战部"的意味，主要责任包括："就在经济领域开展防御、战后经济重建进行调查并向总统提供咨询。"[36] 它在为未来的世界做出规划。它周围是"华莱士学派"，他们在动荡发展的时期，为了美国战后经济规划而团结一致[37]。

经济战委员会的职能引发了争议。它本来是要筹划同盟国发动的经济战，但是内部充满了官僚主义的争斗，这是罗斯福执政期间的一个特点。它的职能跟美国国务院以及其他政府部门重叠甚至冲突。它的内部斗争日益激化，削弱了自身的职能，也损害了副总统华莱士的权威，直至 1943 年被取消[38]。

在经济战委员会早期，由于位置优势，它为华莱士副总统传播自己的思想提供了便利。华莱士运用他的权力，致力于把世界改造得对"普通人"友好。有时他不得不面对实际，走一些艰难的道路。但是在一些关键的时间节点，华莱士的抱负和"新政"不谋而合，以至于产生了国际影响。这促进了国联所体现的国际主义观点被美国的政府、学界所接受。

正如华莱士在 1939 年世博会国联馆的讲话中体现出的，他在骨子里秉持国际主义。虽然华莱士的观点看上去像是"新政"中的左派，但实际上是建立在已确立的国际主义经济话语的基础上的，并且与之紧密相连。他在讲话中鼓吹美国应该顺应自己实力、地位和历史，担负起全球领导者的角色。为了表达此观点，1941 年 12 月，华莱士发表了主题为"和平基础"的讲话，这个讲话后来被刊登在《大西洋月刊》(Atlantic Monthly) 上。这个反映了国际主义观点的经济学演讲被吸收进经济战思想中。华莱士表示，"和平的基石"是建立在不断提高的生活水平基础上的"普通人的世纪"。他认为，在资本和专业能力均缺乏的地方，应该想方设法发展工业，以改变上述两项不足。他总是讲要把推动进步和繁荣作为战争的基本目标，但是被人质疑如何能实现这个目标[39]。

在讲话的背后是行动和落实。华莱士本人长期致力于通过新的农业生产方式和作物品种增加营养、提升生活水平。墨西哥就是他关注的国家之一。在墨西哥，洛克菲勒基金会通过实施各种方案来提升小麦产量。成果之一就是诺尔曼·布劳格（Norman Borlaug）培育出的高产小麦，他本人因此被称为"绿色革命之父"[40]。

经济战委员会一开始踌躇满志，这从其人员组成就能看出来。当时它汇聚了世界上最优秀的专家，尝试去做一些脚踏实地的工作。在组建阶段，一个人受到副总统的注意并且被任命为执行主任，这个人就是温菲尔德·里夫勒[41]。里夫勒在 1940 年夏天采取了一系列措施，去拯救洛夫迪、经济和金融部门，以及储存在微缩胶片上的数据。他的所作所为只能算是序曲。在这之后，美国人为准备经济战以及重建国际秩序投入了许多人力物力。美国人对于经济战和世界秩序的兴趣反映出里夫勒的观点，那就是世界经济是相互联系的，而且世界经济跟国际秩序也密不可分。里夫勒把他获取的信息和分析成果应用于经济战的许多领域。

里夫勒的证据显示，信息和分析影响到了政策话语。在 1942 年年初那个令人抓狂的时间，他不停地强调数据在"二战"中对于美国的重大意义。把信息数据用作战争工具，这起初出现在"一战"时期，但数据搜集和分析研究的方法却是在其后的几十年尤其是大萧条时代才日臻成熟的。数据的日益演进是一个包含了美国等许多国家的国际化现象。尽管如此，很多时候，全球范围内的数据收集被不同国家所割裂。过于强调保护本国数据在一场全球危机期间会成为一个比较严重的问题。里夫勒担忧，不同的国家是国际组织的一个个分支，现在"分支却想要牺牲本体来保全自己（这怎么能行）"。他解释道："经济战需要掌握敌人的关键经济数据，而支援盟友则需要知道相关的经济数据，从而决定如何进行采购、贷款等。为了达到上述目的，经济数据所需要的不仅是一个总的概括，而且还需要一个个国家的国别数据。"里夫勒对国联大加称赞，认为经济和金融部门采取一切手段来获取上述数据。这提醒着我们，美国参与的是一场世界战争，而部分武器来自日内瓦[42]。

在 20 世纪 30 年代，经济数据及相关概念被像武器一样使用。经济战的几种方式包括以先发制人的方式购买原材料、封锁、战略轰炸、走私等。为了实现不同的目标，可以采取不同的策略[43]。经济数据是了解敌人实力的重要依据，我们可以借此策划如何打击他们的关键原材料产地，削弱他们的战争实力。而且，随着现代化的武器，尤其是空中武器的飞速发展，在辅以精准的数据时，它就能打击敌人最薄弱的环节。所以，毫不意外，盟军策划战略轰炸的队伍里有许多管理学和经济学的专家[44]。

实现建立一个新世界的目的，其实是要打碎一个旧世界，尤其是摧毁敌国现有的经济和社会结构。里夫勒在英国实施了一个被称为"大封锁"（Big Blockade）的行动。这场行动的主体是一群国联人士，他们恫吓中立者，先发制人地采购，以及秘密追踪敌人的行动。这一行动使得里夫勒能够跟许多著名人士并肩工作，其中就包括凯恩斯，而且他继续参加国联大萧条委员会会议。但是，由于后来里夫勒从事秘密战线的工作，因此他对于战后国际秩序做出的贡献总体被人低估了[45]。

里夫勒在经济战委员会的工作反映出，经济战不仅能破坏，还能建设。当时政治战包含了一些经济领域的目标，其中就包括承诺建立一个更合理的全球经济体系，为现代社会的普罗大众带来更多实实在在的好处。建设战后更美好世界的计划就蕴含在战争观点里。关于世界经济的问题推动着里夫勒的行动，这是因为这些问题跟里夫勒及其他人在战时担任的任务密切相关。1941年年中，在美国还没有完全被卷入战争中的时候，里夫勒就在应对世界经济因为战争而分崩离析的问题。这个问题也困扰着自由主义者。他的解决方法继承了20世纪30年代兴起的"和平改变"以及生活水平等理论观念，即全球视野下的发展。

里夫勒跟其他的国际主义者类似，他们都相信，在全球经济改革的大背景下，只有通过合作、治理才能有效引导世界各国，产生必要的经济改革。他在 1941 年年中应华莱士的要求制定的一份计划提出，成立一个"国际发展署"（International Development Authority），监督对于世界不发达国家的投资。里夫勒意识到，要实现这么一个计划，既需要提供资本，还需要提升不发达国家的能力。发展投资一方面是为了解决大萧条带来的世界经济割裂的问题；另一方面也是为了重建战后秩序，以西方工业化的资本主义国家为中心，把全球不发达国家以及他们的资源连接起来，以强化稳定的、自由的资本主义世界秩序[46]。

华莱士对上述观点大为赞赏，他把里夫勒的报告送给华盛顿的高官。里夫勒认为这些项目对于战后重建至关重要，但仅凭美国目前的能力是难以完成的。作为补充，他提出在高等研究院设立一个"基础培训"项目，为美国人提供重建、救济和退伍等方面的培训。这一项目将为意见领袖、管理者和官员在当前对美国而言最为紧迫的国际问题上提供"最基础的背景知识"[47]。

同意里夫勒观点的人为数众多，其中就包括康德利夫。康德利夫在卓尔根会议后带领他的团队在加州大学伯克利分校工作。随着战事的发展，康德利夫的国际声誉日隆，在伯克利追随他的人也越来越多。在美国正式参加"二战"的时候，康德利夫已经在其身边聚集了一大批来美国避难的国际经济学家，其中包括塔斯卡、赫希曼和亚历山大·格申克龙（Alexander Gerschenkron）等大腕[48]。

伯克利学派支持通过国际开发来确保自由世界经济的增长。他们的观点来自广泛的国际研讨，其中一些重要观点在国联广为流传。康德利夫领导的伯克利学派的很多人都是首次在这里对于国际开发的概念有了认识。

康德利夫在《国际经济评论》杂志上的成功使他具有国际威望。一些大出版社出版了他在卑尔根会议后的论文。美国政府因此一直关注着他。华莱士和经济战委员会请他参与拟制关于战后规划和全球重建的一系列备忘录[49]。在康德利夫看来，把经济战和重建放在一起考虑总有一些不搭，而国际开发是能够解决一系列看上去有些相互矛盾的紧迫需求的办法。康德利夫曾重点研究过 20 世纪 30 年代国际贸易的崩溃，因此他很清楚"重建"一个能正常运行的世界经济体系需要什么。他和里夫勒都认为，在一体化的世界经济体系中，原材料应该能自由流动。康德利夫还呼吁成立一个能进行协调、提供信息和专业知识的正常运行的国际机构。这个机构应该长成什么样子？康德利夫、麦克杜格尔以及里夫勒都认为答案就在美国国内。康德利夫说："在经济开发方面成立一个国际监督组织的想法由来已久，至少不晚于国联经济金融组织成立的时候。国联经济金融组织常设经济委员会、金融委员会、财经委员会，还有其他许多代表团、委员会、下属委员会等。这个组织一度分开运行，而在 1939 年重新组合在一起，并且跟与国际劳工组织有些相似的'交通组织'（Transit Organization）合并。它仍通过目前在新泽西州普林斯顿的经济情报局运转。"

1942 年，康德利夫把一些曾经给政府提供的政策建议向大众公开。他说，要使世界经济持续复苏，"制订计划，在工业产业落后的地区进行开发和现代化建设"。他向西方国家大力宣传他的观点，但是西方国家常常会在做出承诺时犹疑不决。康德利夫相信，提高大众的生活水平就其本身而言是一项正确的工程，并且有利于在战后释放被压抑已久的资源、智力以及投资。康德利夫了解了国联在中国等国家的一系列项目后，愈发认为国际组织的作用重大。欠发达国家需要的不只是资本，它们更需要"技术援助"，比如提供训练有素的管理者和技术专家[50]。

康德利夫后来对于他在经济战委员会的工作评价不高[51]。但正是这一工作，使他与华莱士等华盛顿的高官有了直接联系，并且使公众对他关于战后重建的计划耳熟能详。他的观点跟其他一些有影响的政治人物的观点一致。这些从经济战委员会的工作中得来的观点并不会被决策者原封不动地拿去使用，但它们却能在华盛顿的政治圈内广为流传并产生很大的影响。里夫勒和康德利夫关于国际开发的观点相互关联，他俩都认为，像经济和金融部门这种机构一定有利于国际开发。他们的这一观点广受关注。他们被认为属于华莱士学派。这一派的观点得到了众多响应。

这些观点不仅吸引了"新政"的拥趸，还吸引了雅各布·维纳。他是外交关系委员会战争与和平研究项目的掌门人。他很早就是英美精英对话论坛的成员，关于国际经济的新观点让其激动不已。维纳努力使这些观点具有更大影响力。这样有助于建立国际组织，维护战后的局势稳定[52]。简而言之，源于国联在国际社会发起的技术讨论和学术会议的观点正逐渐转化为战略，这些观点不仅塑造着同盟国的目标，也塑造着体制性的变革。

流亡的观念

国际社会通过讨论分析而得出的一系列解决方案，正在进入关于建立新的国际组织的讨论中。麦克杜格尔提供了一扇窗户。在 1942 年夏季和秋季，他在白宫和华莱士学派之间来回穿梭。

他学会了如何在华盛顿的社会图景中游刃有余，也同那些大人物建立了联系。在珍珠港事件后的几个月内，麦克杜格尔获得了艾尔文·汉森的信任。汉森被称作"美国的凯恩斯"，并且主管战争与和平研究项目。1942年，他俩围绕着营养的话题进行了多次讨论，这一话题很快成为战后重建过程中的重大问题。他们讨论了如何完善机制体制以实现"免于匮乏的自由"。他俩都认为，"我们需要一个权威的经济部门，下设一系列专业组织"。这个体系应该包括"一个世界银行……一个开发署，一个农业办公室，一个营养办公室……和一个经济情报局"[53]。

自由国际社会形成了一个新的轮廓，有助于有关"未来世界"的对话。这些不仅是跨国对话，而且吸收了之前的国际养分，探讨的主题包括营养、国际组织、生活水平等。在美国参战之后，关于战后世界的建议得到加强，原因之一就是早期的研究成果被合法化。随着它们被越来越多地讨论，越来越需要一些实实在在的因素把它们转化为政策。国际社会不仅提出了一些概念，还就如何落实这些概念给出了一些实例。正因为如此，呼吁者们时常从迁至美国的国联机制中寻找灵感。

人们心照不宣地认为，要按照既定的路线改造世界，需要国际合作。在某种意义上，国际网络能够推动合作并不令人奇怪。决策者们从他们自身的协作与研究中得到借鉴。正如《布鲁斯报告》所强调的那样，各国政府若想利用国际形势开展自身的改革，就需要获得国际资源。麦克杜格尔很早就参与了讨论，强调了国际机构和行动离不开合作。在蒙特利尔和普林斯顿的流亡者的意见经常被引用。而且这些流亡者个人也经常被请去，运用他们掌握的原始数据和分析结论去支持行动计划，推动建立新的组织结构。

战后规划离不开国际开发议题。需要有一个指导性的组织为实现目标提供数据、专业知识以及资源。所有这些都是在自由主义的理念下进行的。两次世界大战之间的争辩和讨论在"二战"中继续，一个重要的议题就是建立一个国际机构以支持盟国的事业。

逃到蒙特利尔的另一个国际机构即国际劳工组织很快也发现了一个机会。这个组织打造了一套能够执行战后计划的机制，因此得到了反对者的支持，包括帕斯沃尔斯基、洛夫迪等[54]。为了使自己看起来跟战后重建关联更紧，它出资在纽约和费城召开会议。跟逃到普林斯顿的国联经济和金融部门类似，上述会议强调了美国跟国际社会枢纽的关系，以及对于美国这样一个还没有参战但是已经选边站的国家而言，这些国际枢纽意味着什么[55]。

尽管如此，国际劳工组织难以成为实现和平的核心机制。美国政府态度暧昧，而其他机构、组织或个人又对它不感冒，包括英国的一些政府部门、麦克杜格尔以及澳大利亚代表团等。布鲁斯和麦克杜格尔研究了哪一个国际组织最有助于实现长久和平，他们认为，国联经济和金融部门"无论在能力还是形象上都更胜一筹"，而布鲁斯改革为国际重建提供了一个"远胜其他机构的基础"[56]。无论是国际劳工组织还是经济和金融部门在美国都很吃得开，这说明当时的美国缺乏应对棘手国际事务的经验和能力。当时的国际社会认为，信息和专业能力对于解决全球冲突十分重要。而上述两个机构就能够产生信息和专业能力。

这两个机构的立场、观点并不是一块天然完整的图画，而是通过不同来源的观点拼缀成型。既有美国的原生观点，同时也包含国际社会的背景。有关执行的问题使其更明显。这些建议并不是针对全面战争而特意设计的一套新观点，而是对于一系列已有概念的重新整合。这些概念的复合属性能够说明网络是如何生产、合法化以及传播观点的。一系列有关国际开发的观点跟关于生活水平的对话联系在一起。国联促成了国际开发观点的产生和保持。因此，国际开发与国际组织联系得如此紧密，就是出于这个原因。

那些专家们为了让自己的观点更有说服力，竭力把他们跟"四个自由"扯上关系。尽管国际对话围绕着发展产生了一些变化，但是罗斯福政府时期的"新政支持者"对于那些基本概念仍然非常关注。这些进步主义者越发了解国际社会对于改革的投入，也越发支持一个观点，那就是一个正常运转的自由经济体离不开一个关于发展的全球机构。美国参加"二战"证明了它在这一点上的承诺。令人注意的是，在美国参战之前，发展的观点很早就被纳入政府的规划，并体现在公众的话语中了。

较小的国家为了其自身利益也在大力呼吁成立国际组织或推动国际开发。美国的支持不是目的。小国也从这些概念里找到了自身利益所在。以同盟国中的澳大利亚为例，国联和其他一些关联机构放大了它的声音，并且使他们的国家关切合法化。跟其他国家一样，澳大利亚的目标也是建立新的机制体制，以确保在新的国际秩序下，其利益能得到保护。

澳大利亚并不是同盟国战后规划的幕后操盘者。但麦克杜格尔展示出，尽管一些观点可能是由其他国家提出来的，但仍然可以补充美国的话语和战略。尽管可能带着民族主义或者帝国主义的色彩，但是这些观点本质上代表着国际主义，因此跟美国关于

252

战后世界的见解结合得天衣无缝。麦克杜格尔参加了一些关于营养、生活水平的听证会。美国官员对于国际机构提出来的一些概念总是很感兴趣。

美国决策层设想，在将要组建的"国际权威机构"下面设立一些组织和部门。相关计划中越来越多地出现"欠发达地区工业化"等目标。这些计划还包括成立一个国际性的银行，为需要的领域注入资本和其他资源等。

美国的计划是从同盟友的讨论中得来的，其中包括拉美国家和中国。这是国际发展计划和国际机制的一部分。这些机构能确保专业和金融援助的持续进行。中华民国国民政府也支持这种做法。它经历了国际组织的开发援助概念的落地过程，也体验了其局限所在。中国在 20 世纪 30 年代获得的一系列援助显示出关于战后国际开发援助的思想并不是凭空产生的。它来自不断完善的相关概念，以及国际社会促进开发的机制[57]。

在"二战"初期，当国联宿将探讨国际开发和国际组织等问题的时候，他们并不是在创造新的概念。康德利夫和里夫勒与其他人（包括外交关系协会相关的一帮人的观点）十分接近。两人在建立战后秩序的计划中纳入国际开发的内容，这跟美国人的一些观点相近。政策研究人士雷蒙德·布尔（Raymond Buell）认为国际援助对于世界重建是必不可少的。他在 1940 年提出成立一个"国际开发基金"，为遭受战争摧残的波兰以及亚洲、拉美等地区提供资金。曾经跟他在外交关系协会共事过的维拉·迪恩（Vera Dean）认为，"国际开发基金"的想法对于创建自由世界秩序至关重要[58]。

让公众了解上述观点是为了实现国际控制而做的最早的努

力。这些专家早在日内瓦时期就知道如何在全球经济事务中开展国际干预。他们中有不少人援引过去的例子，甚至直接借鉴国联相关部门的经验来进行战后规划。这些观点同"扩张性的"国际经济讨论相关，也跟生活水平的概念以及 20 世纪 30 年代中后期通过国联调拨的原材料有关。1937 年公布的关于原材料的调查报告、推广营养学的努力、1938 年关于生活水平的政策咨询，为里夫勒、康德利夫、麦克杜格尔等人在 20 世纪 40 年代提供了丰厚的土壤。国联竭力追求主流自由国际主义的目标，因此不遗余力地推广相关观念，希望把它们作为打赢战争的重要机制以及赢得和平的工具。

国联的信息和研究所提供的关于治理、指导、控制的重要指导没有改变。它们是在自由主义秩序形成的过程中的重要部分。国联可能已经分崩离析，但是相关的需求还在。战争年代，人们为了解决相关问题而探寻概念和机制，这也解释了为什么许多人会借鉴这段经验。

战时计划中包含了关于国际治理和协调的内容。麦克杜格尔认为这些内容对于任何战后改革都很重要。这种协调是建立在数据和分析的基础上的。有人呼吁建立新的机制以确保繁荣以及稳定，并且为一个进步的国际组织提供必要物质基础，使其为自由秩序作好准备。威尔斯对于麦克杜格尔的观点十分痴迷，他给布鲁斯写信，请他让麦克杜格尔返回美国[59]。

得力的学生

关于国际组织的讨论也在其他领域进行着。参与讨论的人包括斯威瑟。他当时刚结束了 20 多年的国联服务，转而为战争信息办公室（Office of War Information）工作。这项工作对于斯威瑟而言一言难尽，但是他仍然利用一切机会加强联系。他关于国联的最后一封信是写给罗斯福的 [60]。由于他在国际治理方面经验丰富，因此在战争信息办公室的工作只是他工作的一部分，他还跟外交关系委员会合作进行战后规划。

外交关系委员会在国际社会中的重要性是显而易见的。它在"观点的战争"中尤其重要。它的战争与和平研究项目被认为是"二战"开始后美国实现全球霸权的助力之一 [61]。如果只是这么评价它，那么就有些片面了。外交关系委员会不仅是跟美国利益挂钩的组织，它还跟国际社会的精英开展广泛联系，探究国际性问题。外交关系委员会曾经一度考虑跟英国皇家国际事务研究所合并，但最终没有实现。不管怎样，外交关系委员会对于国际社会而言都是一个很有影响的组织 [62]。

"二战"爆发后，外交关系委员会于 1939 年 9 月成立了战争与和平研究项目，成为研究战后规划的领头雁 [63]。"一战"后，由于在缔造和平方面走了弯路，所以"二战"时人们对于战后规划尤其重视。在"一战"时期，美国政府缺乏相关的专业知识和资源，他们想在冲突结束后再考虑战后规划的事。而 20 年后，"二战"的阴云笼罩，一些有识之士认为战后规划不能拖，要跟随冲突的发展进行规划。于是，跟国际社会联系非常紧密的洛克菲勒基金会为相关的项目提供资助。外交关系委员会充分地借鉴大学、游说组织以及流亡专家的知识和建议。和平研究项目在美国国务院立项，美国政府得以向公民社会的专家和精英征求意见。美国国务院的联系人是帕斯沃尔斯基 [64]。

许多关于战后规划的机构在战争初期兴起，但是在 1940 年至 1941 年的大转折的过程中夭折。外交关系委员会则跟它们不同，它的项目越做越大。它的战争与和平研究项目分出好几个下属委员会，每个下属委员会关注不同的领域：政治、领土、经济和裁军等。每一个下属委员会都由该领域的领军人物领导。出于上述原因，外交关系委员会在华盛顿积累了很高的声望，它紧跟不断变化的世界局势以及不断拓展的全球承诺。

斯威瑟在国联时期积累了广泛的人脉，他自己也参与了许多关于时局的重要的讨论。这位美国人对于国际组织的内部结构和运作方式非常熟悉，同时又跟美国政府说得上话，因此他的能量不容小觑。他是外交关系委员会政治小组的核心成员。外交关系委员会的出勤记录显示，斯威瑟是一个"好学生"，尤其是在该委员会早期。因此，他有机会在关于美国全球角色的讨论中代表国际主义的理念发声[65]。

跟当时许多具有全球视野的人物一样，斯威瑟也认为，"美国所处的世界拥挤、危险而且极具争议"。他认为，美国的利益在于努力消除战争以获得和平。一系列的教训证明，"美国的利益并非局限于某一个地区，而是全球性的，分布于欧洲、亚洲、非洲"。因此，"美国需要以更加广阔的视野来看待它在世界上的地位和利益"[66]。

在战争与和平研究项目中的其他专家对于斯威瑟的观点进行了概括。美国要学习近期的历史带来的残酷教训，要立足于不稳定的美洲，争取拓展全球任务。没有冲突并不意味着和平。要确保持久稳定，需要"国际秩序的发展进步，在这一秩序下，经济、社会正义和文化自由得以向前推进，所有愿意成为国际社会成员并承担一定责任的民族、种族和阶层都能从中受益"[67]。

要实现上述目标，先决条件是美国对其做出坚定承诺，而执行起来则需要国际合作。为了有助于同盟国应对战争，以及作为战后国际秩序的一部分，这种合作需要实现机制化。国际组织有助于实现上述合作。因此，国际组织不仅对于整体安全和解决争端是不可或缺的，也是在经济和社会领域维护更广泛和平的基石。外交关系委员会的部分专家认为，美国要实现"基本目标"，就需要充分运用现有机制，包括国际劳工组织以及国联经济和金融部门等。他们举的一些例子既包括为了更好地占有原材料而进行的具体经济改革，也反映了在外交关系委员会之外的讨论。这些讨论的主题包括如何"推动国际金融机构的发展"从而实现货币稳定，以及"在落后以及欠发达地区进行的建设性项目投资"[68]。

上述工作反映出，技术性机构对于意识形态战争以及建设新世界观点的战略重要性。美国人正试图以各种手段落实《大西洋宪章》的精神，与此同时，从日内瓦迁至美国的技术性机构正为美国实现战争目标提供支援。当时的情形跟早期的讨论比较相似，与早期讨论中分散的国际主义观点相比，专业能力对于自由秩序的复兴不可或缺。它能解决众多跟提升生活水平相关的问题，包括住房、营养、健康和难民等。

任何解决方案要想持久，都得建立专业化的服务体系。斯威瑟表示，国联"在不同的国际活动领域"具有"众多的专业人士"。这一专家库在许多方面都非常活跃，并且可以为了未来的任务需要而重新组合[69]。在所有关于新事物的讨论中，有很多有价值的资源，他们建议将过去的具体经验用于未来，有时还会提出从头开始，在一张白纸上绘出蓝图。而就处事的智慧而言，则需要尽可能多地向过去学习，取长补短。……对于盟国政府而言，要鼓励开展各种项目，为解决各类问题提供有用的数据和经验。这符合他们的利益。美国人在几乎所有领域都有丰富经验，他们已经蓄势待发了。[70]

而这些美国人主要是通过国际组织学到各类知识的。

斯威瑟思考的一个问题是，美国要承担的新的国际角色会对其自身产生什么样的影响。这个问题看似没有那么紧迫，但非常关键。这种转变在华盛顿可见端倪。它正迅速从一个乡野之地转变为国际化大都市[71]。斯威瑟成年后的人生大部分是在有国际氛围的日内瓦度过的，他对于形势的变化非常敏感。世界面临严重危机，在这种情况下，美国必须扛起领导者的大旗，向全球发号施令。他认为，许多人希望美国能担起世界领导者的角色。斯威瑟见证了"一战"后的国际秩序促使日内瓦的国际社区蓬勃发展，他因此确信，美国的新责任将促使华盛顿转变为"国际中心"。美国需要向盟友伙伴展示，它将给它们的入驻腾出空间，这也是为赢得战局所做的努力之一[72]。

这一系列利益不仅符合许多国际主义者的追求，同时也促使斯威瑟为战争与和平研究项目做出贡献。他的一个研究对象是"国际社会"。斯威瑟理解在他的时代这个词在严格意义上的内涵，聚焦于国际组织和各国的关系，他认识到这个领域紧密相连、互相协作本质[73]。

在这个时期，有一些人带着敌意看待国际组织的发展。斯威瑟等人满怀热情地在口头和书面宣介国联的作用，但有一些人却对国联持怀疑态度。在 20 世纪 30 年代，在国联大会将要重启之际，有人认为这会导致其他机构冻结。而现在，战争与和平研究项目的政治委员会也遭遇到了类似的指责。国际大会的重启或许意味着饱受诟病的凡尔赛体系的复活，并有可能会给国内外的敌人提升士气，更不要说苏联被即刻排除在国联之外了。实际上，苏联给国联带来的灾难是国联没有重启的重要原因之一，但是很多人都忽略了这一点 [74]。不管怎么说，重建国联将意味着回到此前的状态，无法实现对新世界的承诺 [75]。尽管国联的专业服务被认为对于自由国际秩序的恢复和运行有所助益，但还是要让国联的政治形象跟自由国际秩序保持距离。

但是，建立一个具有正常功能的国际组织，使其可以测量和分析国际公域以支持自由主义的改革，这一点从一开始就显示出高度的重要性。这不仅反映在流亡的国联身上，还反映在美国体制的核心中。美国人已经理解许多基本的观点和看法（尽管他们看不到在这些思想背后是国联的努力）。

斯威瑟看起来是国联秘书处的老人里唯一一个在外交关系委员会的核心项目中工作的人，而实际上，国联这所"超级大学"的"校友"并不在少数，例如斯坦利和里夫勒。他们的个人经历和能力受到赞许。战争与和平研究项目借助国联来加强研究与讨论。尽管洛夫迪并不是这个项目的成员，但外交关系委员会多次请他来参加不同的研讨会。他就一些重要的经济话题进行分析，台下就是那些质疑者，而这些质疑者往往在经济、学术以及政治领域具有较高声望 [76]。

1942 年 1 月，洛夫迪在外交关系委员会提出了满足世界资本需求的解决方案。其中一个方案是成立"各国央行的国际央行"，它可以满足各国对于资本的需求。洛夫迪认为，东南欧、中国、加勒比海等国家和地区将在战后对经济结构进行"大幅度的重组"，它们对于外国资本的"海量"需求可能会一直延续到"二战"结束后，因此类似的组织应该是永久性的[77]。

除了上述发言，外交关系委员会还参考了洛夫迪的大量著述。国联迁美带来的众多专家在"二战"的初期发挥了尤其重要的作用，反映出美国需要国际社会的"外脑"来弥补其自身能力的不足。这标志着国际主义者的网络在两次世界大战之间逐渐成熟，而国联与其之间联系因战争的需要而实现了改革和重新定位。人们开始更多地讨论国际组织将如何支持世界经济并且为经济发展提供资源。

无话找话

罗斯福在国际组织问题上的表态含混不清——这符合他的一贯作风。在"二战"初期，罗斯福总是行事谨慎。遇到外交方面的问题，他总是把威尔斯顶在前面。在 1942 年，他还跟他的"老朋友"斯威瑟试验了一些关于国际组织的想法，就是围绕着"四大警察"即美英苏中建立一个国际组织。对于世界大国如何维护世界和平这个问题，罗斯福进行了反复思考。他的相关讲话有时候被认为是随口说说的假想。但是他在一场冗长的、多次中断的会议上不断地提起这个想法。历史学家试着描绘出罗斯福关于国际组织的完整思想，并且在他担任总统的后期梳理其关于安全以及大国责任的想法。罗斯福在早期跟斯威瑟的谈话反映出，他认识到专业服务的重要性，这是寻求稳定的自由国际秩序中任何机构都不可或缺的重要组成部分[78]。

作为国际主义者，罗斯福认为需要成立一个"类似于国联的机构……把国联做得很好的事情继续做下去"。他指的就是专业工作。他计划每个月都参加关于重要全球议题的专门会议——"1月是卫生……2月是经济"。罗斯福告诉斯威瑟，即使国联的残余机构被保留下来，但它也不可能执行任何"警察"似的任务："它没做过也不能做这样的任务，它需要更多权力。"罗斯福回忆他曾经跟丘吉尔说过的话，那就是国联总是"没话找话"，"没有强制力也没有行动"。他还回忆国联如何成为他政治生涯的挫折："1920年我发起了美国加入国联的行动……但是我现在不想折腾了。"[79]

从罗斯福的思考中，我们可以大致了解一个新的"世界权威"是如何在"二战"中酝酿的。罗斯福抛出的一些观点其实源于自由国际主义的传统思想。罗斯福本人对这些思想深信不疑。他相信世界的"警察"需要具备测量以及分析的能力。

斯威瑟在国际领域的丰富经验使其成为美国政府的重要资源，为总统提供咨询。他关于战后秩序的观点反映出当时在美国各界，国联的专业活动是一个重要话题。他的观点对于自由国际体系的重建不可或缺，也反映了国联逐渐从一个活跃的机构走入历史的档案袋。

一所国际学校

国际组织的残余机构体现出自由秩序都有哪些需要。同时，自由主义者在决策层也需要建立起理解。由于战后的安排纳入了信息一代，国联所掌握的信息被利用起来促进战后建设。美国当时越来越多地承担全球使命。国联要让自身的经验教训被美国注意到，这需要国际社会的共同努力。

成立一个新的国际组织成为共识，大量的探索和分析工作有待完成。学者们关心的并不是它的官僚体系和运作方式，而是那些能够支持执行政策的工作。这也是将秩序"概念化"。在 21 世纪，各个国际组织都深深地植根于国际活动，它们的行动都有法律和实践上的先例。很多人也许忘记了，正是国联开创性地确立了国际组织以及国际职员的身份地位，为当今世界树立了标准。美国只是把国联当作一个局外人。美国在考虑如何执行一个全球性日程，包括运营一个国际组织时，从来就没跟国联产生过太大关系。

在相关方面缺乏经验，使得美国对待经济和金融部门的初期态度看上去有些疯狂。1941 年，美国政府要求经济和金融部门的每一个工作人员都填写"外国人登记表"，详细填报他们每个人之前的经历。不久，美国的兵役登记部门又惦记上了逃到普林斯顿的这批人。由于急缺人手，所以新兵招募部门前来询问经济和金融部门工作人员的身份状态。艾德洛特担心这批专家就这么被招走，于是向美国国务院请愿，甚至向赫尔请求帮助。最后大家才知道，美国的征兵对象不包括来避难的其他国家的公务员。美国政府甚至想去收这个机构的税。高等研究院的官员不得不恳求洛克菲勒基金会去找美国国务院，说明他们的诉求。在洛克菲勒基金会介入后，经济和金融部门最终被免于缴税。斯威瑟曾经表示过不满："我越去研究这个国家是怎么对待国际官员的，就越觉得情况糟糕得很。"[80]

上述匪夷所思的政策表明，尽管国联代表自由主义阵营，但它一直在美国的监视下。美国政府希望根据它自己的形象建设自由国际秩序，它需要学习如何不把常驻在本国的国际组织当作外国实体看待。

1942 年 8 月，为了实现上述目标，卡内基国际和平研究所启动了一项计划，研究"国际组织的行政管理问题"[81]。这说明美国需要在这方面探寻行之有效的办法。美国之前的确也有过相关经验。最好的也是唯一一个例子就是国联秘书处迁至美国的残余部门。同时，美国也有相关人员比较全面的档案。他们跟相关人员联系，筹备召开一个会议研究国际组织的行政管理问题。康德利夫过去一直在为卡内基国际和平研究所的经济项目工作，他提供了美国所需的指导。斯威瑟也被请了过去[82]。

许多专业领域都需要国际行政管理，秘书处持续成为当时的焦点。卡内基国际和平研究所在这方面的研究成果体现为一系列的会议、专著和其他形式的出版物，而上述这些都是在研究国联运作的基础上得来的[83]。这些出版物涵盖了国联框架——各种活动、组织、项目。当时，这些内容对于建设一个新的、可行的国际机构具有很重要的参考价值。

1944 年出版了一本名为《世界秩序的先驱者》的书。它搜集了大量的数据，研究广泛的专业问题。这本书被斯威瑟和福斯迪克大力宣传。这类出版物显示出当时政界和学界的兴趣点所在，而实际上各种工作产生的影响还要更深。当时为国联怎么设置新的机构而进行了一系列的研究和讨论[84]。

不少流亡美国的专家向美国人介绍了自由国际主义的专业领域。马丁·希尔（Martin Hill）参与撰写了《布鲁斯报告》。他接到约稿，请他撰写一本关于国联经济领域工作的书。国联下涉及经济的各个部门被认为有助于规划新的国际组织，这些组织将参与国际经济治理[85]。卡内基国际和平研究所聘请的另外一位曾在国联工作的人埃贡·F.冉斯霍芬–维尔特海玛（Egon F.

Ranshofen-Wertheimer），根据他自己的经历，撰写了一本题为《国际秘书处》（*The International Secretariat*）的大部头著作，记述国联的结构和文化。这本书对于政治家和学者同样有用。

冉斯霍芬-维尔特海玛并不是这个机构毫无争议的重要人物。但他确实代表了一些国际主义者，他们认为塑造和传播社会经济生活方式是大势所趋。他敦促治理人类活动的各个领域。这说明，"不管是法西斯国家、共产主义国家还是民主国家，公共权力的领域都在不断拓展"。关于经济、卫生和通信的关注已经超出了单个民族国家的范畴，成为跨国行为。全球战争加剧了这些趋势："当时大家突然觉得，世界各国需要协调开展非政治性行动"，这意味着"未来的世界将见证这些专业性机构的飞速发展，在一些特定的领域行使类似政府的职能，在某些时候，治理权甚至覆盖整个文明世界"。但就是这些蓬勃兴起的专业机构也离不开能够进行指挥控制的机构，这说明大家都明白，"专业机构无论数量有多大、重要性有多强，都无法守卫和平。它们在功能上无法替代政治组织"[86]。

这也是冉斯霍芬-维尔特海玛的指导思想。他教给美国人如何管理国际机构，他在位于华盛顿市区的美国大学就这个主题还开了一门课。也许这算不上里夫勒所寻求的那种有关战后需求的"基础训练营"，但不管怎样，这为美国政府困惑不已的官员们提供了一个听讲的好机会[87]。

各种项目说明，美国公民社会的机构，包括游说组织、基金会和大学等，都把国联的活动看作战后规划的圭臬。这些项目也标志着国联的瓦解，它从一个国际事务的活跃中心降格为制造信息和开展分析的地方，为自由国际关系发挥着最后的作用。人们仍然重视国联及其附属机构的价值，但这主要是因为它为继任者的出现开启了道路。

蓝图

尽管在 20 世纪 40 年代，美国政府、外交关系委员会以及整个美国社会都充满了关于战后世界的讨论，但实际上，现实中存在罗斯福所说的"没话找话"。要把观点转化为行动，就需要有人勇于承担艰巨的任务，去执行项目，并且促使美国政府做出承诺。在这方面，国际社会发挥了应有的作用。

"二战"期间，在华盛顿有着种种不同的对于战后世界的观点，有些甚至是相互矛盾的。其中就有威尔斯（Welles）牵头的一个美国国务院的研究项目。威尔斯被称为罗斯福的"战略师"，威尔斯奉命掌管许多行政领域，这些领域跟战后的政府息息相关[88]。威尔斯和帕斯沃尔斯基一起为美国描绘出关于战后"世界组织"的早期蓝图。1942 年 7 月，威尔斯在美国国务院特别研究局之下，设立了一个关于国际组织的下属委员会[89]。

在美国参战初期，该下属委员会经常把国联作为范例。威尔斯在该委员会中请来了许多位昔日跟国联有过工作关系的专家，包括国联协会的克拉克、艾克尔伯格以及卡内基国际和平研究所的詹姆斯·肖特维尔（James Shotwell）。这个委员会跟其他一些战后安排也有直接的关系。威尔斯还请来了以赛亚·鲍曼和沃尔特·夏普（Walter Sharp）。这两位都是外交关系委员会战争与和平研究项目的成员。

另外一个人的名声可能稍逊，但是他的参与更加持久。他就是格里格。他在该委员会成立后几个月内就加入了。他参与了世博会国联馆的收尾工作，以及将国联的办公设施运输到普林斯顿的工作。此后，他得到哈弗福德学院新任院长也是国联的支持者菲力克斯·摩尔利（Felix Morley）的赏识，被邀请出任该学院政治经济学的副教授。格里格推崇国际合作，他还在国联秘书处工作多年。他在该委员会的讨论充分借鉴了在国联的工作经验。他属于脚踏实地、孜孜不倦的那种人。这个新的"国际组织"正在加紧筹备，一些观点在新的形势下逐渐成为现实。格里格认识一些人，可以更好地把观点落实为行动。正是因为有了格里格，美国政府从初期规划时就充分考虑到专业领域的问题。威尔斯在1943年栽了跟头，他的政敌炒作一起涉及他的性丑闻，迫使他辞职。他关于战后世界的规划因此壮志未酬。但他前期做的工作不会被抹杀，格里格的职位也没有改变，他的意见对于新的国际机构十分重要。

威尔斯以及委员会都认为国联留下了丰富的遗产和鲜明的榜样，他们甚至一度考虑重启国联[90]。后来随着计划的调整越来越贴近现实，这个主意不再被提起。但有一个观点是比较一致的，那就是需要在一个新的、更大的国际组织之下建立一个覆盖面更广的专业机构。这个观点在新的国际组织最初规划的框架下就有所体现。大多数人都认为，"经济和社会合作"是新的国际组织的核心职能之一。可能需要成立一个"专业服务局"来履行这一职能。它将涉及广泛的领域，例如"总体经济和金融"、劳工、贸易、救济、卫生、托管、移民以及文化关系等。根据设想，未来的国际合作将确保"利用国际上的人力和物质资源，增加各国的财富并提升生活水平，促进社会安全和经济稳定"，以及"人类福祉与和平"[91]。在这一前提下，"专业服务局"具有如此广泛的授权是必要的。

世界各国对于这种全球性的提升越来越关注。之前在国际秩序方面的一些试验也越来越体现出借鉴意义。国联本身的功能已经缩减为一个数据库。更重要的是，那些曾经在国联工作的人后来都获得了相应的荣誉，为战后国际秩序的设计者提供了富有价值的咨询。在两次世界大战之间的一些讨论重新定义了国际治理。而关于上述国际治理的辩论影响着对于未来国际关系的讨论。有关治理的问题对于自由主义秩序至关重要而且十分紧迫，需要通过国际合作寻找解决方案。而谈到国际合作，就离不开一系列的机构提供信息和专业知识。

晚餐和电影

威尔斯的委员会提出了"国际发展署"（International Development Authority）的概念，另外也有一些类似的概念在华盛顿层出不穷。相关概念正在加速落实的过程中。各界普遍认为，需要成立一个既能维护世界和平，又能促进经济发展的国际组织。

麦克杜格尔谙熟美国的政治，他也参与了相关的讨论。由于他的大部分时间是在城市里工作，他说城市的"气候真是让人不爽"[92]。尽管暑热难挨、工作任务繁重，但他至少认为他的那些美国同事还算容易相处。他表示："我喜欢这些美国人，他们非常有趣。"与此同时，关于国际秩序的讨论实际上并没有排除国别或者是帝国的利益。麦克杜格尔跟布鲁斯抱怨说："我发现了一种趋势，那就是美国总是想把自己关于国际问题的解决方案强加给别的国家。很多名人政要对此颇有微词，认为这可能被视作美国对别的政策的干涉，甚至是美帝国主义。"[93] 麦克杜格尔还发现了在政治领导人之间以及政策执行者之间还存在其他的观点矛盾。同时，美国政界对于执政的英国精英阶层的反感也是不容忽视的，突出体现在美国对于印度的独立持开放态度[94]。麦克杜格尔在个人交往方面也出现了一些紧张的情况。比如他跟华莱士的关系。1944 年，随着华莱士与权力中心渐行渐远，麦克杜格尔表示，希望华莱士"在发表一些考虑不周的观点的时候记着别把我的名字加上去"。华莱士认为，麦克杜格尔说的是他编写的一份呼吁"殖民地解放"的小册子[95]。

总体而言，美国和它的盟友关于国际主义的态度是基本上一致的。它们通过跟国联的互动，产生了一些关键的术语和话题，这些术语跟话题对于制定战争目标起到了很大作用。在 20 世纪 30 年代，有一些问题引起了广泛的讨论。布鲁斯提出，应该成立一个"世界权威部门"来解决这些问题。1942 年，麦克杜格尔在同盟国其他人的基础上，继续深入研究布鲁斯的提议。相关的研究和讨论产生了一些有益的观点，尤其是在与国际发展相关的生活水平改革方面得到了各界的一致认同。

国际组织的一项重要服务是整合多样化的专业活动。这对于维持战后国际秩序至关重要。基于上述原因，许多关于未来国际组织的草案都纳入"经济和社会"内容。新制作的流程图依次展示出两次世界大战之间的经验、《布鲁斯报告》以及之后出现的概念。用于临时评估专业机构的表格开始反映出它们担负的具体任务。不少人提出，在"落后种族发展"机构下设"落后地区经济开发"部门[96]。

布鲁斯和麦克杜格尔在"二战"前的观点此刻再次得到体现。随着生活水平的提升，关于在自由主义基础上的贸易改革也要有所呼应。这两个澳大利亚人的内心里还带着殖民主义的观念，虽然他们不能完全认同英国的政策，但他们的根本着眼点还是在维护不列颠殖民体系上。

麦克杜格尔提出的一个核心方案是关于粮食的经济学。据称，由于粮食匮乏，军队都在饿着肚子打仗，而整个社会在战争里自始至终都面临着饥荒的威胁。在"一战"后，国际社会在营养方面做了许多工作，这些工作在此时仍体现出重要意义。"二战"的全面爆发，让之前关于粮食存储和农业生产方面的一些小顾虑，变成具有战略决定意义的大问题。这些问题引起了麦克杜格尔的关切，但它们不只存在于营养或者社会正义方面。要重建不断拓展的世界经济，需要解答战略、政治和宣传等方面的一系列问题，而公平的粮食分配对于解决问题至关重要。

在"二战"初期，麦克杜格尔引用了斯威瑟数年前提出的观点，即成立一个"联合国经济总参谋部"（UN Economic General Staff），以处理战争与重建带来的棘手问题。奥尔以及时任美国粮食与营养委员会主席弗兰克·布德罗（Frank Boudreau）在美国及其盟国已经颇具权威。对于麦克杜格尔及其同僚而言，粮食和农业是重要的经济问题，关乎全球贸易和稳定。他还建议洛夫迪等人让世人更加关注这一领域。实际上，尽管洛夫迪和他的同事没有官方头衔，但他们一直致力于成立农业与粮食的综合机构。在他们之前也有人做出过尝试，主要是设在罗马的国际农业研究所管理的。但是，由于这个研究所设在柏林—罗马轴心的南端，所以当相关讨论体现盟国的战略时，这个研究所就退缩不前了。

尽管这些观点直接借鉴了战时发展起来的新兴营养科学、术语和分析方法，但也受到全球战争的言论和要求影响。麦克杜格尔始终坚持"免于匮乏"的观点。这成为他介入这一问题的初衷。同样，美国的政治言论也很容易与国际主义情绪相联系，成为麦克杜格尔思想的完美载体[97]。他的主张与对食物的关注完美融合，实现了免于匮乏的承诺。此外，这种联系还强调了宣传是如何成为"思想战争"的一种手段的。正如麦克杜格尔所指出的，对食物的关注为盟军提供了一个答案，以回答世界各地人民的日常问题："我早餐吃什么？"它还厘清了世界公众生活水平这个有时含糊不清的问题。通过将粮食和农业生产作为优先事项，联合国让世界各国人民知道，该组织考虑的不仅是救济，也是建立一种世界秩序，在这种秩序中，人们的日常生活将得到持续、普遍和显著的改善。人们不仅有东西吃，而且会有更多更好的东西吃。改良后的世界范围内的科学、生产、贸易和分配制度将带来这种新型的"自由"[98]。

麦克杜格尔在华盛顿的声望与日俱增，这使他得以精心培养与权贵的关系。华莱士的亲和力使得这位副总统的观点引起了埃莉诺·罗斯福的注意。在阅读了麦克杜格尔的一些备忘录后，第一夫人邀请他共进午餐。麦克杜格尔的观点与第一夫人的观点不谋而合，她邀请麦克杜格尔在白宫共进"家庭"晚餐并观看电影，这不仅影响了关于战后目标的辩论，也影响了联合国本身。在1942年8月24日的晚宴上，麦克杜格尔坐在了罗斯福的旁边，两人兴致勃勃地讨论了"思想之战"。这位和蔼可亲的澳大利亚人不仅给总统夫妇留下了深刻印象，而且被总统的魅力所吸引，发现总统"无比活泼的性格异常吸引人"[99]。这将是建立新的国际机构过程中的重要一步。

骗子的美德

　　麦克杜格尔丰富的思想再一次受到国际主义思想启发，而美国人长期以来在经济上和思想上都投入了大量的精力，这表明战争并不是过去和未来的分界点。他的建议植根于战前的讨论，以战后秩序为前提，反映了美国自身的假设和雄心。尽管如此，麦克杜格尔的远见一直被认为是罗斯福政府召开粮食和农业问题重要会议的动力。会议于 1943 年 5 月和 6 月在弗吉尼亚州霍特斯普林斯的霍姆斯泰德酒店召开。

　　联合国粮食与农业会议虽然是战后规划史上的后起之秀，但在当时却意义非凡，尽管它或许没有达到罗斯福所评价的"划时代意义"[100]。当时，人们将其视为一次演练，为更长期的机构建设作准备。

　　第一阶段有几个失误。看似没有争议的"技术"会议却引起了人们的愤怒，因为人们发现家园酒店（与美国的许多酒店一样）对不同种族和民族群体"大力执行"歧视政策。在国际活动中，该酒店对犹太人的偏见尤其令人不快。然而，这引起的骚乱只是次要的，最主要的是政府因不让记者参加会议而遭到媒体的长期抨击。

　　从国际角度看，还有一个问题：美国政府把会议办成了纯粹的美国秀。正是这种沙文主义引发了斯威瑟的干预。他以海外妇女研究所副所长的身份呼吁，应忽视控制会议的企图，各国都应积极参与。他认为，美国应该让其盟国感到自己在美国"庄园"

里是受欢迎的："我认为，这将使会议成为真正的联合国会议和国际会议，让所有代表有宾至如归的感觉，并避免有人批评会议受到某个国家的不当影响或控制[101]。"

斯威瑟的炮击只产生了一闪而过的影响。美国国务院主导了组织工作，确保美国官员主持会议。作为让步，四位副主席（英国、中国、巴西和苏联代表团团长）出现了，但这些职位实际上是名誉性的。

尽管国联和国际劳工组织的代表对会议的基本理念有很大影响，但美国国务院对他们避而远之。但是，如果过于关注这些机构本身在会议上的代表性，就会忽略国际社会是如何运作的。与国联有关的个人可以在会议期间将自由主义国际思想引入更广泛的讨论。巧的是，日内瓦最有影响力的支持者之一，不知疲倦的麦克杜格尔也在那里。在为营养、生活水平和战争目标等问题做了大量准备工作之后，他被点名邀请，并被安排在澳大利亚代表团的前排和中心位置。麦克杜格尔利用这一地位，聘请普林斯顿办事处帮助开展诉讼。即使日内瓦难民不能正式参与，他们所收集的信息也是存在的。他们作为后台为项目提供统计和分析方面的支持。洛夫迪被请来编写一份报告，以阐述联盟在会议讨论中的成果，澳大利亚人将报告分发给与会代表[102]。

澳大利亚代表团团长赫伯特·库姆斯（Herbert Coombs）深谙麦克杜格尔的影响力。他向澳大利亚政府报告说，麦克杜格尔正在"与美国人密切合作……他们似乎在会议材料的准备和计划的制订上寻求他的建议和批评。事实证明，这对我们来说非常有价值"。事实上，麦克杜格尔的联络使库姆斯与美国主要官员面对面。与此同时，麦克杜格尔的聪慧灵敏让他的同事认为他是一个"非常有趣的家伙，有点像江湖骗子，但非常吸引人，在他所采取的行动中有一种良好的判断力……一个善良的骗子"[103]。

如果麦克杜格尔是在搞一个骗局，一个可以追溯到两次世界大战之间的年代的骗局，那么这个骗局是成功的。一个临时委员会，即粮食及农业组织的种子已经播下。这个机构并不完全是为了改善种植。它从开始就被视为一个更大的国际组织的一个分支机构。粮农组织的诞生表明，麦克杜格尔以及他和其他国际主义者所推动的观点正在更广泛的战后秩序中生根发芽，这种秩序已经吸收了20世纪30年代在国联内外，以及40年代在普林斯顿和华盛顿的机构中萌生的经济和发展主义思想。

罗斯福在一次广播讲话中明确指出这两者之间的联系，祝贺代表们在弗吉尼亚州霍特斯普林斯会议上取得的成就。他们建立的机制不仅是为了恢复经济，也是为了解决粮食生产和获取的"长远"问题，以及了解这些问题将如何对全球人类营养和健康问题产生影响。罗斯福和他的顾问们参与了对这些问题的长期讨论。他们知道这些问题与当时错综复杂的经济和社会问题息息相关。罗斯福提醒与会代表，尽管有些挑战看似"超出了你们所从事的工作范围……它们的解决方案对成功同样至关重要"。没有"工业生产的增加和……购买力的提高"，就不可能实现粮食方面的目标。新的组织仅仅是第一步，因为"必须采取措施处理贸易壁垒、国际汇率和国际投资问题"。找到解决这些问题的办法意味着"必须确保更好地利用自然资源和人力资源，以提高生活水平"。无论如何，粮农组织所代表的"解决国际问题的有序国际程序"为实现"免于匮乏的自由和免于恐惧的自由"提供了及时的手段。提及这些备受讨论的自由并不仅仅是一种修辞手法。罗斯福和众多人物都清楚地意识到，在弗吉尼亚州的建设行为为战后世界带来了生机，并在思想战争中发射了一枚重炮[104]。

为了在实现上述目标的过程中发挥作用，粮农组织被安排了以下任务：提高全世界的"生活水平"和农业生产能力。这一使命是现代社会和现代世界经济的重要支柱。它将 20 世纪 30 年代关于"和平变革"的国际对话与意识形态战争的要求结合在一起。它还接受了关于现代性如何使世界逐渐缩小并滋生相互依存关系的自由主义陈词滥调。粮农组织不仅要传播信息，还要向成员国提供"技术援助"。粮农组织的使命要求"现代营养（和）生产知识……必须共享"，因为"这些科学发展将使我们能够通过合作实现许多以前认为不可能实现的事情，其中（包括）摆脱匮乏……"[105]，粮农组织代表的是自由改革，而不是革命，因为"需要改变各国的经济和社会安排……这种演变在我们这个时代已经加速了"。然而，"进步必然是渐进的"。

知识是一个关键的因素，也是把这些伟大的想法付诸实践的手段。使成员国受益的是一项重要任务，"定期收集和系统介绍相关统计数据……"，粮食和农业需要在田野之外的各个领域开展工作，以完成其发展使命[106]。

乍一看，与国际金融秩序或持久安全机制这些即将出现的、相对强硬的问题相比，围绕农业的问题似乎更为分散，甚至有些粗糙。这些问题得到的历史关注要多得多[107]。粮农组织的成立意味着，联合国已经在汇集分析能力，为战争本身和随后的重建积蓄力量。同时，它也为思想战争"提供了强有力的支持"。盟国正在努力满足更多人的基本需求——食物。

更重要的是，当时致力于改革的人意识到，大萧条不仅是金融或工业的崩溃。农业与战时的经济和社会崩溃有着必然联系。事实上，20世纪20年代全球国际农业市场的长期危机预示着更大的经济灾难[108]。采取行动组织一个机构，促进对粮食这一基础商品的国际管理，这表明联合国正在采取积极措施，以防止导致战争的不利因素再次出现。胜利并不意味着恢复原状。

在给布鲁斯的一封热情洋溢的信中，麦克杜格尔与其他人一样对这一成果感到高兴。他看到了连续性："我只能告诉你，我们1935年（在国联）提出的倡议看起来（正在）全面启动。"[109] 华盛顿成立了一个临时委员会，麦克杜格尔扮演了奠基人的角色。流亡的国联被正式授权，以便继续提供宝贵的商品：数据和分析。洛夫迪和安斯加·罗森博格（Ansgar Rosenborg）被正式任命为"专家顾问"[110]。

麦克杜格尔在粮农组织创立过程中发挥的核心作用已成为这个对历史非常敏感的组织的传说。但这是他应得的。还有许多其他人物不仅在建立粮农组织方面发挥了重要作用，而且在使其获得国际关注方面也发挥了重要作用。斯威瑟会抱怨说，许多人，尤其是媒体，故意忽视了"国联是……联合国粮食会议的前身"。然而，麦克杜格尔的作用至关重要。华莱士也值得称赞，他还清楚地看到了一个"创立之父"的决定性影响，称麦克杜格尔是"霍特斯普林斯会议……背后的发动机"[111]。

农业机械化

美国人煞费苦心地维护着这些专家。华莱士充分运用自己的全球人脉网，让威尔斯转告怀南特，要求布鲁斯命令麦克杜格尔留在美国，为粮食与农业临时委员会站台[112]。麦克杜格尔真的留了下来，在芝加哥的麦克吉尔露台公寓里加入了该委员会——这个潮湿的首都富人区将进驻越来越多的使馆和公使馆。这个机构的雏形表明，华盛顿正在逐渐成为国际主义的中心。

证据来自临时委员会散发的文件和报告。这些文件和报告充分说明了世界所面临问题的严重性，以及盟国所承诺的改革的潜力。临时委员会收集了全球可比数据，这些数据并不总是专门针对农业问题的。事实上，这些数据被用来深入探讨其成立的初衷：比较世界各国人民的生活状况，以及通过政策调整来改善特定地区的条件。通过比较寿命和经济统计数据，可以很容易地推断出生活水平和生活质量的差异。正如一份报告指出的，"个人所能享受的生活总量是任何福利概念中最基本的因素，而'生活'是'生活水平'的主要组成部分"。寿命和婴儿死亡率不仅是健康的衡量标准，还揭示了消费和营养的局限性，而这些局限性必然与贸易和生产等经济问题有关。对这些国际社会一直困扰的问题的初步探索，都以国联产生的分析和数据为基础，并由在国联有声望的人物完成[113]。

那些将粮农组织的成立视为进一步机构建设基础的人是正确的。麦克杜格尔在盟军战争中的活动导致了思想和技术的直接转移，这种转移不仅体现在新的自由主义世界秩序的制度筋骨上，也体现在美国的核心战略上。麦克杜格尔和洛夫迪将他们各自的国家利益与他们共同的帝国利益结合起来考虑，从而影响了新"世界组织"的构想甚至结构。这表明有关经济改革的讨论具有扩展性。

然而，他们并没有向美国人介绍这些思想；他们所强调的主

276

题是美国人已经接受的有价值的思想，并且是在美国本土培育出来的。国联所协调的战时国际社会为一些最理想的成果提供了温床。然而现在，自由国际主义的主要潮流受制于美国，因为美国认为这些元素对其自身利益至关重要。与其他许多人一样，麦克杜格尔和布鲁斯从未忘记——尽管他们的国家和帝国有这样或那样的野心和要求——在战后秩序问题上，美国人才是众所周知的主导者。

罗弗家男孩

围绕营养、生活水准和战争目标的讨论导致了粮农组织的诞生，而这些讨论又与其他组织要素相关联，这些组织要素如雨后春笋般出现，以应对大规模的救济问题。与此同时，联合国救济和恢复管理局也在努力建设之中。这个联盟项目将承担巨大的全球使命。美国势单力薄，需要国际社会的协助。

康德利夫和洛夫迪参与设计了联合国驻黎巴嫩临时部队的任务，他们吸引了国际研究大会和战争与和平研究计划的忠实成员尤金·斯坦利，以及美国联邦共和国委员会研究负责人维纳和汉森[114]。康德利夫为该组织提供了一个思想框架。他将联合国救济和恢复管理局的目标与国联的经济和金融部门的范例联系起来，展示了这一历史范例可以延伸多远。洛夫迪和普林斯顿办事处在早期阶段就参与了讨论，并向参与规划救济和重建的美国机构提供了大量有关战后救济和贷款计划的报告和研究，以及有关粮食和商品问题的最新统计数据[115]。联合国救济和恢复管理局候任局长赫伯特·雷曼（Herbert Lehman）认可了联盟的贡献，并希望获得"技术援助"，在联合国救济和恢复管理局与经济和金融部

277

门之间"建立尽可能密切的工作关系"[116]。这种合作也解释了为什么国联观察员受邀参加 1943 年 11 月在新泽西州大西洋城举行的联合国救济和恢复管理局理事会第一次会议[117]。

所有这些人物都参与了为这个价值数十亿美元的救济组织奠定基础的工作，这一事实表明，关于国际机构需要对国际区域进行改革的假设，始终贯穿战时国际主义的讨论，它并没有在谈论中消散，而是促进了自由主义大国在实际上实施救济[118]。这种思想谱系也有助于解释为什么一个以救济为己任的组织的使命很容易延伸到发展活动中[119]。

斯坦利和日内瓦圈子的其他成员一样，忙于战争。他的才干都用在了耗资 30 亿美元的联合国救济和恢复管理局上。在该机构的支持下，他前往中国，在《远东调查》（投资政策研究所的内部刊物）上宣传中国的需求。他就中国战后重建所需的各类技术援助开出了大量药方[120]。这些内容被认为是更大的一揽子救援计划的一部分，这表明它们在主流对话中的地位十分稳固，而发展作为战时和战后目标的地位正在不断上升。

除了发动战争，当和平最终到来时，国联的先例和经验成为"重建"世界的主要手段。这在这一点上，国联实际上承担了战后重建的责任。1939 年战争开始时，国联曾焦虑地声称要在战后重建中发挥作用。与此同时，国联按照巴克纳尔等美国人的建议履行职责。联盟剩下的东西越来越多地被归结为想法、事例和信息——确实是发动战争的有用工具。战后规划是这一努力的关键政治前沿。思想和信息杂志确实成了一种政治武器，甚至是实用武器，即使它只是一个更大武器库的一部分。在日内瓦流传或萌生的各种自由主义思想和实践，必然会在一场争取国际社会和自由主义世界秩序的战争中发挥重要作用。

国际单位

新的专业机构诞生了，但是随之而来的一些新问题，就是它们在战后国际秩序中如何发挥作用。与之相关的是当年国联所搜集的数据、做出的分析如何塑造未来世界经济。这些讨论以及争议的关键点只有一个，那就是这些机构应该如何适应一个新兴的概念——国际开发。

这个问题说来话长。"一战"后，康德利夫发现，亚洲国家具有不可小觑的工业潜力，进而思考它们在未来对于世界的影响。关于经济绥靖政策的讨论其实是跟发展要素息息相关的。而国际援助是推动全球经济向前发展的驱动力。基于"一战"前的一些经验，中国的民族主义者认为，经济援助以及经济规划和控制是取得经济发展的有用工具[121]。

在"二战"期间，中国以及其他一些工业落后的国家要求获得援助的声音越来越大，但是这让一些工业化的富国感到不安。它们担心，向外给出援助可能会稀释它们自己的财富。这种担心让他们不肯放弃既得特权。另外，大萧条的教训也让它们开始反思，难道它们真的要站在全球繁荣的对立面？

在上述问题上，国际社会一直没有取得共识，包括美国国内也意见不一。批评者认为，扩大工业现代化范围带来了一个问题，那就是到底谁会从中受益。美国副总统华莱士的观点受到了批驳。他认为，为了提升生活水平，每个人都得分到牛奶。批评者认为，华莱士的观点不啻要"把牛奶分给非洲南部的科伊科伊原住民"[122]。

暂且不提牛奶补贴，有一些有良知的学者坚持进步的观点，美国的哈特利·格拉坦（Hartley Grattan）就是其中的一个。他对于生活水平问题有着深入的研究。对于澳大利亚的向往使他成为柯林·克拉克的拥趸。格拉坦对于克拉克的经济学观点非常赞同，他第一次向美国大众介绍了一些新的概念，如全球可比数据和"国际单位"[123]。

格拉坦推广上述概念的过程并非一帆风顺。1942年年初，他对正在被讨论的许多观点都十分了解，他说："如何在战后重新恢复国际贸易秩序，如何筹划新的国际经济关系——讨论这些热门观点的不光是政治家、经济学家和社会学家，还有参与重建的罗弗家男孩，他们心怀好意筹划未来，可他们的头脑还停留在《凡尔赛和约》那会儿。"当时市面上有许多描写青少年探险故事的书，除了"罗弗家男孩"系列，还有"哈迪家男孩""鲍勃塞兄弟"等系列。格拉坦引用这些书中的主人公，实际上是想说明改革者的幼稚。他们并没有充分考虑在历史潮流的推动和战争刺激下，世界各国向工业化转型将会带来哪些影响。格拉坦表示，他担忧的是，经历了大萧条和"二战"的工业化国家给自己树立了对手，而这必将导致经济竞争和混乱。这个看似寻常的批评实际上反映了对于建制派提出的战后方案的怀疑[124]。对于一个把自己定义为"一战"的"修正主义研究者"的人来说，对担负更多全球责任表示怀疑，这就不足为奇了[125]。

因此，当负责促进经济改革的国际机构成型时，它们的工作不仅要面对讨论，更要面对争论。争论并不是一件坏事，道理越辩越明。一些热点话题包括绥靖问题、战后规划、国际社会的数据和机构等。

争议本身说明，各个国际组织提供的信息和分析结论即使在冲突时期仍然具有重要意义。"罗弗家男孩"的反应是在辩论中运用上述信息和结论。康德利夫手下在湾区的工作人员已经想好了应对的言辞。赫什曼在辩论中提高了自己的统计能力，他因此而进行的研究工作代表了他早期的重要成就，并且在该问题上也很有分量。他的观点带有一些党派属性。他的研究是康德利夫的研究项目的一部分，同时得到了斯坦利的支持。赫什曼说："今天，许多圈子的人都在讨论如何帮助中国以及东南欧等欠发达国家实现工业化。老牌工业国家未来在经济领域的作用，应该不再是世界工厂，而是工业化进程中的思想提供者和教育者。这些趋势对于国际贸易而言并没有什么值得害怕的。上述变革对于全球而言是有益的，这是因为世界经济是动态的，任何国际分工都不会是一成不变的。"他在其研究的结论中表示："不少人认为，改变传统的国际分工会给国际贸易带来风险，但实际上并不是这样。他们之所以有这种想法，是因为他们有一种先入为主的、不切实际的观念。他们还没有能力打破传统的思维方式。"[126]

1942 年，在赫什曼发表他的研究成果之前，国际劳工组织就介入了关于战后经济的讨论，它们请来斯坦利，请他研究"新兴国家的工业化对于老牌工业国家的影响"。国际劳工组织关注到各个国际组织在美国存在互动。这说明国际机构在提升生活水平问题上仍然具备相当的影响力。斯坦利两次为了联合国救济和恢复管理局等事宜前往中国。其间，斯坦利出版了一本内容十分广泛的著作，包括人口、规划等。这本书对于战后国际发展有重要价值[127]。

斯坦利为一个概念做出了定义。这个概念已经跟绥靖之类的观点没有了关联，而是越来越被视为自由秩序合法化及其拓展的工具。这个概念就是国际发展，或者叫"现代化"。斯坦利的定义是这么下的：

> 什么是经济发展？它是一系列的方法，人们通过这些方法不断扩大生产以及消费规模。它意味着引进更先进的技术，安装更多、更好的设备，提升整体教育水平以及劳动力和管理者的专业技能，拓展国内外贸易以更好地利用专业化的机遇。经济发展的含义比"工业化"更为广泛。工业化一般只强调增加"第二产业"的生产，而不包括农业这个"第一产业"。而在欠发达国家，提升劳动生产率和收入的最好办法是实现农业、林业、渔业等领域的现代化，而并非首先扩大工业生产。[128]

斯坦利研究冲突导致的社会转型。他得到了国际劳工组织以及洛克菲勒基金会的支持。但这不只是他一个人的工作[129]，而实际上是一个国际性的大讨论，许多官方的、非官方的观点在其中争鸣。

这是一个非常重要的课题。洛夫迪在普林斯顿期间也开展了有关研究。他为此出版的专著提供了跟斯坦利类似的观点，只是语言更加学术。他认为，经济发展和工业化进程并不会损害已经完成工业化的国家的利益。尽管这本书是献给国联的，但是洛夫迪也承认，具体而言，曾在经济和金融部门工作的瑞典人福克·希吉德（Folke Hilgerdt）才是他写作此书的最大动因。

上述工作依赖于各种统计数据，尤其是国联编纂的可比较数据。希吉德引用了其来到高等研究院前后采集的数据，使他的研究成果有充分的统计学支撑。斯坦利和洛夫迪研究的相关性不仅表明他们所使用的原始材料的重要性，也说明广泛的学术网以及国联作为国际机构中枢的重要性。国联的工作人员之间，以及曾在国联工作的人之间的互动关系不可忽视。他们就"国际发展"形成的重要学术联系，成为战后规划的重要依据[130]。

但这并不是说所有的人都相安无事。比如，因为洛夫迪的书的事，他跟斯坦利闹了矛盾。尽管洛夫迪从一开始就支持这个项目，但是他抱怨他的办公室并不知晓斯坦利的工作。这导致他跟国际劳工组织的负责人爱德华·费兰（Edward Phelan）打口水仗。洛夫迪的批评中带着酸葡萄的味道，尽管他"不认为斯坦利体现出了他的最高水平"[131]。

斯坦利的著作受众更广，影响力更大。但是不可否认，希吉德的研究也留下了宝贵的遗产。他们俩都是研究发展的先驱者。流亡的国联人能够开展分析研究，参与自由国际社会关于如何塑造世界经济的讨论，这一点本身是最有意义的。相比之下，评判谁的功劳更大，没有那么重要。

转型

流亡的国联人在战后的讨论中还做出了其他贡献。国联有影响力的工作集于它 1937 年成立的大萧条委员会。尽管当时面临着层层审查以及战争带来的混乱，但是这个委员会仍发布了许多战时报告，一些报告对于近期的情况做了梳理总结。比如，爱沙尼亚人拉格纳尔·努尔克赛（Ragnar Nurkse）出版了一本大部头著作。这本书很有影响力。他在书中研究了 20 世纪 30 年代世界经济的断裂。他于 1944 年出版的《国际货币经历》体现了他的战时研究成果，并很好地解答了那个时代的金融问题[132]。这本书在这个领域至今仍有影响[133]。努尔克赛通过许多专著树立了自己的声誉，吸引了美国人的关注。因为这个时候美国人迫切需要关于大萧条的研究著作，他们想知道如何避免未来出现同样的情况。

当时还有一本类似的著作《从战时经济到和平时期经济的转型》。大萧条委员会的成员包括麦克杜格尔、格雷迪、里夫勒等人，他们可以暂时不用考虑经济战的问题，而投入和平时期的经济研究中。这本书显示出，当时仍有人担心战后会再次出现大萧条，也进一步证明了经济和金融部门的工作可能一直要进行到"二战"后。这本书是一个计划，但更是宣言，要鉴往知来。这本书于 1943 年出版，研究了"一战"后重建工作的缺陷，一共包括 7 点不足，进而提出经济政策应该是什么样的。生产应当确保经济稳定以及生活水平的提升。具体地讲就是要让产品和资源满足所有阶层的需要，确保护"个人"能够"获得权利"，同时具有在教育和就业间进行选择的自由。各国需要获取原材料以及获得市场的"自由"。要使个人受益，就需要打破贸易壁垒，采取大胆的国际重建和发展的措施，实现生产的现代化。但是，它所倡导的自由主义经济与完全放任自流的经济政策不同，这是从近期经济史中得到的教训。这本书认为，政府需要有所作为，政府间要加强协调甚至是规划，而单靠市场是无法实现这些目标的[134]。

这部著作比较深入地分析了大萧条时代的种种问题，它提出的愿景是："不要回到那个时代。"这部著作跟当时国际社会的许多观点类似，那就是需要进行国际合作，以更加顺畅地实现向稳定和发展的国际贸易过渡。它呼吁建立一个有助于实现上述目标的"国际机构"，其职能之一就是"研究和分析（有关全球交流的那些）情况"[135]。

对自由和个人的强调表现出在重建和再造方面果断的自由主义立场。当时的研究聚焦于生活水平、繁荣、国民收入和"生活质量"，这显示出这些在两次世界大战之间就已经兴起的概念在"二战"后的讨论中仍然是热点话题。而国联的经济金融部门以及其他相关单位在"二战"之前就对这些议题展开了研究。在美国，这些议题是跟罗斯福新政息息相关的。它们跟那些希望创造国际自由主义的改革家也有很大关联。这部著作描绘了一个战后世界的图景，它体现出国联支持下的研究成果及其对美国的重要影响。这部著作还为其他研究提供了有用的素材。外交关系委员会为这本书的出版举行了庆祝活动。这本书为学界以及媒体都提供了很有用的养分[136]。

大萧条委员会的研究只是国联在高等研究院的残部的研究内容之一。高等研究院还编辑出版了许多其他研究成果，均涉及经济领域的专业问题。这些成果既有既定的统计学工作，也有当时政府和民众关注的其他方向的研究，包括救济、重建、货币、原材料、人口以及粮食和营养问题等。高等研究院把这些研究编成目录，提交给洛克菲勒基金会的金主们。研究者们从国联的素材搜集方法中受益匪浅[137]。大量的研究分析超出了国际社会的局限，形成了一些关于联合国的政策。

在山间的电波中

国际货币和金融会议（International Monetary and Financial

Conference）的任务是研究如何促进经济治理。这个会议更为人所知的名字是布雷顿森林会议。这次会议决定成立国际复兴开发银行以及国际货币基金组织，以提供资本和稳定货币供应。这些新组织的成立反映出人们对于大萧条以及战争年代所暴露的种种问题的思考。其中既延续了开创性的思想，也包含例行的对于数据和分析的重视。例如，某国如果要加入国际货币基金组织，需要提交一系列的数据[138]。

在白山的会议上，代表们讨论了许多之前就在流传的观点（图4-2），以及国联的一些建议。实话讲，国联在这次会议上的影响虽然有限，但是不可忽视。在当时的会议上，主要是在美国代表团内部，出现了一些不同的观点。斯威瑟参加了这次会议，他的身份是美国财政部长亨利·摩根索的助手。斯威瑟为了弥合

图 4-2 在山间的传播

注：1944 年，布雷顿森林会议召开期间，斯威瑟（右）与美国代表团的另一名代表。美国国会图书馆供图。

各方观点而发挥了积极作用，得到各方称赞[139]。洛夫迪和努尔克塞在会议之前，就发布了大量的研究报告，此后又作为国联的代表与会。但是，他俩的身份是观察员而不是会议的正式代表，因此无法主持具体的讨论会。对于这段历史的很多叙述都忽略了这两个人。在这次会上，最引人注意的是大国之间的博弈，而凯恩斯与哈里·迪克特·怀特（Harry Dexter White）之间的争论事实上主导着这次会议[140]。

当然，布雷顿森林会议的议程是由众多因素确定的。其中一个就是国际组织。洛夫迪在会议期间准备了一个电台讲话。他在讲话中对于会议提出的举措表示赞赏，认为这些举措反映出会议吸取了国联的研究成果[141]。为了确保在战后建立自由的资本主义世界经济，国联做了大量工作，体现在国际货币基金组织和世界银行的使命和结构中[142]。

学者们从会议的提议中发现了国联的痕迹。既是因为国联的丰富经验，也是因为国联的观点"无处不在"[143]。而当时国际社会结构使国联的观点能够在布雷顿森林广为传播。国联流亡中的各部门和人员在这次会议上起到了关键作用，而美国许多机构都认真倾听他们的观点并且给予支持。同盟国在布雷顿森林跟在其他会议一样，尝试把国联这个资源纳入永久性的国际组织中。战后国际安排中的一个关键内容是国际发展。"二战"期间，诸多专家对于这个内容做了大量研究。现在，这个概念的支持者要求把它作为联合国的目标之一。推动实现国际发展的国家主要是自由国际社会的既有国家，但是位于亚太、拉美等地区的发展中国家同样支持国际组织的这个倡议。

这些发展中国家并不是沿着大国给它们划定的路线在走。它们早就开始表达自己的利益需求，并且希望通过国际组织实现它们的目标。中国以及一些拉美国家看到了可以获得资源和专业知识的机会。印度呼吁建立促进发展的国际机制，并要求实现平衡的国际贸易。正是在广泛的国际支持下，1944 年在布雷顿森林会议上成立的机构被赋予国际发展的职能，这也是美国所需要的[144]（具备类似职能的，还有日后将要成立的联合国经社理事会）。中华民国国民政府试图利用新形成的联合国体制实现自身目标，而其官员和技术人员仍在亚洲的一系列国际项目上继续开展工作[145]。

支柱

同盟国讨论成立的一系列机构使人们在 1944 年关注"新国际组织"的总体架构。此时，同盟国正在战场上奠定胜局。格里格以及许多其他美国人返回在普林斯顿的办公室，对于这一问题开展深入研究。洛夫迪不断地强调对于机构的需求以及它们的关注焦点[146]。在格里格的推动下，洛夫迪在 1943 年至 1944 年规划了"国际经济组织"（International Economic Organization）的蓝图，后来又把名字改为"国际经济和社会组织"。

可能很多人都忘记了，先成立的是一系列分支机构，然后才成立了联合国。作为在战争中学到的经验教训，同盟国决定在联合国设立一系列新的国际专业机构，有一些还有相互重叠的职能。而在"二战"打到中途的时候，没有一个总体的机构能统领分散的部门。只有一些部门，比如粮农组织出现了要在更大的组织下运作的趋势。当时，除了粮农组织和国际劳工组织，在其他很多领域也在形成自己的组织，比如卫生、通信、商业——包括

"货币机构"和"国际投资机构"等。面对如此繁杂的组织，国际协调变得非常关键。

当时的情形着实让洛夫迪头疼。各个国际组织乱糟糟地出现，说不定还会起到负面作用。他认为，在加拿大和美国出现了一种趋势，那就是出现了"许多具有具体职能的独立国际组织，但是缺乏一个能将它们整合起来的机构"；这是经济学家的错。洛夫迪请英国皇家国际事务研究所负责规划工作的一名新西兰人 J. V. 威尔逊（J.V. Wilson）梳理英国的情况。这是一个很重要的问题，因为"如果各国政府的战后目标是创立……一个新的国际秩序，……它们就必须成立永久性的中央机构……通过这些机构它们可以履行……统一和协调的职能"[147]。

在格里格的邀请下，洛夫迪加入了进来，并且可以对讨论产生更大的影响。他提出，在一个庞大的国际组织里设立审议机构非常重要，他把这些机构称为"A"机构。他倾向于采用传统的叫法比如"会议"或"委员会"。这些机构具有较强的代表性，对于协调专业工作以解决全球性问题而言是必要的。面对一些迫在眉睫的问题，这些机构之外还将设立一系列的委员会。洛夫迪借用了他人的一个概念，那就是设立"大萧条应对委员会"，他还强调需要设立"统计委员会"。洛夫迪强调专业工作的基本需求。他利用已有的方案提出解决办法。在他早期的文章中，他表示他的观点"跟《布鲁斯报告》中提出的政策没有不同"[148]。

世界各国需要一个宏大的机构，以协调专业工作，这就催生了一个国际组织。洛夫迪的观点在联合国阵营以及美国政府内部广泛传播。格里格毫不吝惜自己对于洛夫迪的溢美之词，他说洛夫迪在"该领域的分析思考超过了其他任何人"，他坚信洛夫迪的工作能取得"巨大影响"。洛夫迪通过直接对话，让自己的观点被帕斯沃尔斯基所接受并且落实[149]。

帕斯沃尔斯基对于洛夫迪的青睐在一定程度上是因为洛夫迪的许多观点已经被美国国务院所接受。洛夫迪使它们进一步合法化。美国人在"二战"中自始至终都对在联合国框架下成立经济和社会委员会态度稳定。他们这么做体现出了前瞻性。这也反映了大萧条给世界带来的教训，具体而言，就是世界经济和社会稳定需要提升促进合作和就全球事务制造信息的能力。美国代表团在参加敦巴顿橡树园会议时，很清晰地提出了这一点，他们为建立新的国际组织规划了可操作的蓝图。

从 1944 年夏季到仲秋，在华盛顿举行的各种会议和讨论中，美国的立场都很连贯，那就是要加强专业服务。格里格和他的上司哈利·诺特（Harley Notter）尽力给帕斯沃尔斯基以及新的国务卿爱德华·斯退丁纽斯（Edward Stettinius）在会议中充当后盾[150]。与美国人竭力希望在新的国际组织中成立一个专业部门的目标不同，英国人和苏联人并没有这么想。苏联人认为，尽管专业服务可以重新得到重视和发展，但是没有必要新成立一个机构，因为搞不好新的机构就跟国联一样会将其驱逐[151]。美国人认为，自由国际秩序不仅需要国际的安全和外交手段来保卫，也需要必要的信息和分析工具来维护[152]。

美国长期对于成立专业机构抱有浓厚的兴趣。美国代表团的骨干阿尔杰·希斯（Alger Hiss）提出了一个观点，那就是英国和苏联代表所使用的"专业"这个词其实不太准确，而应该用更加严谨的表述即"经济和社会问题"。布鲁斯也支持他的观点[153]。这一提法最终被联合国正式接受，这就有了我们现在所看到的经济和社会理事会。这个理事会负责开展必要的协调工作。美国对其功能也提出过一些疑问，比如说它负责的领域是不是还不够宽，没有把民航和文化等事务纳入进去[154]。

在会议休会期间，格里格联系了洛夫迪。他认为有一些内部消息被泄露，洛夫迪对于这个情况可能了解得更清楚。当时，会谈的许多秘密内容被《纽约时报》的詹姆斯·莱斯顿（James Reston）报道了出去。许多最后采用的方案正是洛夫迪主张的[155]。对于具体项目而言的确是这样，这也反映出所有关键的国际主义要素都存在一个反馈环路。洛夫迪作为英国人同时也是原国联经济金融部门工作人员，他的观点被一个流动的国际社会所接受。

敦巴顿橡树园会议标志着关于组建新机构的一系列重要会议的结束。关于新国际组织的蓝图的讨论，聚焦于成立一个安全理事会，这个理事会将代表大国博弈的机制，而不是专业合作。总体而言，相关提议为了解新的组织的结构，以及它要担负的一系列职责提供了概览。在敦巴顿橡树园会议后要做的就是争取精英和大众对于新国际组织的支持。格里格向国会里的共和党议员大力宣介新的国际组织的意义，尤其是它跟国联的不同之处，比如亚瑟·范登堡（Arthur Vandenburg）和沃伦·奥斯汀（Warren Austin）。在这一宣介策略下，国联在美国主流话语中的地位越来越轻，最后基本被排除出去[156]。在学术界，康德利夫把敦巴顿橡树园会议的决议通过其担任访问学者的耶鲁大学国际研究院传播出去。康德利夫认为，国联的经验能够证明新的方案将是行之有效的，因为其最基本的职能仍然是协同一系列任务[157]。

帕斯沃尔斯基是美国政界有影响力的呼吁者之一。他长期给人们解释经济学尤其是国际贸易同和平问题的关联性。贸易可以成为促进"人类福祉"的工具，但是也可以被封锁或者操控，从而成为"最厉害的经济战武器，进而成为人类福祉的严重阻碍之一"。帕斯沃尔斯基总结了它的影响，清楚地解释了为什么这么多人都对它如此关注："国际经济关系是一种手段而不是目的。它们是复杂的整体经济活动的一部分，可以解决人类物资匮乏的问题。"[158]

帕斯沃尔斯基推崇敦巴顿橡树园会议的提议，他把这些提议作为自己坚持的目标，并向其他人解释新的机制的必要性：

> 最近令人不快的历史带给我们的最大的教训是：即使在政治和军事上的和平时期，也完全有可能产生暴力的、具有摧毁性的经济战。……如果说"二战"是由二三十年代的经济问题引起的，那么这肯定是夸大其词。……但是我们确信，只要国际经济关系一直保持最近几十年的状态，那么不仅获得和平与繁荣的希望渺茫，而且逐渐滑入灾难的趋势将不可避免。

如果各国能够开展合作，那么世界经济就不会崩盘。帕斯沃尔斯基强调称，敦巴顿橡树园会议取得的一大成果是协调广泛的专业活动，从而对世界局势产生影响。这说明洛夫迪的观点已经成为美国政界的共识。国联的范例，尤其是经济金融部门的成就，为新的国际组织指明了前路。不可否认，国联及其所属的体系缺乏解决全球性挑战的能力，因此必须避免重蹈覆辙。需要成立一系列机构和委员会，以满足不断变化的世界的需求。正如帕斯沃尔斯基所说，"国际关系体系必须发展前进，推动其发展的机制必须是灵活的，能够适应不断变化的条件。系统性和中心化的调查分析技术将被用作行动指南，我们要长期把它坚持下去"[159]。

帕斯沃尔斯基主张贸易在国际关系中具有首要地位，他因而强调经济学的专业数据库的重要性。需要在具有主导性的国际机构中建立对于全球经济形势的监测和分析机制，这是近期的历史带来的教训。国际组织有了这种机制，就能应对全球问题和危机。这一策划体现出国联经济和金融活动的崇高声誉和地位。新的国际组织采取的形式，部分源自两次世界大战之间美国跟国联之间建立的联系。众多美国人关注在世界大战后的国际活动，他们需要各种信息和分析。

如果把联合国比作一辆新车，那么它的许多部件都是从国联这辆旧车上拆下来的。有一件事情让洛夫迪很郁闷，那就是在很多问题上，联合国都有种跟国联撇清关系的趋势[160]。斯威瑟的心理跟洛夫迪类似，但是他认为背景远比一些人看到的要复杂。1943 年，他忍不住向洛夫迪说："最近，有一种思想让人吃惊甚至是警觉，很多人认为国联'死了'，他们甚至认为国联已经'难寻踪迹'了。他们看上去并不知道国联在今日不仅还活着、还在运行，更不知道它已经深深地刻入国际关系中。"[161]

从实际角度看，上面这段话是有道理的。国联和国际劳工组织越来越多的部门被吸收到新的国际组织当中。这两个机构的人员被各国政府所吸收，从事战后的准备工作。早在 1943 年，洛夫迪就抱怨说，在其他职业机会的吸引下，他的团队逐渐"蒸发"[162]。实际上，洛夫迪本人就是促成这种"蒸发"的人之一。当时，高等研究院充当了国联行政办公室的作用。洛夫迪亲手促成了许多人员的调动。国联卫生部门的核心于 1944 年年底到 1945 年年初被划给了联合国救济和恢复管理局。其他许多零星但是重要的部门也几乎在同一个时期被划走。国联的统计部门 1944年 7 月被转交给联合国，这是联合国的部分档案可以追溯到 20世纪 20 年代的原因。当时联合国计划成立负责经济和金融领域的部门，也计划把原国联经济金融部门吸收进来[163]。国联并不是消失得无影无踪。它的要素被一点一滴地吸收进美国主导建设的新的国际秩序中。新的国际秩序反映了自由国际社会的理想，所以要实现吸收国联的目标并不困难。

旧金山的大街

随着联合国的筹建工作加快，国联日渐式微。新的国际组织想尽量跟过去的政治包袱划清界限，这一点在联合国历史上最重要的一次会议——旧金山会议上可以看出来。当时，全球的注意力都放在布雷顿森林会议、波茨坦会议和雅尔塔会议等改变战后世界的会议上，但是旧金山会议不应受到忽视。在这次会议上，各国签署了多项协议和计划，而这些协议和计划支撑着从战争里走出来的混乱的世界。这场会议一共开了两个月，核心议题就是正式成立"新的国际组织"，以此作为实现最终目标的核心手段。

这场会议差点搞砸。当时"二战"还没有结束，与会各方都是临时得到通知要在很短时间内参会。1945 年 4 月末到 6 月末，数以千计的代表、媒体人员以及从各个组织来的观察员涌入旧金山。一时间，在旧金山这座城市里又有了一座"国际城"。在正式议程之外，为了庆祝会议的包容性，主办方还分别为与会各国举办了文化活动。旧金山的一座电影院当时专门用来放同盟国甚至是其殖民地国家拍摄的电影[164]。

在斯威瑟的影响下，帕斯沃尔斯基邀请来自日内瓦以及新的国际组织的专家解决一系列重大问题，包括对于过往的"清算"以及新机构之间的协调等[165]。这项工作被顺利完成，在国际机构里，各国代表以及国际职员的数量都得到增加。麦克杜格尔作为粮食和农业过渡委员会的代表来到加利福尼亚州。洛夫迪和莱斯特则成了国联的整体正式代表。当然，他们在人数上被美国代表团碾压。美国政府派出了阵容浩大的代表团，他们乘坐专列，从华盛顿一路西行，用了 4 天时间到达旧金山。别说跟美国比，就是跟一些小国比，国联代表团的规模实在不值一提。

对于一场国际外交会议而言，礼宾是一个很重要的内容，而在旧金山会议上，国联的代表们则多次遭到主办方的无礼对待。洛夫迪和莱斯特抵达旧金山的时候，并没有人正式接待。他们被带到了一个"二流酒店"。直到开幕式开始的最后一刻，他们才拿到入场券，但是只有一张，而且座位在楼上的倒数第二排[166]。

更麻烦的是，当会议进入实质性阶段时，苏联代表开始向他们发难，质疑国联正式参会的正当性。更有甚者，美国官员开始礼貌地劝阻他俩参会。甚至当专业委员会讨论实质性的问题时，虽然这两个人做了充分的准备，却仍然难以加入。有人说，这两位去参会其实是在签署自己的"死亡证明"，这的确令人沮丧。斯威瑟见势不妙，立马找到管事的人以及媒体[167]。莱斯特一度气愤地离席，这件事被媒体注意到了[168]。但不管他们做出怎样的反应，都无法改变大国的行为。

这些公开侮辱应该放在当时的大背景下来看待。其他一些国际组织也受到了轻慢。即使在美国政府内部，也存在不同意见的斗争。最早的时候战争信息办公室没有在美国国务院制定的与会

名单里。作为战争信息办公室代表团团长的斯威瑟只能靠"虚张
声势"以获得会议的入场券[169]。跟大国对于国联的不公对待相
比，国联在礼宾上遇到的问题就不值一提了。国联那时已经行将
就木了。无论是美国还是苏联，都不太看得上它，所以不管国联
为联合国提供了多大的借鉴，美苏两个大国都想跟它保持距离。
他们反对流亡的人员作为官方代表与会。

尽管存在上述波折，但是其终究无法改变一个事实，那就是
在旧金山会议上赋予联合国以生命的一些关键因素来自国联。经
济和社会理事会就是很明显的表现。小国为了在该理事会中扩大
代表性而互相争斗[170]。经济和社会理事会包含的人力资源和经验
也是非常重要的。这些资源对于建立新的国际秩序很有帮助。实
际上，在实质性的讨论中，是一位经验丰富的国际职员在联合国
的建立中起到了重要作用。

查尔斯·达令顿（Charles Darlington）曾经在国联经济和金融
部门工作。他不是逃亡到美国的，他1931年就离开国联了，在
国际清算银行（Bank for International Settlement）工作，后来回到
了美国。他是会议的执行委员，参与起草了《联合国宪章》。他
是世博会国联馆时期的老人，现在要见证国联最后的辉煌谢幕。
另一位执行委员是来自荷兰的亚德里安·佩尔特，他参加此次会
议在一定程度上预示了他之后在联合国的工作[171]。格里格被提拔
为美国代表团的秘书长。他为有点儿力不从心的斯特丁纽斯提供
支援。还有其他类似的人。尽管洛夫迪并没有进入执行委员会，
但是他的观点已经深深地刻在这个机构和它的创始文件中。国联
再一次体现了自由国际主义的观念。这些观念被联合国吸收，比
国联本身的意义更大。

斯威瑟对于新的国际组织的成立十分高兴，但是他对于旧金山会议的看法则是"比较阴郁"。在这次会议上，到处都是熟悉的面庞，让他疑惑"这到底是在 1945 年的洛杉矶还是 1935 年的日内瓦"，"唯一的不同是一些老朋友看上去比在国联的时候老了几岁"（图 4-3）。他所感受到的这一点很有典型性，因为经过了多年酝酿和数周的磋商，"我们将会迎来跟老的国联十分相似的机构"。二者之间的连续性像是一剂镇静剂，使积极的人有些沮丧。新的机构在"军事"和安全领域将会有实质性的改变，而它的秘书处也会比国联的大得多。但是有些人说："一想到我们经历了'二战'的浩劫，最后只是恢复到 1919 年的状态，我就觉得这是场悲剧。唯一有点儿不同的可能是美苏合作。"[172]

图 4-3　新国际秩序下的"老家伙们"

注：莱斯特（左）与斯威瑟在 1945 年的旧金山会议上。美国国会图书馆供图。

用后即抛的英雄

对于国联的清算是有可能的，这是因为它原先在国际生态系统中占据的关键位置正在被新的机构所代替。这些新机构将以更高级的方式执行任务。这也说明，当"二战"结束后，自由主义国际社会不仅幸存下来，甚至还得到了重生。许多源自两次世界大战之间的观点开始为一个新的世界服务。在这个过程中，国联被分解开来，贡献着自己的基本理念、范例以及关于国际社会方方面面的经验。在"二战"的最后阶段，尽管联合国羽翼逐渐丰满，但国联并没有就此被淘汰，而是从一个行为体逐渐转变为国际主义数据和经验的档案室。

流亡的国联职员以及在国际社会中与他们对话的人证明，美国设想并且塑造的战后国际秩序并不只是美国的心头好。新的自由主义秩序是战前和战中众多国际趋势交汇的结果。在两次世界大战之间，国联是自由主义国际秩序的支柱。而它的观点在美国主导建立新秩序的过程中也有所体现。国联所产生的数据和分析成果使得许多国际问题更容易辨别，因此可以采用创新的方式予以解决。这些成就有力地支撑着国际自由主义宽广的结构。

与此同时，国联以及在日内瓦时围绕在其周围的各个部门并不是跟美国绝缘。它们受到许多个人、国家和潮流的影响，而它们之中最关键的部分依附于美国。美国人不仅是相关会议和项目的积极贡献者和参与者，他们的存在以及影响范围也是美国相关势力费心追求的。洛克菲勒基金会为大量的研究项目提供资助，使得国联经济金融部门声名鹊起。除此之外，该基金会也为国联在绝望的 20 世纪 40 年代生存下来提供了助力。洛克菲勒基金会也支持美国本土的机构。这些机构包括大学、活动组织和智库，它们对于创造与国联有关的概念起到了核心作用。在"二战"期间，他们维护这些概念，并推动对它们开展更加广泛的探讨，最终使其机制化。可以这么讲，美国的国际主义者对于国际机构的投入终有回报。流亡到美国的国联职员不仅提供了研究成果和概念，而且让人看到了该机构的实际架构，可以为日后的国际社会提供服务——尽管这些服务有时是不连续的。

在危机期间，政策制定者们都希望寻找现成的经验，"二战"也不例外。当战后话题越来越急迫的时候，国际主义者所能找到的经验有相当一部分源于国联。当然，这也要感谢美国的贡献者。美国需要在新的秩序中包含这些要素，以在国际事务中凸显"专业"问题的重要性。人们常常认为麦克杜格尔、康德利夫以及洛夫迪等人参与的是纯美国人的讨论，实际上这样讲是不准确的，美国的思维里面充斥者大量国际主义的观点，而它们是没有国界的。

国际主义的反馈环并不局限于日内瓦的机构，但如果我们聚焦于这些机构，就能很容易做出推测。如果没有美国的支持、接受和照顾，国联及其下属的一帮人不可能得到今日的成就。个人、政策团体、大学和基金会都做出了自己的贡献。尽管美国政府态度暧昧，但是在20世纪30年代和40年代初期的非官方援助起到了至关重要的作用。这些援助不仅为国联的生存保留了一丝希望，而且为通过改革完善国联的继任者提供了推动力。美国公民社团提供的经济和政治支援不仅促进了国联研究项目，并且保留下国联在40年代仅存的能够运行的组成部分。这些努力代表了既非美国又非国联的更宏大的国际主义趋势。它放大了小国的声音，促成了许多议程。当时，人们通过举行各种活动，希望能将知识和分析制度化，以实现特定的目标。这些活动相互关联，进一步展示国际主义者的本质是国际化的。

美国并不只是把国联的知识拿来或者效仿它的观点。超级大国以及联合国在 1945 年以后面临许多新的情况。人们对于国联的利用是有所选择、有所创新的。在新的国际组织的框架和解决方案酝酿期间，国联参与创造了新的国际秩序，仿佛雄风犹在。国联将自己融入更宏大的事业中，因此本身实现了保留下来的价值。美国支持国联却从没有正式加入它。而假如没有国联，美国不可能创造出这些组织、打造一系列的关系。国联反映了建立和维持自由国际秩序的必要性，因此在国际上应者云集。国联始终是实现自由秩序的途径。

尾声

巨大的飞跃

我们首先要搞清楚我们的问题是什么，然后才谈得上解决问题。……没有任何东西能取代事实——清晰明确的、系统的事实。靠着这些事实，我们就能测算出在前进的路上我们有哪些资源，有什么可能性，进而制定政策，实现文明社会所有人民的目标。

——特里格夫·赖伊（Trygve Lie），1947 年

我们已经做了很多。

——约翰·贝尔·康德利夫，1950 年

他个人的经历折射出这个联盟的发展。……这是一个勇敢而伟大的设计，在人类历史上，为了建立一个世界范围的政治和社会秩序，这是第一次卓有成效的举动。

——雷蒙德·福斯迪克，1952 年

国际主义失去的世界

纽约市在众目睽睽之下隐藏着一些秘密。前往 1939 年世博会旧址的人，不会发现任何纪念世博会唯一国际馆的东西。 1939 年（和 1964 年）世博会的唯一幸存者——纽约大厦——是皇后区艺术博物馆（Queens Museum of Art）的所在地。参观者会发现馆内的展品都是为了纪念这两个事件，但很少有展品提及联盟及

其绝望的吸引力。事实上，过去的一切似乎都已被匆忙的城市生活一扫而空。当然，遗产是由思想和实体、机构和个人共同维系的。在这片历经多年建设和重建的土地上，后一种痕迹已经很难被发现了。国际馆的旧址上现在是比莉·简·金国家网球中心和一片开阔的绿地公园。但仔细观察，还是能找到国际社会留下的痕迹。1964 年的世博会与 1939 年的世博会一样，都是为了庆祝商业和全球互联而举办的。皇后区的一角将再次为自由国际主义提供庇护所。

流亡者归来

随着"二战"的结束，美国的各种调查人员将目光投向了欧洲、亚洲、北美洲和南美洲，寻找一座城市作为新的联合国组织的东道国。瑞士日内瓦的万国宫几乎处于闲置状态。一些有影响力的人士（包括格里格）意识到，"日内瓦是失败的"，因此主张放弃这个选项[1]。

在旧金山会议之后，搜寻工作进入了新的高潮。纽约是争夺这一荣誉的城市之一，尽管其并未对这件事非常上心。这次竞标有着强大的赞助人。纽约市帝国建筑公园专员罗伯特·摩西（Robert Moses）希望把这个机构吸引到上一个国际主义节日的举办地，即 1939 年的博览会，它被隆重地改名为法拉盛草原可乐娜公园，但通常被称为法拉盛草地公园。联合国为该地区的再开发计划提供了一个新的机会。摩西将这处前垃圾场宣传为"联合国的天然和适宜的家园"，甚至"世界之都"[2]。

将一个新的世界组织送入皇后区的垃圾堆是摩西的梦想之

一，他最终也迎来了时机。在伦敦的委员会审议之后，纽约市荣幸地成了东道主。格罗弗·惠伦（Grover Whalen）再次以纽约市联合国委员会主席的身份担任司仪，协助这场疯狂的争夺战，为这个在拥挤不堪的城市中不断扩大的组织寻找空间。

至关重要的安全理事会在布朗克斯区亨特学院的体育馆举行了首次会议。有人觉得会场不够宽敞。安理会和一个新生的联合国秘书处，很快就搬到了斯佩里公司在长岛一个小镇上的闲置工厂里。这个小镇的名字似乎也在助力它们履行承诺：成功湖[3]。

可乐娜公园确实获得了大显身手的机会，因为大会要求在永久总部建设期间长期租用该公园。一条地铁将可乐娜公园与熙熙攘攘的曼哈顿区联系在一起，这似乎是一个很好的折中方案。但在随后的几年里，昔日的游乐场变成了一个"迷失的世界"。这里一片荒芜，到处都是属于另一个时代的废墟和遗迹，最常见的访客是负鼠。唯一留下的重要建筑是魅力四射的纽约州政府大楼，当时那里还是一个溜冰场，后来突然变成了世界总部[4]。

1946 年 10 月 23 日，匆忙整修一新的联合国大厦迎来了400 多名代表，在车队穿过城市和熙熙攘攘的人群后，代表们下车了。带着对过去的缅怀，联合国大会在皇后区的国际主义建筑中召开。这座建筑经历了联合国的一些决定性时刻，直到1951 年[5]。

惠伦和摩西都希望将联合国或联合国的一部分能留在法拉盛草地公园，但没有成功。在最终决定永久性地址这件事上，洛克菲勒家族功不可没。1947 年，洛克菲勒家族出资 850 万美元，资助联合国在曼哈顿海龟湾购买了一块土地。这个地方过去是屠宰场和铅笔厂[6]。

在等待东河对岸高耸入云的新总部落成时，皇后区的代表们可能会想起，他们现在在联合国高喊的相互依存与和平的国际主义信条，曾经在这里得以体现。有些人可能会注意到一个具有讽刺意味的现象，即他们距离国联恳求美国关注并承诺奉行国际主义的地方只有很短的步行路程（曾经是很短的电车路程）。这是一次奇特而迂回的旅程，但自由国际社会终于在新世界中站稳了脚跟。

日内瓦之殇

当纽约的一个国际机构获得新生时，日内瓦的一个国际机构也被宣告死亡。被肢解的国联死而未僵的时间比许多人认为的要长，但旧金山会议和"二战"的结束使它实在没有存在下去的意义。1946 年 4 月在日内瓦举行了最后一次会议，在"国际联盟已死，联合国万岁"的呼声中，该组织宣告解散。大会最后的正式行动之一是通过了一项决议，正式感谢高等研究院、普林斯顿大学和洛克菲勒基金会在大会期间对其各部门的支持[7]。一位南非代表对战争年代进行了精辟的总结，指出战争初期"确实是一次严重的失败，或者说是敦刻尔克之战"。然而，被委婉地称为专业和行政服务"权力下放"的做法使一些重要方面得以幸存，从而重新融入国际社会[8]。在来自日内瓦的流亡者的支持下，同盟国取得了胜利[9]。

在机构启动仪式上，哈姆布罗作为国联大会主席（自 1939 年以来一直担任这一职务）最后鞠了一躬。他在讲话中明确指出了国联的思想和组织与联合国极其成功维持的国际新秩序之间的联系。他的任务是"协助重建和重塑的伟大工作"。哈姆布罗在向同盟国领导人致敬的同时，也将机构的其余部分交给了"为安全之墙添砖加瓦"的进程，而安全之墙正是建立在同盟国领导人的远见和胜利之上的[10]。

灰砖墙

为了实现巩固世界新秩序的目标，联合国做了许多象征性的建筑工作。最后一次会议更多的是将国联的基础设施和范例转移到新秩序中。即使国联的最后部分被象征性地和实际地拆解，移交给联合国或被遗忘，但仍有一些行动确保国联的成就得以保存，并向日内瓦的志同道合的代表们传播。

即使在联合国组织及其附属机构中增加了专门从事专业工作（特别是经济方面）的机构，这些遗产也很难被忽视，尤其是通过机构的连续性体现。有些遗产是显而易见的。其中最典型的一个例子是，荒废的万国宫最终由联合国机构重新使用。21世纪初，这座宏伟的建筑容纳了部分继任者，访客有时会发现自己正穿过烙有"SDN"（Société des Nations，即法语"国际联盟"）字样的大门或在服务台用餐。在这些机构中，无论他们承认与否，有些是日内瓦作为国际主义世界中心时所做努力的延续。

建筑得以保存下来，也许证明的是它们的建造质量，而不是国联本身。联盟的某些活动深入其继承者的骨髓，这与其说是国联的问题，不如说是自由秩序的要求。国联和国际社会各阶层的合作者都需要稳定的信息流。要求没有改变，即使行为体改变了。

在这一时期，国际主义的基础结构得到了显著发展。这种扩张使"一战"后数十年的成果看起来像一片矮小的幼苗林，并开始从跨国社会向更明确的全球社会转变[11]。

"二战"结束后，这种转变并没有立即显现出来。对于洛克菲勒基金会来说，冲突的最后几天让人看到了经济和金融部门在普林斯顿"使命"的结束。这引起了威利茨的焦虑。在战争结束前，洛克菲勒基金会对国际关系进行了一次广泛的回顾，其中基金会的命运占据了重要位置。面对一系列新的全球承诺，美国政府需要"以一种非常合法的方式"来构建"成熟而全面的外交政策"。战时的对外经济政策是"失败的"；面对内部压力，明智的政策"至关重要，而且任务艰巨"。最好的资产之一正在消失：当洛夫迪在普林斯顿的事业消失后，在官方机构之外，这个国家将不会再有一个主要致力于研究世界贸易和经济关系的大型中心，因为在官方机构中，很多工作都是秘密的，总体情况很混乱。我们的学术努力反映了我们传统上对内部事务的重视。这种"文化滞后"不应继续下去。有必要建立一个（或多个）独立的中心，对国际贸易和经济政策进行长期研究[12]。

实际上，威利茨无须担心，自由秩序的重建仍在继续。以国联为中心的专业活动在国联已经不存在的情况下继续发展，因为战后规划者将其视为必需品。1947年，国际统计学会（International Statistical Institute）召开了一次会议，确定并细化了战后世界的新制度。华盛顿会议是战后众多会议中的一次，但它同时也属于一个更悠久的关于这一问题的大会传统。它只是自由国际社会复兴和改革的一部分。它与以前的统计会议如出一辙，只是现在有了新的参与者。这次会议是波托马克河畔新出现的国际主义资本的一部分。它既承认了一个核心国际机构的重要性，同时也表明，此类组织只是达到目的的手段，并不是不可替代的。曾在早先的国际统计会议中发挥协调作用的国联已被取代。

会议的大部分内容都围绕着新布雷顿森林体系展开，这些机构本身就是《布鲁斯报告》的继承者，他们正在一个偏狭的城市站稳脚跟，使其成为国际化的大都市。事实上，国际统计研究所的组织者担心联合国机构会主导这次会议。他们主宰的不仅是会议。布雷顿森林体系与联合国统计组织（UN Statistical Organization）一起，迅速确立了自己在国际和全球问题上作为与政策相关数据的主要来源的地位。

联合国在因盟军胜利而复兴的自由国际社会中发挥着核心作用。国际复兴开发银行和国际货币基金组织是国际秘书处的加强版，许多人都曾将其视为战后世界正常运转的必要条件。它们将成为"人尽皆知的东西"，并将在国际事务中承担重要角色[13]。

联合国组织和设在华盛顿的国际统计研究所的成员包括来自国际社会各行各业的人员：大学、研究机构和不断扩大的国家机构。与战时的讨论相比，人的连续性显而易见。里夫勒从国家经济研究所主任的职位上抽出时间，担任美国官方代表（在此之前，他曾就美国对外援助问题提供咨询，随后又进入美国联邦储备系统工作）[14]。

联合国的第一任秘书长，挪威人特里格夫－赖伊在会议开幕式上提醒大家，国际组织在本系统中占有重要地位。赖伊的出席强调了挪威对国际组织的承诺是如何跨越不同时期的。认识到这一点也突出了无论是否存在国联，小国对国际秩序基本方面承诺的重要性。他们在使国际体系发挥作用方面有着自身的利益。在挪威，赖伊是哈姆布罗的政治对手；但在国际舞台上，两人对全球治理有着共同的理念。

赖伊在欢迎与会代表时指出，统计工作仍要继续，这不仅有助于支持新的国际合作，还要支持新的国际现实。

> 除非我们首先知道这些麻烦是什么，否则我们无法解决这些麻烦。同样，除非世界各国人民相互了解有关对方的情况，否则我们无法实现作为进步基础的国际谅解。各国现在规模太大，经济事务太复杂，相互关系太密切，我们不能依靠回国旅行者的叙述来获得有关经济和社会进步的信息……清晰而系统的事实是无可替代的。只有它们才能用来衡量取得进步的资源和潜力，并指导旨在实现所有文明人目标的政策和行动……其次，必须仔细组织统计数据。我这样说的意思是，它们必须随时随地具有可比性。当我们处理许多特点截然不同的国家的相互关联的问题时，这种可比性问题尤其尖锐……除非这个问题得到解决，否则我们在研究和处理国际范围的问题时将受到严重的阻碍。令人震惊的是，世界上大约一半的人民没有名副其实的统计数据。[15]

时任美国商务部部长的埃夫里尔·哈里曼（Averell Harriman）代表美国发言，他自信地指出，美国"是世界上最大的统计数据生产国"，对统计数据的重要性有着与生俱来的把握，这意味着"我相信，没有一个美国人会认识不到政府和非政府机构收集的统计数据的重要性"。然而，在"世界事实地图"上"仍有巨大的空白"。如果要建立一个"有智慧地运作的国际社会"，就需要有更多的信息，"因为我们不仅需要更多的事实，而且需要以这样一种方式收集和展示这些事实……使各国之间具有可比性……并……形成一种世界观"[16]。这是在新世界中需要继续完成的使命。

这两个数字都精准地指出了国联的不足之处。国联的全部战前成就，都存在决策上的局限性。世界上大部分地区，没有进行有效的测量，或者被纳入了帝国疆域。这些都是明显的疏漏，尤其是当经济发展开始在国际上发挥重要作用时。这就需要新的分类和分析工具，而这些工具本身就需要大量新的信息，来完成这项已被打上全球性烙印的任务。尽管哈里曼建议对全球贫困地区的任务进行修订，但收集数据以支持关于国际生活的分析和政策的诉求已经跨越了战争的鸿沟。

1947年的统计会议只是众多会议中的一次。但它表明，信息在国际秩序中的作用已被提上议程。这次会议可能没有其他会议那么耀眼或隆重，但它再次表明，如何在操作层面识别秩序。华盛顿之所以成为活动中心，不仅是因为其日益增长的权力，还因为战后成立的两个关键机构——国际货币基金组织和世界银行——已经落户于此。这两个机构与联合国秘书处的其他部门（在战后还将发展壮大）一起，强调了技术问题不再依赖于志愿协会或盛大的国际会议。它们附属于永久性的、拥有强制执行力的官僚机构。对可靠信息的永恒渴望和对新能力的迫切要求仍然被国际社会的纽带联系在一起。

新的国际机构不断涌现，国际社会的各种网络之间重新建立了联系。洛夫迪在普林斯顿建立的流亡前哨可能会消失，并很快被人遗忘，因为自由秩序的拥护者已经着手建立一系列替代机构。至关重要的是，这些新机构是一场更大变革的一部分，在这场变革中，美国政府的参与得到了美国民间社会越来越多的补充。所有这些都是新出现的"美国治下的和平"的一部分。"美国治下的和平"是国际社会成员在遥远的过去为世界弊病开出的药方。

战后经济学家在政策和文化上的影响力大幅提升。特别是在国际经济学领域，这种影响力将得到相当大的发挥，其发展部门在冷战初期获得了显著的影响力。在美国，国家能力（尤其是在经济领域）的迅速扩张，取代了曾经的外部因素。经济学家和经济学在政治和文化上获得了他们以前从未拥有过的权威。这部分反映了在国际组织之外、美国国境之内信息制度的建设。这种国家焦点往往掩盖了更长的连续性以及国际联系和起源。然而，建立在统计增长测量基础上的美国经济学不仅定义了重塑美国的增长，还定义了美国作为一个富有、强大，拥有巨大全球塑造性力量的国家的自我概念[17]。

生活井然有序

美国治下的和平"并非风平浪静"；它是由冷战和非殖民化定义的，而冷战和非殖民化只是正在发生的全球巨变的一部分[18]。尽管如此，在国际社会中有一定影响力的一些人物仍具有连续性。战时与冷战时期的分析和方法具有连续性，部分原因是一些关键人物的生活和职业生涯。在通常被视为截然不同的时代之间，人员和思想的流动表明了国际社会比国际组织更重要。

对于斯威瑟来说，"一战"的噩梦并没有结束。与联盟的其他

311

成员一样，他被新成立的联合国组织挖走了。他一直忠于"地球上最崇高的世俗事业"[19]。他先是在日内瓦为埃里克·德拉蒙德（Eric Drummond）、约瑟夫·艾文诺和肖恩·莱斯特服务，然后又在纽约市效忠于赖伊，成为为前四位"秘书长"工作的独特"俱乐部成员"。在担任公共事务职务期间，斯威瑟继续培养广泛的人脉关系，直至退休。

斯威瑟的这种混乱的忠诚，证明了他在 1942 年所预测的现象：美国正在转变为一个国际大国。他在 1942 年曾预言，美国将成为一个国际庄园。这也说明了自由国际主义是如何迅速地转移自己的信仰的。他的举动追踪了自由国际主义的重心从欧洲向北美的转移。最初的地点可能是纽约，但华盛顿很快就迎来了国际组织及其追随者，如世界银行和国际货币基金组织（它们与联合国的家族关系被礼貌地掩盖了，就像联合国与国联的关系一样）以及一系列附属机构。在美国强权的保护下，斯威瑟等人所推崇的那种国际秘书处已成为全球自由主义制度日常生活的一部分。他的职业生涯漫长而富有影响力，因此他在 1968 年去世时，人们纷纷为他撰写讣告，其中包括福斯迪克的一篇悼文（他透露，斯威瑟对高尔夫球的喜爱掩盖了他真正的爱好——联络），悼文讲述了他作为日内瓦非官方"美国部"负责人的一生[20]。

普林斯顿的外联部比日内瓦联盟的寿命长得多。它一直坚持到 1946 年 8 月，然后结束了业务，将资源和人员转移到新的联合国。新泽西仍然是洛夫迪的避风港。他的流亡者团队解散后，他立即在洛克菲勒基金会的资助下，在高等研究院工作了一段时间。在与威利茨生动的通信中，他又回到了政治理论家的身份。两人的对话始于战争结束前，并在冷战时期持续了数年之久，他们对共产主义的吸引力，尤其是法国的吸引力，感到忧心忡忡[21]。两人的观点与 20 世纪 30 年代危机时期的观点不谋而合，他们都看到了个人所面临的压力，尤其是经济压力，是如何诱使人们将现代生活的复杂性推卸给国家的。在洛夫迪看来，这就是极权主义者获得支持的方式。法西斯主义、纳粹主义和共产主义分别是"伦理的"、"神秘的"和"唯物的"。这三种哲学都要求国家对个人的统治，这可能导致简单的等同，但它们是"三种不同的……几乎无法调和的哲学"。尽管如此，它们仍有其吸引力，并使受其吸引的人产生信仰。然而，在长期的危机之后，自由主义带来了一个空洞的问题："民主的背后是什么？"

大萧条时期的挑战，依然存在。洛夫迪和威利茨之间的部分交流集中在西方的分析是否准备好迎接这一挑战。这个问题直接关系到威利茨在洛克菲勒基金会的职权范围——社会科学。洛夫迪若有所思地说："那么，社会科学需要什么呢？我认为它需要被废除。"社会科学不是用"关于社会动机的文学术语"来提供答案，而是一种哲学——一种社会信条——能够为"人民以及各种族"所理解，能够激励那些"现在看到他们旧的自由开始了"的人[22]。

对洛夫迪来说，这些担忧将持续存在，并发展成冷战的早期预警。各种经济和社会不确定性在人群中产生了不安全感，并驱使他们投入到国家主义（即极权主义）运动的怀抱中，这意味着在大萧条和战争之后的几年里，"对民主的威胁是真实而直接的"。和其他因素一样，这种观点是 20 世纪 30 年代遗留下来的，两次世界大战之间的自由主义焦虑就是这样嫁接到冷战时期的[23]。

洛夫迪在国联完成了他的使命后，于 1946 年去了牛津大学纳菲尔德学院。他于 1954 年以纳菲尔德院长的身份退休。他继续把国联的工作经验转化为用于支持一个新的国际社会的资料，并出版了一本关于国际行政的专著 24。1962 年他去世时，人们称赞他培养了大批人才，这些人才在当时已经遍布世界各地的国际机构。人们记住了洛夫迪所带来的"普遍尊重"，更伟大的遗产在于，他建立了一个"卓越的经济情报体系" 25。

其他一些人则是自由国际主义的缩影，他们在新秩序中羽翼逐渐丰满。麦克杜格尔搬到了罗马，在他亲手打造的联合国粮农组织中找到了一席之地。这个联合国的新机构吸收并取代了国际农业研究所（International Institute of Agriculture），承担了许多人在 20 世纪 30 年代提出并延续到 40 年代的问题：建立一个国际发展机制。1947 年，麦克杜格尔本人将这一使命视为一种手段，使欧洲和世界重建的需求与现在通常被归类为"不发达"地区的需求保持一致。他再一次将一系列命令联系在一起。修订全球议程将有助于巩固西方国家在"二战"中取得的胜利，但这种胜利的"声望下降，并且存在一个与之竞争的体系，挑战了我们基于个人自由的整个文明概念"。世界发展提出了这样一个问题："通过解决自己的政治和经济问题，是否可以帮助亚洲、非洲和南美洲解决他们的问题？" 26 关于增长和生活水平的观念不再是绥靖主义。它们现在是一场永恒的"思想之战"的一部分。在国际发展和现代化的旗帜下，它们被部署在战后、后殖民世界的战场上。麦克杜格尔所信奉的理念，已经成为美国外交政策保障世界经济和扩展自由秩序的一种手段。"现代化"在思考冷战时期的国际经济和国际事务时耗费了大量的时间 27（图 1）。

图1　共同的历史

注：1955年，弗兰克·利吉特·麦克杜格尔向埃莉诺·罗斯福赠送一本介绍粮农组织历史的图书《粮农组织的故事》。罗斯福对麦克杜格尔的战时倡议直接促成了粮农组织的成立，这也是"二战"期间和"二战"后双方在国联继任者的形成中发挥重要作用的方式之一。

战争结束后，麦克杜格尔声名鹊起，很快成为联合国的固定成员。其他人，特别是粮农组织的首任主任约翰·博伊德·奥尔（John Boyd Orr）在粮食和农业方面取得的成就功不可没（奥尔获得了1949年诺贝尔和平奖）。但是，麦克杜格尔帮助建立的联合国机构从未忘记他的重要性。粮农组织向这位国际公务员的杰出代表致以崇高的敬意，他在战后的国际社会中占据了一席之地。粮农组织出版了一本麦克杜格尔自1935年以来的讲话集。这些文章通过回顾国际组织和国际发展工作，将他对营养和生活水平的思考与旨在复兴自由主义国际社会的努力联系在一起。书名不仅是对他本人的纪念，也是对他巧妙的工作方法的纪念——《麦克杜格尔备忘录》[28]。

虽然康德利夫设法摆脱了国际组织的牵引，但被他所倡导的"美国治下的和平"所笼罩。他也越来越"喜欢这些美国人"，至少是他们的房地产。在湾区的诱惑下，康德利夫留在了伯克利（后来被任命为斯坦福研究所的研究员），但他还是受到新的国际发展要务的诱惑。

康德利夫就这一问题与知名的宣传团体合作，吸引大众关注。在外交政策协会，康德利夫分析了催化全球经济发展制度的"大胆新尝试"：杜鲁门总统在1949年提出的"第四点"计划。这些举措强调了世界已经发生了根本性的变化。不发达地区的人民正"迅速"迈向独立的目标，这表明"帝国已经不合时宜"。这种新的全球形势凸显了"经济发展与自由"之间的联系。自由是确保经济改善的关键，而经济改善是民族抱负的核心，因为"没有自由，他们就无法组织经济活动来支持自己的目的"。同时，经济稳定也能保护自由，因为"经济能力是政治自由的重要补充"。康德利夫激起了战时的回响，他断言，这种能力使新建立的自由不致丧失于"某种形式的专制主义，无论是本土的还是外国的"。在冷战中，提高生活水平也是一项使命。它有助于在一个分裂的世界中培养"忠诚"。至关重要的是，美国的援助计划和更大范围的国际发展承诺将把这些紧迫问题与工业化国家在相互依存的现代世界经济中的要求结合起来。

即使局势发生了翻天覆地的变化，但也有显著的连续性。发展手段不仅是投资，而且是一种全方位的努力。甚至在战前，许多人都赞同康德利夫的观点："经济发展意味着现代化而非工业化。它是一场社会革命，而不是工业革命。"议程的范围意味着私营企业和资本市场已不再足够。植根于全球相互依存的经济问题仍然需要国际合作。实现这一目标不是一个国家所能做到的，即使是美国这样的庞然大物。康德利夫赞许地指出，经社理事会和布雷顿森林机构的技术援助和资本活动组合已经为支持这一议程做好了准备。对于战后的发展潮流，他指出，新计划"并没有提出经济发展的理念，而是为其注入了新的动力"。因为"已经做了很多"[29]。

在战后瞬息万变的国际社会中，康德利夫将跟随许多学术界人士进入战后迅速变化的国际社会中的一个重要行业。像许多同行一样，他在国外为自己的服务找到了市场：培育所谓"现代化"的组织，以及寻求自己发展方式的"新国家"。这很适合他的流动生涯。他曾到印度尼西亚和亚洲西南部"传教"。这样的旅行揭示了在一个更加多元化的国际社会中，专业知识不断国际化的过程。不仅有更多的对手来自西方以外的主导国际社会的地区，而且后殖民国家也日益改变某些互动的状态。

从1959年开始，康德利夫在印度为国家应用经济研究理事会工作了两年，师从帕拉马代·洛卡纳坦（Palamadai Lokanathan，经社理事会地区委员会之一，欧洲经济委员会的前负责人）。这些工作经历表明，自由国际主义思想是如何积极融入新兴的后殖民秩序的。康德利夫是众多经济学家和顾问中的一员。他们向印度政府提供建议，而印度政府在冷战时期拥有挑选和接受建议的平衡力[30]。

康德利夫与国际和平研究所、国联、欧洲妇女协会、联合国区域权力机构、伯克利以及其他组织的合作，体现了自由国际主义社会及其秉持的理念是如何跨越经济萧条、全球战争和冷战的鸿沟的。它从不依赖于一个中心，而是依赖于一系列相互重叠的对话、机构和网络。这些对话、机构和网络发展并延伸了各种理念，为其提供了合法性，并将其投射到言论、政策中，进而走向世界。

他的个人影响力有时会被淡忘（他的祖国新西兰也有同样的命运）[31]。他在扩大联盟经济工作影响方面的重要性，尤其是对世界经济调查的影响，正是被疏忽的一部分。具有讽刺意味的是，他利用这些数据阐明的战时决定性因素得到了广泛认可，但他的贡献却被忽视了。他推广的"蜘蛛网"方法向全球受众展示了世界贸易是如何崩溃的，至今仍是这一时期经济史的主要内容。它展示了信息和分析的可视化展示对于把握国际主题的决定性作用。然而，这位新西兰人和那些启发他的人一样，都没有获得荣誉。1973年，一位学者在对美国经济大萧条的研究中使用了"金德尔伯格螺旋"，此后，该网络便以"金德尔伯格螺旋"而闻名[32]。

尽管如此，康德利夫在伯克利培养的一批具有经济头脑的思想家们将在战后的世界中继续发挥作用。伯克利大学的校友们——其中一些人曾在国际研究大会工作过，在20世纪30年代重点关注了紧迫的国际经济问题，并对全球经济的重要方面产生了实际和理论上的影响。

康德利夫慧眼识英才，从他从伯克利派出的人才就可见一斑。亨利·塔斯卡（Henry Tasca）后来去了美国国务院。20世纪50年代初，他被赋予了决定性的角色，参与制定了当时世界上最大的单项发展计划，即联合国对韩国的大规模援助计划。他在1953年撰写的分析报告《塔斯卡报告》为这一庞大、复杂、不均衡的项目树立了标杆[33]。亚历山大·格申克龙离开了哈佛大学，并将"经济落后的历史视角"应用于国际经济学的职业生涯中，他的个人生活也因其成功的寓言而变得丰富多彩[34]。

赫希曼是其中的佼佼者，他早期通过国际研究大会开展的国际经济学研究工作，在20世纪五六十年代转化为在世界各地一系列经济发展工作。他继承了康德利夫的实用主义精神，对教条主义的发展方法提出了尖锐的批评。在结束其成就斐然的职业生涯后，他应邀加入了高等研究院。在21世纪，赫希曼的生平本身成了一组数据，成了探索社会科学和国际发展史的一种手段，也成了影响20世纪进程的世界主义移民学者的典型[35]。

其他人的发展轨迹展现了战后专业技术的发展。洛夫迪的流亡者遍布国际机构。廷贝亨也将成为发展专家。与其他人一样，印度是他停留的重要一站。作为职业旅程的一部分，他将成为计量经济学的主要倡导者。努尔克塞对货币的分析为他自己参与全球国际发展讨论提供了一个平台。他的分析与罗森斯坦-罗丹的分析理论相融合。发展援助和资本投资的"大力推动"可能会使发展中国家向前发展。罗森斯坦-罗丹的追随者阿恩特将移居澳大利亚，并在那里从事国际发展工作，他提供了一份有用的国际发展概念起源谱系，并将此归功于斯坦利在战时为国际劳工组织所做的工作，他让这一概念在美国圈子里得到了普及[36]。

就像那些已成名的人物借助新机构进入其职业生涯的新阶段一样，在他们的职业生涯进入新阶段时，一些基础设施也会转向不同的议程。经社理事会未能实现其作为联合国"主要机构"的愿景。然而，不断扩大的地区委员会很快就成了卓越研究的平台和人才的传播者。他们中的一些人对不断扩大的全球经济及其受益者提出了挑战。事实上，联合国思想史上的一些早期发展依赖于已解散的国联遗留下来的信息和数据，以及战时关于经济发展的辩论所留下的信息和数据。希尔格特是国联资产移交给联合国的一部分。当他成为联合国新成立的统计局局长时，一个名叫汉斯·辛格（Hans Singer）的人被指派给他。辛格根据《工业化和对外贸易》中丰富的战时表格（这在很大程度上归功于 1940 年从日内瓦偷运出的数据和人才），提出普雷比什-辛格假说。假说认为，原材料和其他初级产品的价格趋于恶化。这表明，现有的国际贸易条件不利于那些依赖原材料和初级产品生产的国家。为了反映战时某些争议，辛格在其早期著作中提出，支持工业化的政策可以作为应对措施，这反映了战时辩论的一些方面[37]。

假设的持久影响产生了一个教训。它们说明了统计分析所确立的权威性，以及机构与不断发展的国际社会的融合。辛格的合作者、阿根廷人劳尔·普雷维什（Raúl Prebisch）在经社理事会内部建立了一个分支机构：拉丁美洲经济委员会。该机构成为冷战期间改变国际经济普遍假设的支点。1964 年的联合国贸易和发展会议上，普雷维什的发言引起了广泛讨论。该会议被视为发展中国家在 20 世纪 70 年代建立国际经济新秩序运动的先驱。

尽管国际社会的结构和对话发生了急剧的变化，但仍与战时机构有着千丝万缕的联系。对原材料和生活水平的调查仍在继续，联盟关于大萧条甚至双重征税的一些研究也是如此[38]。更重要的是，即使过程并不顺利，后果也是意料之外甚至相反的，但自由主义世界秩序需要一些机构培养和宣传对国际活动的分析。

具有讽刺意味的是，这些机构往往成为进一步批判某些关系和制度的机制，而这些关系和制度正是国际社会早期成员试图推进的[39]。

职业生涯的轨迹以及与之相伴的思想不仅有连续性，还显示了国际主义概念是如何被重塑以适应战后新形势的。"二战"后，自由国际社会重塑其基础，强调提供可用于解决国际问题的信息和分析方法已成为其第二天性。但是，随着这一体系的深入，它的一些支柱变得根深蒂固，深藏于表象之下。

即使自由派机构的国际分支变得更具批判性——或更准确地说，反映了一个更加多元化的国际社会，这些国际技术机构也随着国家的发展而变得不再单一。它们的一些职能曾经集中在日内瓦。在许多方面，20世纪30年代由众多人士首创的用于解读全球崩溃的要素成了解读全球经济增长和"发展"潮流的工具。国民收入和"国际单位"等具有全球可比性的衡量标准被纳入国民生产总值和国内生产总值，而国民生产总值和国内生产总值本身也变得无处不在。它们使人们更加关注经济增长，而经济增长又往往有利于这些经济指标的提高。这些措施的影响超出了发展和经济辩论的范围。尽管这些措施的有效性日益受到质疑，其结果也激起不满，但它们还是进入了政策制定和公众讨论的视野[40]。

国际发展仅仅是一个展示国际社会投入的场所。它展示了国际社会的投入是如何在国联的关注下，在其他一干人的支持下，不断发展并融入世界事务的。在健康、安全、通信和环境领域，还有许多其他事情可以说明问题，在21世纪的全球互动中，信息和分析对治理世界仍具有基础性意义。

当下的历史

历史本身是一种重要的信息和分析形式，但未得到重视，它被用来维持（或蔑视）包括自由秩序在内的制度和意识形态。或许，国联转变为服务于国际社会的信息和分析机构的最终标志是它成了历史。1946年，国联的另一位长期成员、前政治活动副秘书长弗兰克·沃尔特斯（Frank Walters），在查塔姆研究所的支持下，开始了关于国联的大规模历史研究。然而，如此庞大的课题需要时间和持续的资金支持。与国联的许多技术项目一样，通常，潜在资助人都会提供帮助。

洛克菲勒基金会抓住了这一机会，通过一部可以利用的历史——同时由其他人来撰写——来维持其在战后世界的议程。这不仅是洛克菲勒基金会为保护其在国联中的投资遗产而采取的一项措施，同时也是在国际组织和治理方面的一个新机会。洛克菲勒基金会在确保创造"正确"的历史。同样，重要的不是制度，而是围绕制度的观点和教训。沃尔特斯的分析是书写（和重写）"战时"历史的一个节点。事实上，国联史是受委托对"当前时期"进行认真审视的一系列研究之一，目的在于"为指导未来提供经验与教训"，为美国的全球承诺提供基础[41]。

为此，洛克菲勒基金会提供了5000英镑（2020年约合214000英镑或300000美元）给英国皇家国际事务研究所，为沃尔特斯和协助他的人提供住所。当艾伦与尤文出版社（Allen and Unwin）对沃尔特斯的两卷本巨著望而却步时，洛克菲勒基金会再次介入。威利茨还采取了进一步措施，以确保联盟的遗产在公众视野中更加光彩夺目[42]。威利茨直接向《纽约时报》发行人阿瑟·苏兹伯格（Arthur Sulzberger）发出呼吁，哄骗该报的周日书评版贡献了最显眼的珍贵版面。威利茨甚至推荐了一位"这项研究的主要推动者"撰写书评[43]。

因此，评论文章充满了赞美，称这些丰满的成果组成了一个"简明扼要、娓娓道来的故事"。但是，最高的赞美还是留给了这个实现了"伟大飞跃"的组织。这也是其后继者——联合国的精华所在。这一充满希望的赞美来自另一位国联的副秘书长，也是洛克菲勒基金会的前任主席——雷蒙德·福斯迪克[44]。

出版界和文学界的不伦之恋几乎尽人皆知。尽管如此，考虑到联盟与基金会的关系如此密切，由洛克菲勒基金会资助的项目由洛克菲勒基金会前主席评论也就不足为奇了。尽管如此，这部历史书也许是洛克菲勒基金会赞助的最后一部以联盟为中心的技术作品。联盟完成了自己从活生生的机构到典范信息的旅程，在这种情况下，它成了分析冷战世界自由治理可能性的历史数据集。与之前几十年赞助的所有专业工作一样，它也有一个政治目的。洛克菲勒基金会创造了一个特定时代的历史，并将影响后来的历史。国联的范例可以为新兴的美国治下的和平及其国际社会提供框架。

福斯迪克提出的观点在当时和之后都得到了其他人的认同，那就是"联盟为其继任者奠定了基础"。这种基础在技术结构上最为明显。福斯迪克明确指出了这种联系：

> 联盟的"部门"如今已成为重要的专门机构。国联的卫生部门……扩大成为世界卫生组织……经济部门以更大的形式延续下来，成为国际银行、国际货币基金组

织和经济及社会理事会。联盟的营养委员会已成为粮食
及农业组织；智力合作委员会已扩大为教科文组织……
甚至杜鲁门总统的"大胆的新计划"，即第四点（促进国
际发展）……与之对应的是国联的"对华技术援助"。[45]

这样的赞扬是福斯迪克自己计划的一部分。在其他方面，他
努力创造一个可用的国际主义历史，为自由秩序结构中的砖块提
供更多的砂浆。他将两次世界大战之间的技术成就载入洛克菲勒
基金会的历史，并通过回顾国联和联合国的前六任秘书长，为国
际组织的领导层注入了连贯性[46]。这些支持全球治理的努力受到
了重视并将持续下去。发生变化的是，这些因素不再是正式的外
部因素，而是美国内化的自由主义全球秩序的正式组成部分。这
个超级大国试图维持、捍卫和扩展这种秩序。

随着冷战的持续，人们对国联的记忆叠加了对其后继者的恼
火和失望，以及战后自由国际主义和各种全球合作的局限性。后
来的历史对国联持批评甚至轻蔑的态度。这在一定程度上是对战
后对国联的赞扬，或者说功利主义观点的回应。新观点侧重于政
治，强调在维持和平方面"悲喜剧性"的失败，而将技术性问题
抛在一边[47]。

冷战结束后，随着"全球化"成为趋势，以及对相互联系和
相互依存的强调，这种轻蔑的解释被那些重新研究国联的人推
翻。国联，尤其是其秘书处，再次成为焦点。这种关注最有启
发性的部分，不是作为一个组织的故事，而是作为更大的历史调
查的一部分。换句话说，国联是一种研究手段，其本身并不是目
的。探讨信息和分析对跨国社会的重要性，与其说是为了重塑或

神化自由国际主义，不如说是为了对其进行拷问。彻底的拷问表明了国联在国际社会中的重要地位。当国联达到其目的时，它就被肢解并抛弃。

长期以来，日内瓦及其自由国际社会为学者们提供了一面镜子。它们现在提供了一种思考"全球化"的方法，这种全球化已经失去了它的大部分光彩，同时也提供了一种对当下提出尖锐问题的方法——通过重新审视两次世界大战之间的国际问题，来面对自由秩序在21世纪再次衰落。这种关注并不令人意外，自由主义思想曾是一个国际体系被撑到极限的时代所暴露的核心。在21世纪初，历史学家们对国联的潦草描述，延续了之前的体系。在20世纪的危机年代，国联从一个贩卖数据和分析的组织，被升华成了为自由主义议程提供素材和原始信息的组织，这使它成为另一个时代不可抗拒的历史范例。它仍然是跨国对话的基础。这种对话主要是为那些学者和专业人士，以及在自由国际社会中享有特权的人而保留的。即便如此，并非所有人都能认识到国联的必要性，尤其是它的功能现在已经减少到只剩收集用于调查的数据。尽管如此，它仍然有其存在的合理性。国联留下的遗产仍然成为分析研究的对象，用于预测自由秩序以内和以外的连续性、复杂性、限制和各种可能。

致谢

这本书是一次幸福的意外。在我深入研究大萧条如何重新塑造美国的世界观时，我发现，与一些学术传统观点相反，许多美国重要人物和机构都与联盟进行了互动。其中许多人甚至曾在两次世界大战期间的国际中心日内瓦待过一段时间。好奇心是一回事，但更重要的是，我有幸获得了一些旅行资金，所以我不知不觉地发现自己陷入了早期的迁徙模式，前往瑞士。

仔细观察就会发现，美国与日内瓦周边机构之间的关系十分复杂。深入研究后，我发现在我收集的材料酝酿着一本书。美国与国联关系的方方面面确实是 20 世纪 30 年代美国全球故事的一部分，同时也是一些更大的国际主题的窗口。

真正令人惊喜的是，国联扩展了不同领域的学术研究，这不仅增加了对该机构及其活动的了解，而且还扩大了它与国际事务和跨国问题的重要因素的联系。研究这些文献有一种意想不到的乐趣。

我很幸运能够获得必要的支持，从而将精力投入这本书。在塔夫茨大学，孜孜不倦的教师研究奖励委员会表示愿意为本项目的部分内容提供资助。我特别感谢塔夫茨大学为我提供了一个高年级学期假期，让我可以把各个部分的内容整合在一起。最初，塔夫茨大学人文中心提供了一份教师奖学金，这让我意识到，我的确可以写一本书。巴尔巴拉·布里苏埃拉院长（Dean Bárbara Brizuela）在我到澳大利亚和新西兰进行研究时，又提供了一笔资金。我非常幸运地被选为塔夫茨大学位于法国塔卢瓦欧洲中心的驻校学者。这次任命让我再次与国际劳工组织和国际劳动联盟的档案近距离接触，并步入了这个故事中一些人物的后尘。它还让我沉浸在加布里埃拉·戈尔茨坦在安纳西湖畔维持的令人愉快的教育宝库中。

在国会山之外，杜鲁门·考夫曼奖学金和埃尔哈特基金会的一系列赠款充实了这个项目。约翰·蒂尔曼和麻省理工学院的国际研究中心非常慷慨地给予了支持，让我得以在完成这个项目的过程中几次拜访两地。

横跨三大洲、七个国家、数十个档案馆和收藏馆的研究给我带来了探索新档案馆和图书馆的乐趣，也带来了重新认识我原以为熟悉的档案馆和图书馆的机会。世界各地的许多档案员和图书馆员给予这个项目的耐心和帮助是不可或缺的。

洛克菲勒档案中心为我提供资金，让我有机会感受它丰富的馆藏和一流的工作人员。我对已故的汤姆·罗森鲍姆（Tom Rosenbaum）的亏欠更深了，他的去世是学术研究的一大损失。他的同事米歇尔·希尔茨克（Michele Hiltzik）和詹姆斯·艾伦·史密斯（James Allen Smith）提醒我，档案馆最好的资源可能是它的员工。艾丽卡·莫斯纳（Erica Mosner）带领我参观了高等研究院的藏书，证明了这一真理。澳大利亚和美国国家档案馆以及这些国家的国家图书馆（还有新西兰的国家图书馆）的工作人员的专业精神令人赞叹。澳大利亚国家图书馆提供的美食与丰富的馆藏相得益彰，无与伦比。

位于万国宫"洛克菲勒翼"上层的国际联盟档案馆将继续保存联盟的历史——不久后将向所有人开放。从储存这些原始信息遗产的房间，可以眺望勃朗峰，在那里还能听到孔雀的叫声，这些孔雀在这里出没已久。为研究人员提供的所有这些独特体验中，一个收藏馆的藏品最为特别。伯恩哈迪·帕约维奇（Bernhardine Pejovic）、李·罗伯特森（Lee Robertson）和雅克·奥伯森（Jacques Oberson）是这些杰出藏品的幸运管理者，他们使这些藏品得以向国际社会的研究人员开放。

塔夫茨大学蒂西图书馆和琴图书馆的图书管理员给我留下了深刻的印象，他们不知疲倦地寻找我可能需要的各种资料。尤其是塔夫茨大学数字藏书和档案馆的帕梅拉·霍普金斯，办事效率极高，同时，她有无限的幽默感和对请求的耐心。

研究项目与其他要求和承诺相竞争，发展缓慢，这是学术工作中一个令人沮丧的现实。我很幸运，有一批国际研究助理参与了这个项目。曾在不同地方和国家协助过项目早期工作的一些学生，现在已经在系统内工作，有的甚至担任了学术职务。我非常感谢伊莎贝尔·罗欧拉·巴莱拉（Isabel Loyola Barrera）、埃里克·旺登·布斯齐（Eric Vanden Bussche）、伊莎贝尔·克里德（Isabell Creed）、巴德·德兰奇（Bård Drange）、格蕾丝·古蒂斯（Grace Goudiss）、詹姆斯·李（James Lee）、聂拉吉·普拉塞迪（Neeraj Prasad）、乌厄拉·罗迪格兹（Uella Rodriguez）、乔希·赛瓦拉（Josh Savala）、林赛·沙肯巴奇（Lindsay Schakenbach）、朱伊·莎茵（Juhi Shahin）、劳拉·塔沃拉齐（Laura Tavolacci）和威斯考特·姚（Wescott Yeaw）所做的一切努力。

我闯入另一个探究领域所带来的收获远远超出了课题本身。

它让我接触到了一批国际学者。马丁·伯曼（Martin Bemmann）、布鲁克·布劳尔（Brooke Blower）、帕特丽卡·克拉文（Patricia Clavin）、托马斯·大卫（Thomas David）、西蒙·里德-亨利（Simon Reed-Henry）、阿基拉·埃利耶（Akira Iriye）、茱莉亚·埃尔文（Julia Irwin）、大卫·罗伊（David Lowe）、马克·玛佐维（Mark Mazower）、苏珊·彼得森（Susan Pedersen）、安德鲁·普列斯顿（Andrew Preston）、卡特里纳·雷兹勒（Katharina Reitzler）、阿涅斯卡·索伯沁斯卡（Agnieszka Sobocinska）、伊瑟琳·瑟伊恩（Iselin Theien）、特里格维·索恩维耶（Trigvy Thronviet）、卢德维奇·托尔恩（Ludovic Tourn）和汤姆·齐勒（Tom Zeiler）。最重要的是，我非常珍视（并厚脸皮地利用了）达维德·罗多尼奥（Davide Rodogno）的友谊和热情，他不仅给了我鼓励，有时还提供了睡觉的地方。

国际工作带来朋友，而我很幸运地在这次偶然的旅程中，结识了几个关系网相互重叠的朋友。为这个项目旅行是一种意外而幸运的享受。挪威诺贝尔研究所提供的奖学金使我的注意力更加集中。阿斯勒·托耶（Asle Toje）和盖尔·伦德斯塔德（Geir Lundestad），以及该研究所品位非凡、慷慨大方的工作人员，共同营造了一个令人振奋的环境，特别是在午餐桌上。我还发现了最具挑战性的飞镖游戏之一，并在朗费罗的朗诵会上，成为忠实的听众。

在斐济的一年半时间（超乎预期地）为本书的撰写提供了时间和迷人的风景。塔拉沃萨·柏克雷瓦（Taraivosa Baikeirewa）、詹姆斯·约翰逊（James Johnson）、雅克布·马蒂（Jacob Mati）、克里·米尔斯（Keri Mills）、西野凉太（Ryota Nishino）、图伊

330

纳维·拉库伊塔（Tuinawi Rakuita）和摩根·图伊马莱阿里法诺
（Morgan Tuimalealiifano）都向我展现了南太平洋大学社会科学院
的慷慨。感谢他们对于突然出现在门口的学者的热情。

在南太平洋，我终于接近了（从太平洋盆地的意义上说）
那些原本可能遥不可及的收藏品。悉尼大学美国研究中心（US
Studies Centre at the University of Sydney）的一项过于短暂的奖学
金促进了我在澳大利亚的研究。西蒙·杰克曼和亚伦·尼热斯都
是出色的主持人，而伊恩·比科尔顿、莎拉·格雷厄姆、迈克
尔·麦克唐纳、格伦达·斯拉格和伊恩·泰瑞尔都让悉尼这个不
可思议的阳光明媚的冬天变得更加明亮。菲利普·方泉和瓦莱
丽·华莱士把我吸引到了新西兰的维多利亚大学，这不仅让我可
以接触到惠灵顿的档案，还让我接触到了南十字座下活跃的学术
环境。

该项目有幸在芝加哥大学出版社找到了一席之地。我了解
到，蒂姆·梅内尔（Tim Mennel）果然是名不虚传的"最好的编
辑之一"。他、苏珊娜·恩格斯特罗姆（Susannah Eng-strom）以
及出版社的其他员工都是我的最佳合作伙伴。随着出版工作的开
始，吉恩·麦加里（Gene McGarry）再次证明了自己是一位无与
伦比的文字编辑。我还要感谢梅耶尔基金会为本书的出版提供的
资助。

朋友和家人不可或缺。现在，工作和生活平衡成为专业流
行语；但很多时候，它只存在于各机构的官僚主义口号中，在
实践中，并没有将这两个词联系起来。因此，更加得益于朋友
们的帮助，他们不仅帮助我照顾孩子，而且提供了很多让我可
以正常工作的帮助：艾莉莎·兰金（Alisha Rankin）和约翰·库

兹瓦拉（John Kuczwara）、丹·罗森（Dan Rosan）和夏拉·罗森（Shira Rosan）、斯科特·本杰明（Scott Benjamin）和卡米纳·厄黛（Carmina Erdei）、安娜·毕顿（Anna Biton）和莱朗·毕顿（Leiran Biton）、韦恩·威斯（Wayne Weiss）和阿曼达·威斯（Amanda Weiss）、瑞秋·德威齐奥（Rachel Del Vecchio）和伯尼·德威齐奥（Bernie Del Vecchio）、梅格·布拉德（Meg Bride）和吉姆布·拉德（Jim Bride）、阿维瓦·罗斯曼–夏尔（Aviva Rothman–Shore）和杰里米·罗斯曼–夏尔（Jeremy Rothman–Shore）。向他们所有人致意，正如他们期待的一样，是的，这本书已经完成了。

在养育子女之外，帕特里夏·罗森菲尔德（Patricia Rosenfield）一直是良师益友，是我的动力，也是对我行动的鞭策。在华盛顿，我的岳父和岳母伯莎·莱文（Bertha Levin）和马克·莱文（Marc Levin）对我热情招待，路易丝·怀尔德（Louise Wild）和里奇·怀尔德（Rich Wild）在我多次访问期间慷慨地提供了一个清净的避风港。伊恩·弗格森（Ian Ferguson）和丽兹·弗格森（Liz Ferguson）提供了从伦敦出发巡视的空间。格兰特·米尔索普（Grant Milthorp）和克里斯蒂娜·芒泽（Christina Munzer）以及他们令人印象深刻的儿子们向我展示了澳大利亚人的热情好客和美国人的魅力，让我领略了南半球的日内瓦——堪培拉。曼吉里·巴尔瓦卡（Manjiri Bhalwakar）和杰伊·巴尔瓦卡（Jay Bhalwakar）夫妇以及他们的女儿两次耐心地为我安排住宿，向我展示了在法国本土生活的乐趣。

多琳·库托尼里（Doreen Cutonilli）拜访我们在斐济的家，并留下来，成为这个大家庭的一员。她协助我的日常生活管理，使我在专业需求成为次要需求时，还能工作。

我的父母同样功不可没，他们为我提供了立足的基础。他们的骄傲和支持一如既往。

没有莉娅，这一切都不可能实现。她不仅仅是我们的合作伙伴。我们共同分担了很多，但她无疑值得更多的荣誉。在低谷时，当机构表现出咄咄逼人的漠视态度时，她让我专注于大局。信念是无价之宝，我永远感激她对我的信任。她的笑容也永远那么灿烂。

还有两个了不起的人，她们值得我们为她们献上的不仅是一本书。我的女儿莉莉斯和卡顿，随着这个项目的构思、发展而出生和成长。她们经历了很多，但她们无可争议地证明了一点，那就是生命是丰富多彩的，是超越文字的。我所做的一切，都是为了她们。

尾注

（扫码查阅。读者邮箱：zkacademy@163.com）